진주문화관광재단
Jinju Culture and Tourism Foundation

이 책은 진주문화관광재단 2024 문화예술지원사업에 지원을 받아 발간하였습니다.

정가 정악

해금보

편저 산성 김대은

도서출판
시김새

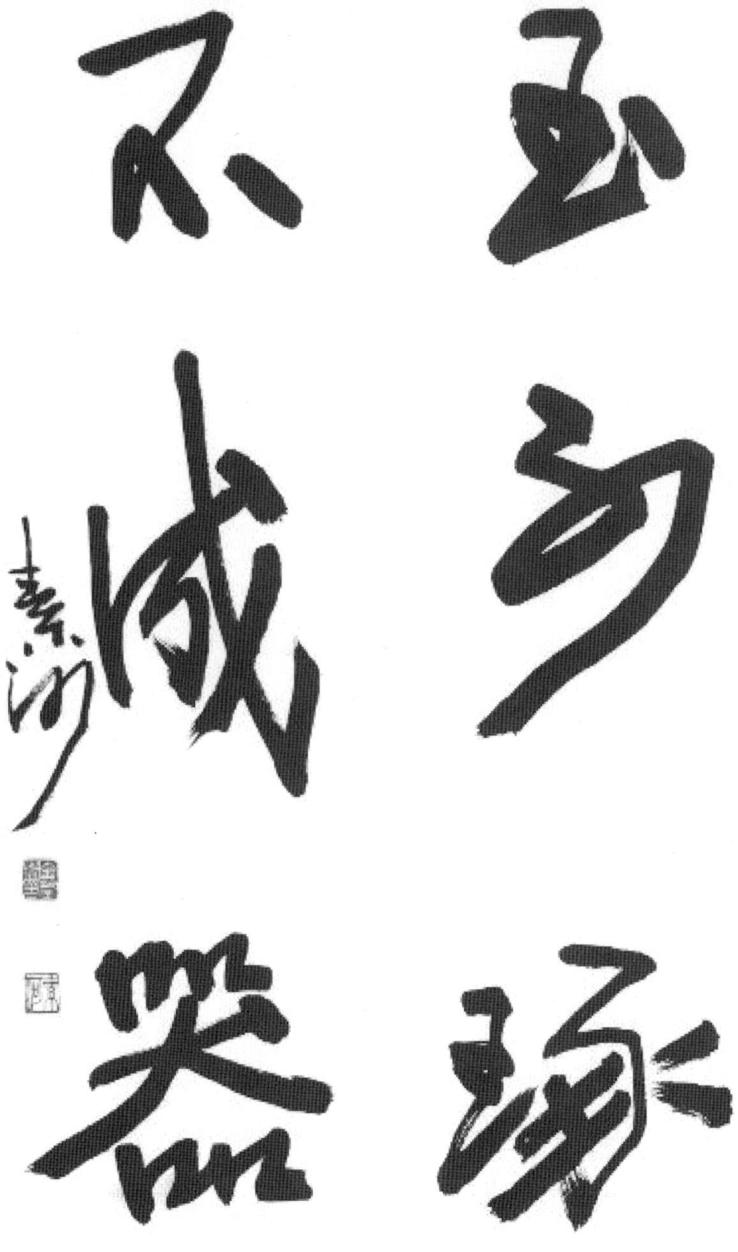

玉不琢不成技(옥부탁불성기) 56x35x2

素河 金瑩埱

玉不琢不成技(옥부탁불성기)

人不學不知道(인부학부지도)

(禮記 勤學編)

옥은 다듬지 않으면 그릇을 이루지 못하고

사람은 배우지 않으면 도를 알지 못한다.

악보를 발간하면서 ...

正歌 正樂 흥(興) ~

풍류(風流)란 풍치있고, 멋스럽게 노는 일을 말한다.
'놀아도 허망히 놀면, 아니 노는만 못하다.' 라는 말이 있다. 노는 것도 신분에 따라 차이가 있었던 옛 사람들의 흥(興) 돋는 문화를 엿보아 본다.

세상에서 가장 느린 노래 가곡(歌曲) 천년을 이어온 노래가 있다. 한국의 인류 유산으로 "읊으면 시가되고, 길게 말하면 노래가 된다." 알아야 비로소 들리는 노래가 있다. 모르는 이에겐 결코 듣는 것도 허락되지 않는다. 국악 정가는 느림의 미학이다. 장한가(長恨歌)는 당나라 백거이가 지은 장편 서사시 이다. 당나라 현종(玄宗)과 양귀비(楊貴妃)와의 사랑을 읊은 노래이다. 여기에 '회모일소백미생(廻眸一笑白媚生)'라는 글귀가 나오는데, '눈웃음 한 번에 온 갖 교태가 나온다'로 해석된다. 옛 사람들은 이 글귀를 가곡에 담아 노래했다. 여창 평조 '일소(一笑) 백미생(白媚生)이' 노래를 부를때는 몇가지 규칙이 있다. 백을 '바+ㅣ+ㄱ'(바 으이익)으로 생을 '사+ㅣ+ㅇ'(사 으이잉)으로 복모음과 받침을 분리하여 노래 부른다. 따라서 일반적인 가사와 많은 차이가 있어 전체적인 내용을 이해하기 힘들게 된다. 아는 만큼 들리는 이유가 될 수 있다.

정가(正歌)란 조선시대에 정악의 기풍으로 노래하는 성악곡으로서 가곡, 가사, 시조창을 말한다. 사대부 선비계층에서 많이 불렀으며, 단조롭게 부르는 것이 특징이다. 가곡(歌曲)은 정가 중에서도 뛰어난 예술성을 갖추고 있다. 흔히 일청이조(一淸二調)라는 말로 표현되기도 한다. 즉 첫째는 맑아야 하고, 둘째는 가락 이라는 뜻이다. 가곡은 박자가 얼마나 느린지 서양악기에 사용되는 메트로놈 조차도 박자를 측정하기 어렵다. 이 느린 음악이 '2010년 유네스코 인류무형유산'에 올랐다. 정가 가운데 오래되고 예술적 완성도가 가장 높은 것은 가곡(歌曲)이다. 곡조에 따라 평조와 계면조로 나뉘고, 빠르기에 따라 삭대엽, 우락, 언락, 평롱, 우롱, 편수대엽 등 여러곡이 있다. 장단은 기본장단인 10점 16박 장단과 10점 10박 장단 두가지가 있다. 창법에 따라 남창과 여창이 있는데 지금까지 전승되는 가곡은 남창 26곡 여창 15곡이 전해지고 있다. 연주는 창자(唱者) 이외에 반주악기로는 거문고, 가야금, 대금, 세피리, 단소, 해금, 현금, 양금, 장구 등 여러 악기가 사용되고 있다. 대여음은 전주곡에 해당하고, 중여음은 간주곡에 해당되어 완벽한 형식미를 갖추고 있다.

왜? 해금 악보인가...

현악기와 관악기의 쓰임새에 차이가 있다. 현악기는 주로 노래의 골격선율을 연주한다. 반면 관악기는 골격선율을 여러 가락으로 장식하여, 조화롭고 멋스러운 음악을 만들어 낸다. 가곡을 노래하려면 골격선율을 연주하는 해금보(奚琴譜)를 보고 익히는 것이 주요(主要)하다. 해금보에 정가의 가사를 달아 놓았다.

서양에 온음계 '도 레 미 파 솔 라 시'와 반음계 12개의 음이 있다면, 우리에겐 12율명이 있다.

양성: 황종 태주 고선 유빈 이칙 무역

음성: 대려 협종 중려 임종 남려 응종

우리의 선인들은 음악을 통해 음양(陰陽)의 균형을 추구하였다. 좌로도 우로도 치우치지 않는 중(中)의 상태를 드러낸 음악이라는 뜻으로 '정악(正樂)'이라 불렀다. 정악과 친해 지려면 얼마간의 시간과 노력이 필요하다. 그러나 한번 친해지면, 오랜 역사를 거쳐 이어온 풍류음악의 다양한 멋과 깊이에 빠지게 된다. 아는 만큼 들리는 것이 '음악, 이라 했던가. 복색(服色)이 신분을 가르던 시대에 음악 또한 창작자와 향유자에 따라 정악과 민속악으로 구분하였다. 궁중에서 연주되던 '궁중음악'과 지식층이 즐기던 '풍류방 음악'이 정악으로 분류된다. 참고로 민속악은 판소리, 민요, 시나위, 산조, 풍물놀이, 농악 등을 말하며 민간에서 창작되고 전해 내려오는 음악이다.

전통음악의 특징 가운데 하나로 계기성(繼起性)과 연속성을 들 수 있다. 정악의 대명사격인 영산회상은 상령산-중령산-세령산-가락덜이-상현도드리-하현도드리-염불도드리-타령-군악으로 9곡이 끊어짐 없이 계속 연주된다. 하지만 요즘은 가운데 한 두곡을 별도로 연주하기도 한다. 문제는 이러한 계기성 때문인지 거의 모든 악보들이 중간부분이 짤려 다음 페이지로 넘겨야 하는 문제점이 발생한다. 기존 악보의 형태가 문헌적 외형적 정리는 잘 되어 있지만, 연주자가 쉽게 이용하고 연주하기에는 부적합한 경우가 대부분이다. 본 악보집은 양식을 변경하여 실용을 택했다. 악보의 학문적, 문헌적 가치도 필요로 하겠지만, 연주자에게 실용 가치가 높고, 악곡을 연습하고 연주하기에 적합하도록 제작하였다. 많은 연주자에게 꼭 필요한 악보집이 되길 바라는 마음으로 이 책을 출간한다.

2024년 여름에...

산성 김대은

목 차

제1부 정 가

제2부 정 악

중여음

재넘어

四章

사래

기 밭을 언제

갈려 하

느니

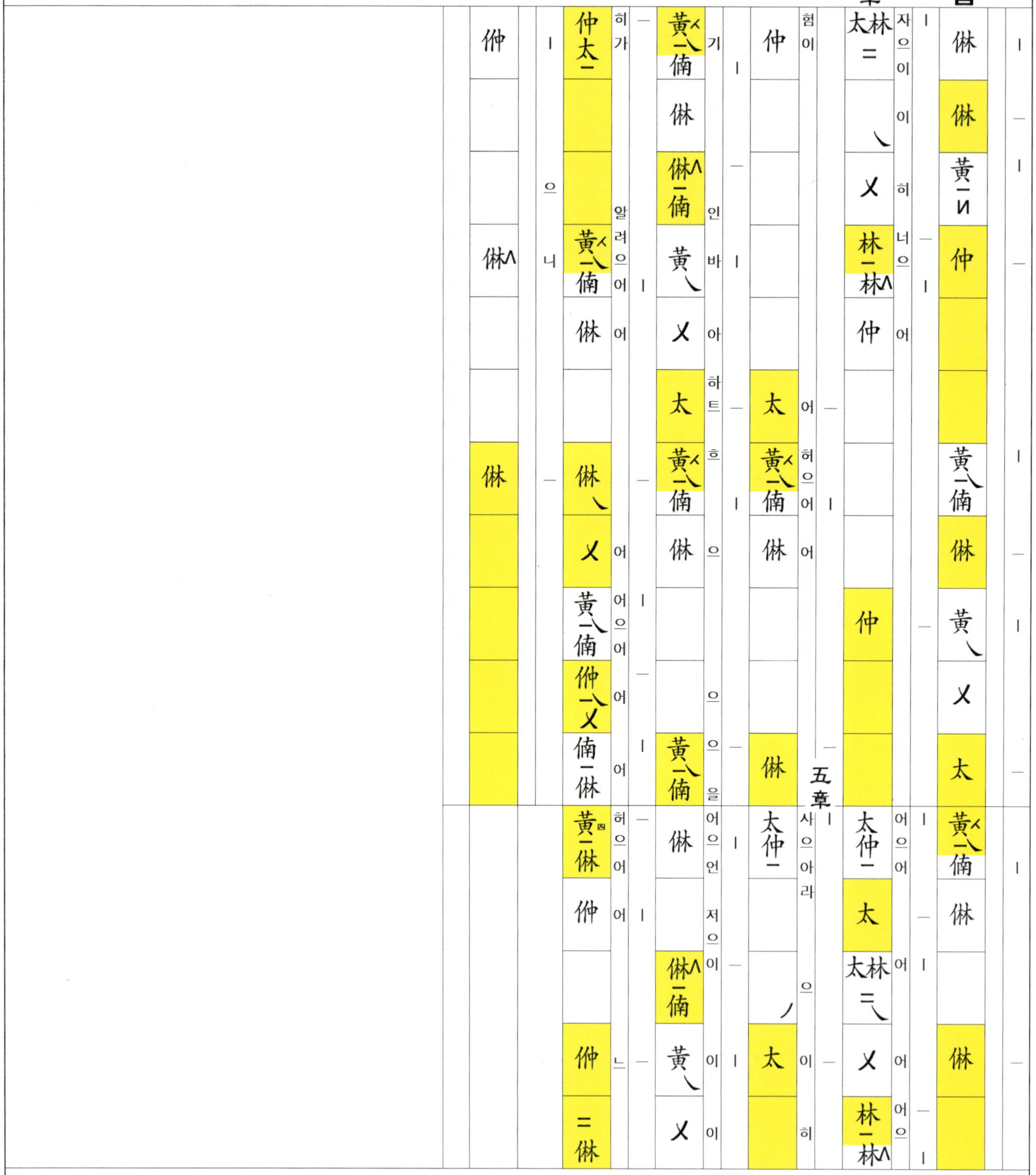

정가

남창평조

초수대엽

東窓(동창)이 밝았느냐

평조 다스름

一 : 四○

東窓(동창)이
밝았느냐
노고지리 우지
진다 소치는
아이놈은 상귀
아니 일었느냐

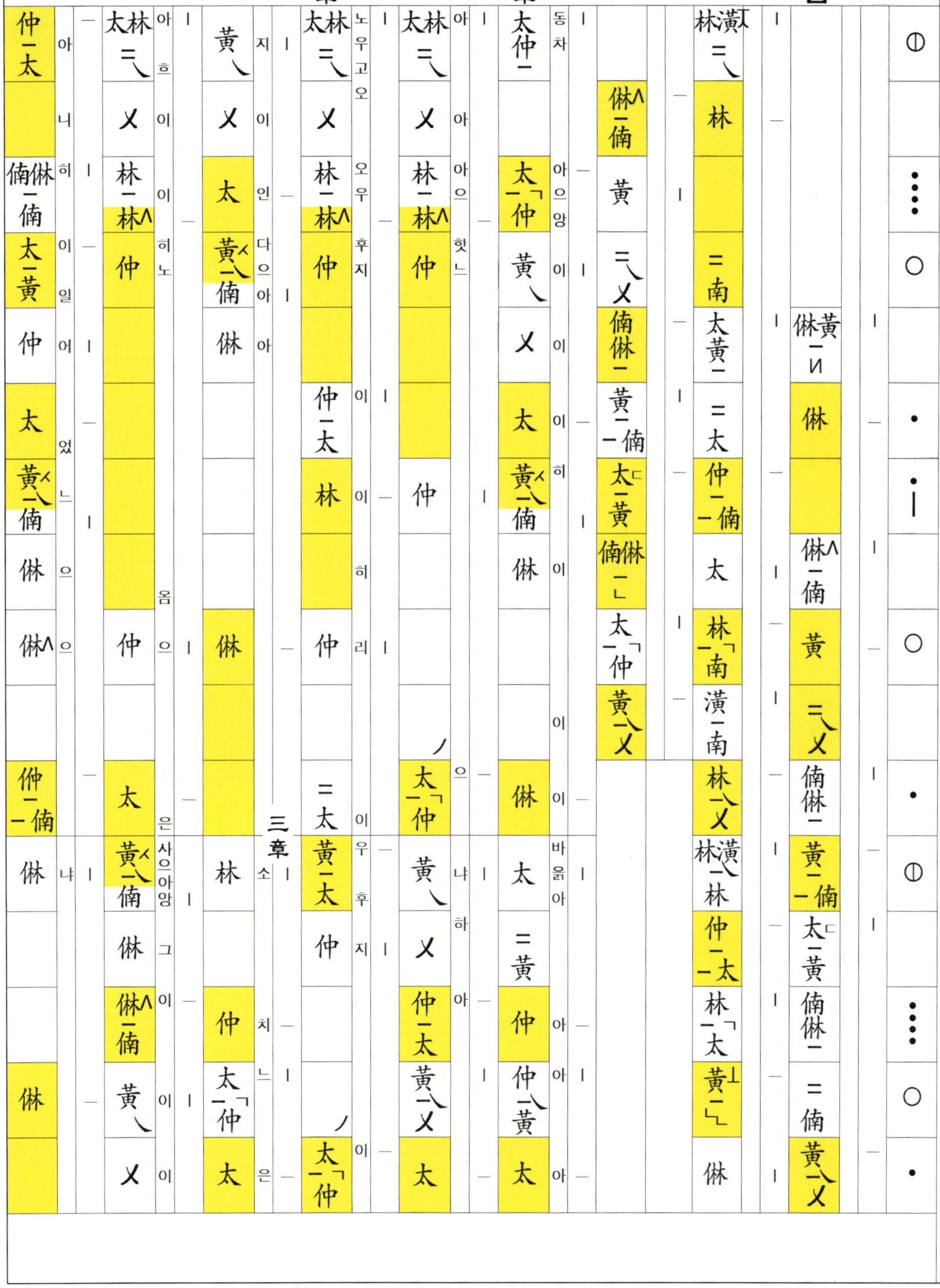

정가

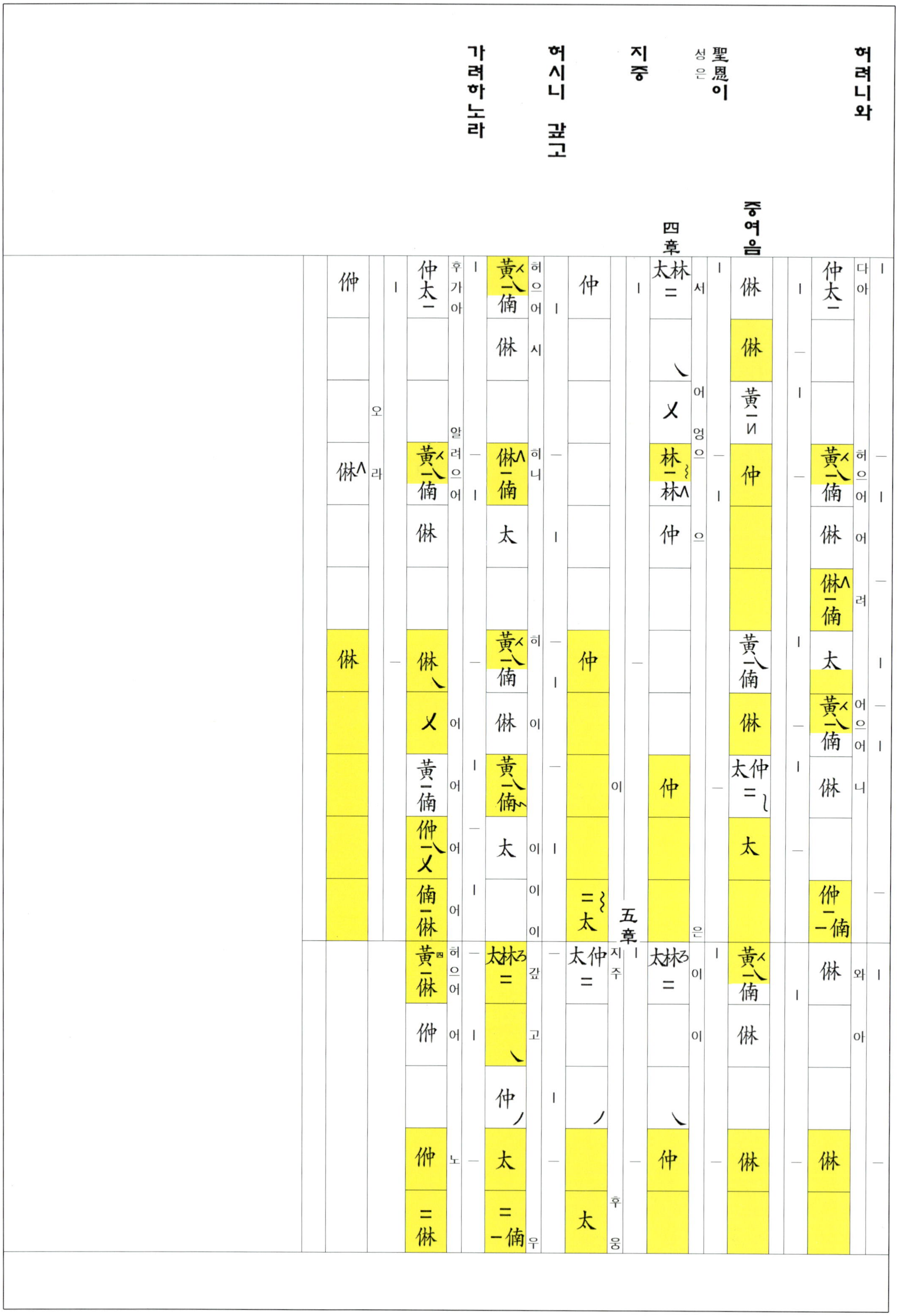
허려니와
聖恩이 성은
중여음
四章
지중
五章
허시니 갚고
가려하노라

남창평조

이수대엽

정가

一·二○

江湖에 期約을 (강호 기약)
두고
十年을 奔走 (십년 분주)
허니 그 모른
白鷗는 더디온다 (백구)

대여음

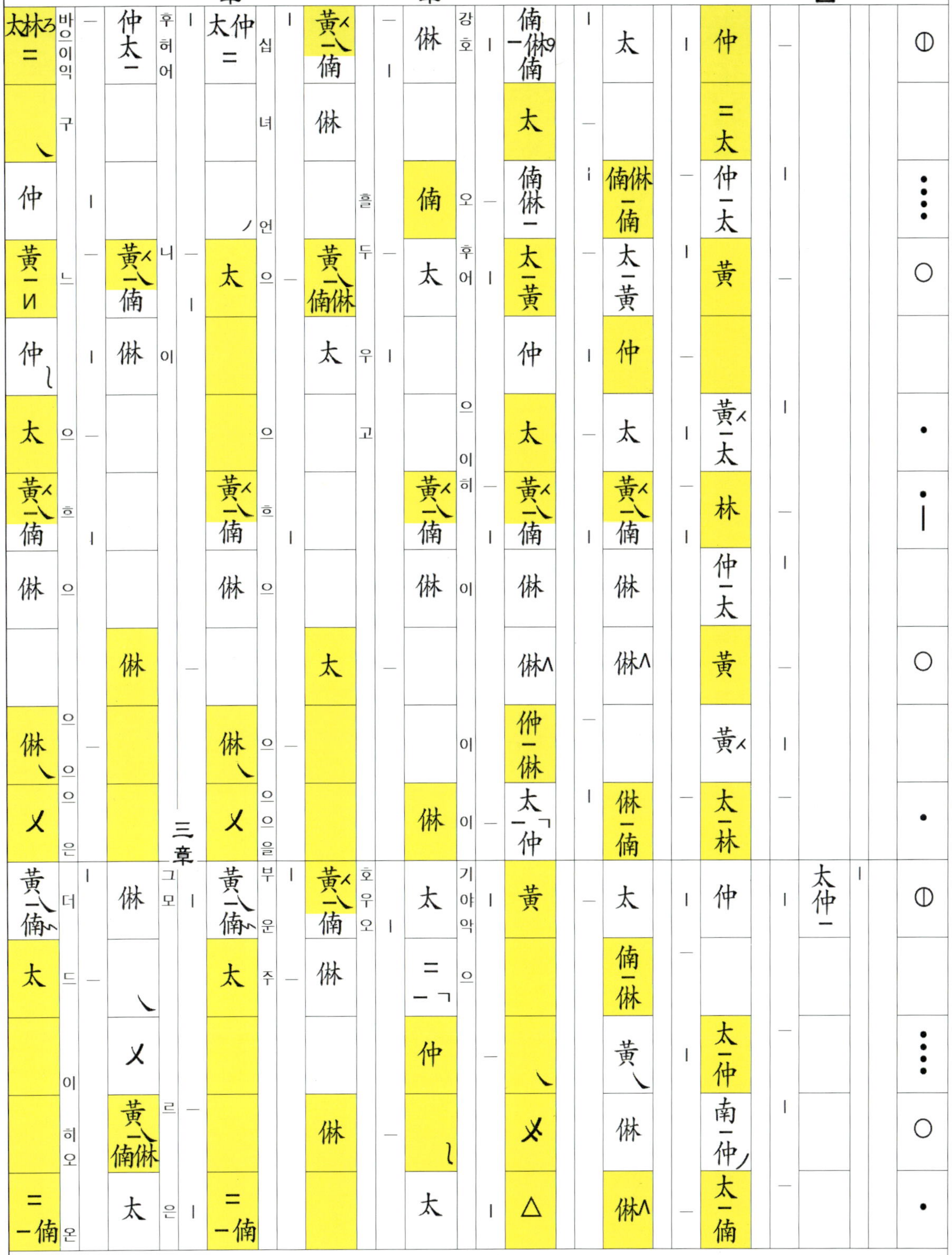

江湖에 期約을 두고 (강호 기약)

예였으니

千萬年
천만년

風雨를
풍우

만난들 기울

줄이 있으랴

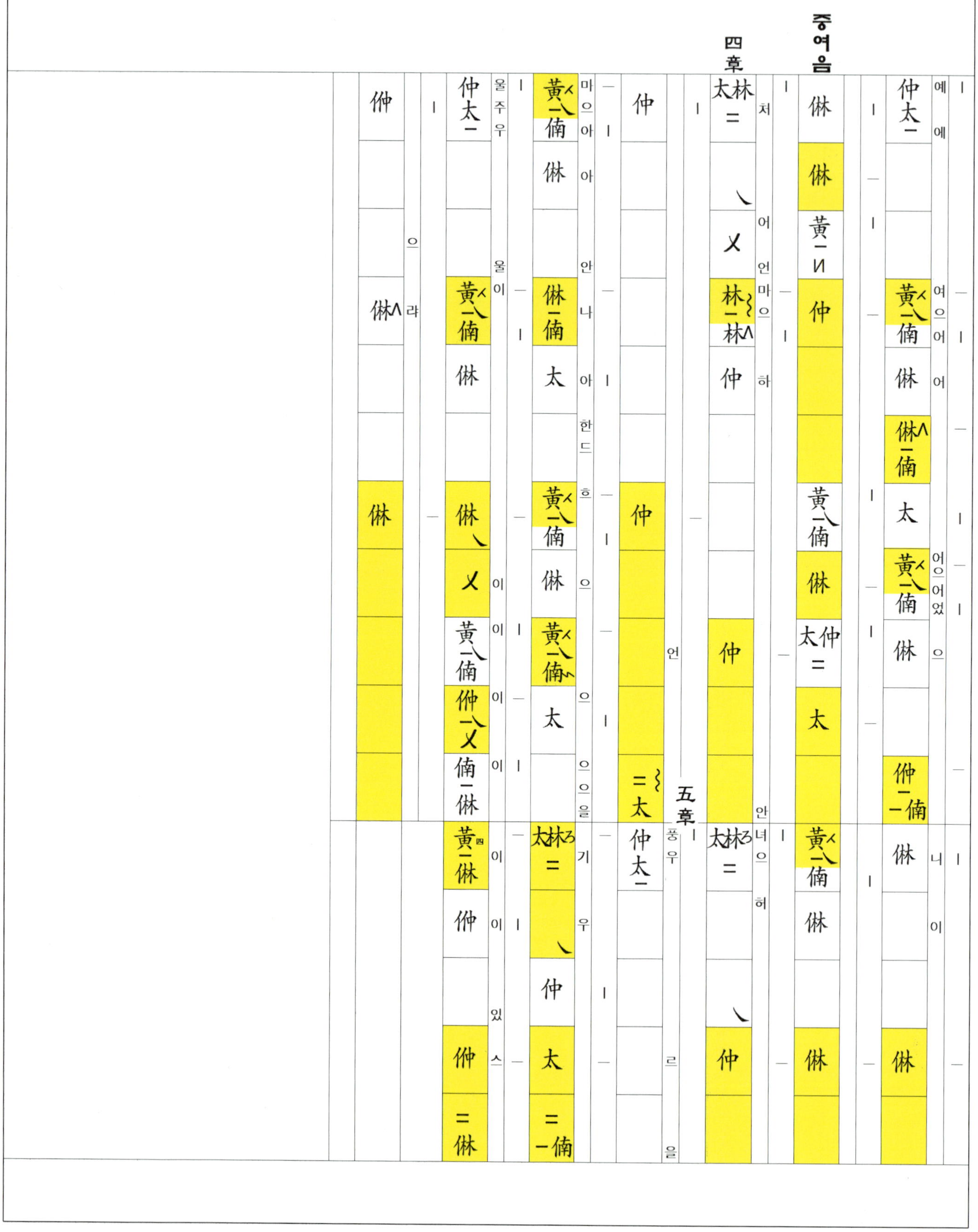

정가

남창평조

중거

정가

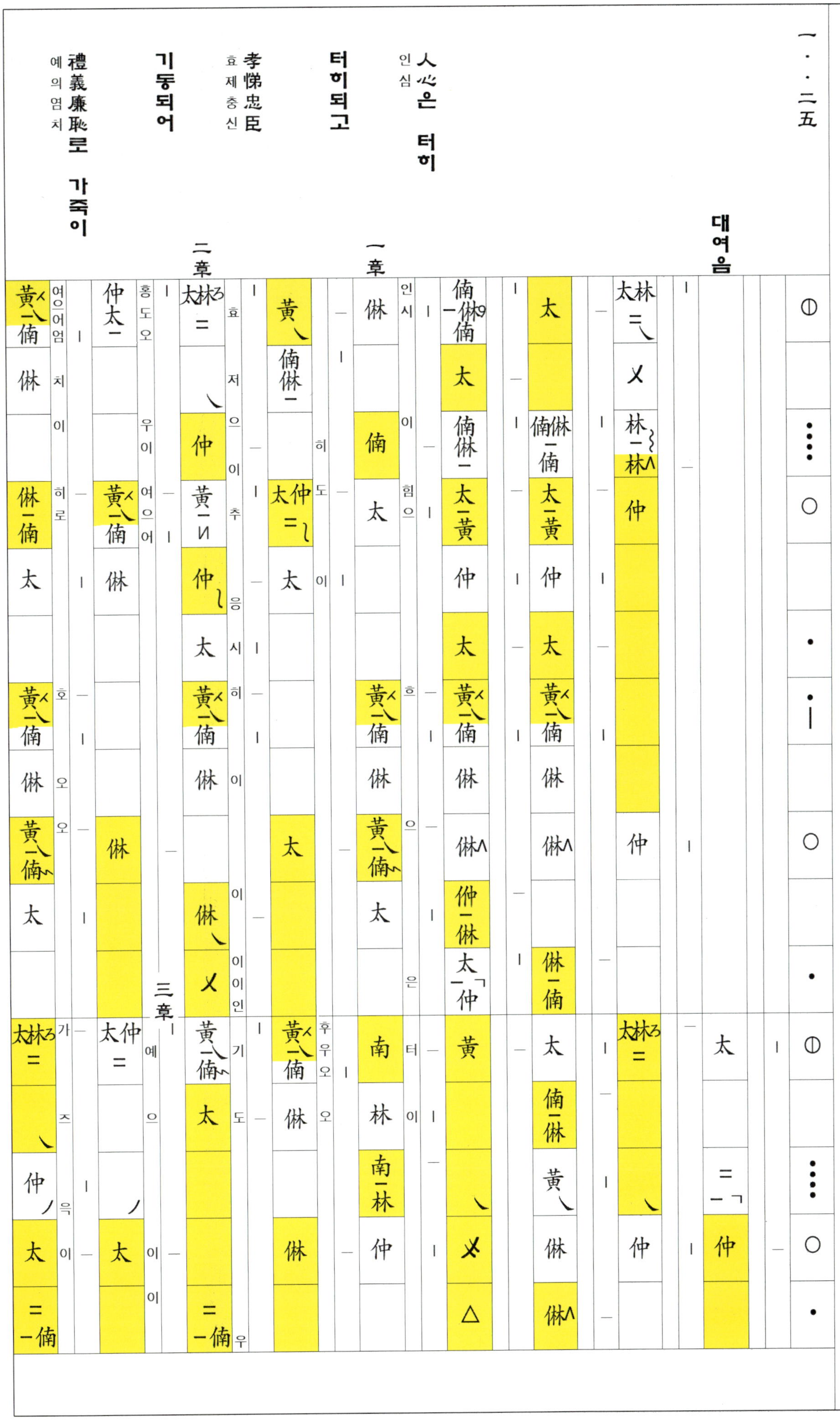

一··二五
대여음
人心은 터히
터히되고
一章
孝悌忠臣
기동되어
二章
禮義廉恥로 가죽이
三章
人心은 터히되고

정가

文物이라 (문물)
四海로 (사해)
太平酒 (태평주)
비저내어
萬姓同醉 (만성동취)
하리라

文物이라 (으으 이 무 우운 무 우울 이 / 라 아)	仲太 │ │ │ 黃㑖 │ 㑲 │ 㑲∧㑖 │ 太 │ 黃㑖 │ 㑲 │ │ 仲㑖 / 㑲 │ │ │ 㑲 │
중여음	㑲 │ 㑲 │ 黃 │ 仲 │ │ │ 黃㑖 │ 㑲 │ 太仲 │ 太 │ / 黃㑖 │ 㑲 │ │ 㑲 │
四章 四海로 (사 아 하으 이 이 / 로우 호)	太林 │ ㄟ │ 乂 │ 林林∧ │ 仲 │ │ │ │ 仲 │ │ │ / 太林 │ │ ㄟ │ 仲 │
太平酒 (오 / 태으이 펴 엉 주) 五章	仲 │ │ │ │ │ │ 仲 │ │ │ │ 太 / 仲太 │ │ │ 太 │
비저내어 (비 져 나으 이 히여 히으어 어 어 어으어 / 마 흔 서 엉)	黃㑖 │ 㑲 │ │ 㑲㑖 │ 太 │ │ 黃㑖 │ 㑲 │ 黃㑖 │ 太 │ / 太林 │ ㄟ │ 仲 │ 太 │ 㑖
萬姓同醉 (도오 옹추이 이 이 이 이 이 / 히으어 어 리)	仲太 │ │ │ 黃㑖 │ 㑲 │ │ 㑲 │ 乂 │ 黃㑖 │ 仲乂 │ 㑖㑲 / 黃㑲 │ 仲 │ │ 仲 │ 㑲
하리라 (이 라)	仲 │ │ │ 㑲∧ │ │ │ 㑲 │ │ │ │

남창평조

평거

景星出 경성출 卿雲興허니 경운흥

景星出 경성출
卿雲興허니 경운흥
日月이 일월
光華로다 광화 三星 삼성
禮樂이요 예악 五帝의 오제

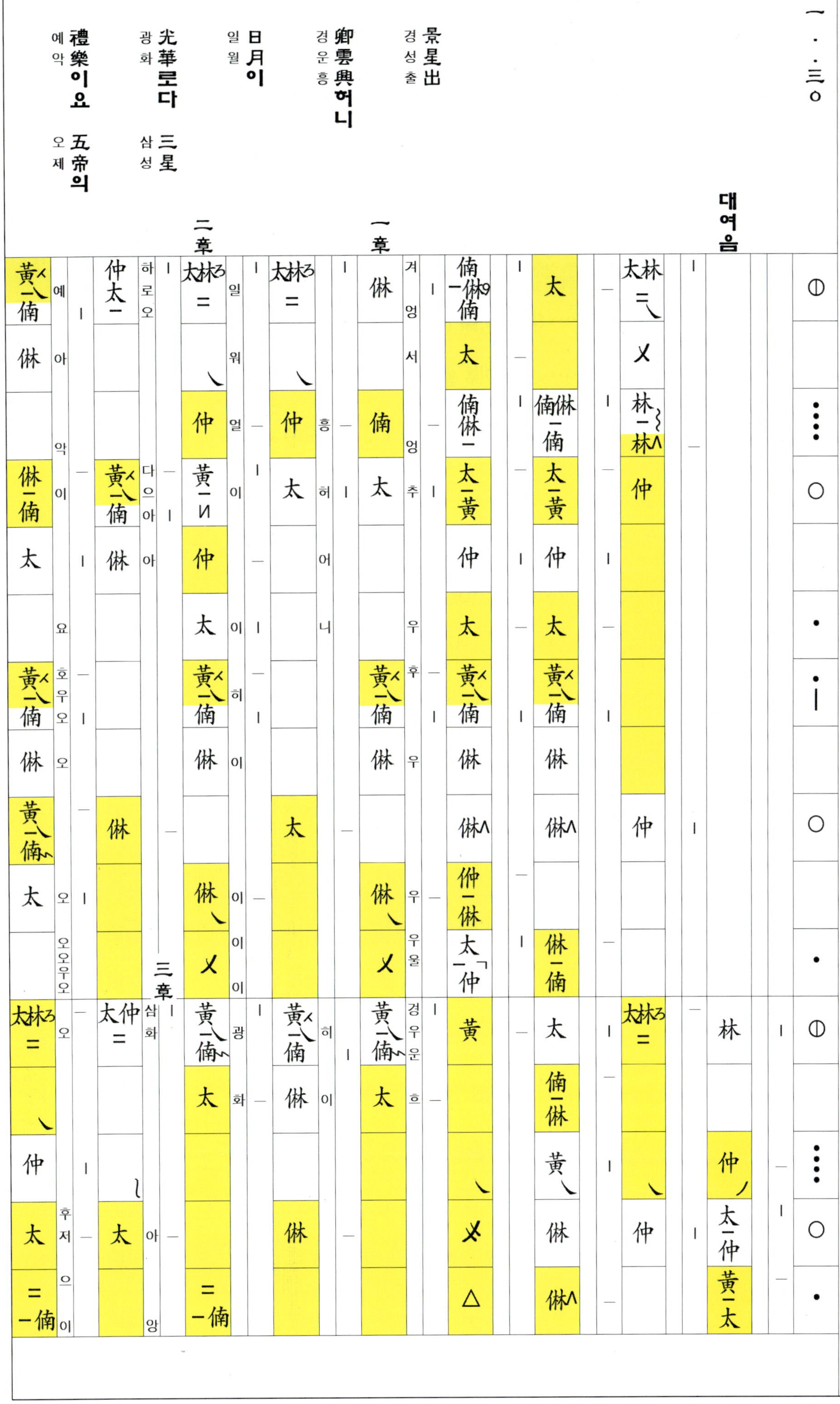

정가

다니면서
구타여
光明한 (광명)
날빛한 덮어
무산 하리오

중여음

四章

五章

구절	선율 (위→아래)	가사
1	太 / 太 / 南 / 仲 / 仲 / 太 / 黃倘 / 㣿 / 㣿∧ / / 仲 ‖ 㣿∧ / / / / 㣿 /	로 다으아 아 니 이 며 언 서 어
2 (중여음)	㣿 / 㣿 / 黃-㣴 / 仲 / / 太-仲 / 南-仲 / 太 / 太∧ / / / ‖ 黃倘 / 㣿 / / / 㣿 /	
3 (四章)	太林= / / ㇏ / ㄨ / 林-林∧ / 仲 / / / / 仲 / / ‖ 太林= / / ㇏ / 仲 /	구 우 타으 이 이 여으 어
4 (五章)	仲 / / / / / / 仲 / / / / =太 ‖ 㣿-倘 / 太 / 太-仲 / 南-仲 / 太	어 광머 허 엉 헌 언
5	太∧ / / / 黃倘 / 㣿-倘 / 太 / 黃倘 / 㣿-倘 / 黃倘 / 太 / ‖ 太林= / 仲-太 / 南 / 仲 / =-倘	날 비 ㅊ 으 흐 으 으 으 을 덮 어
6	仲太 / / / 黃倘 / 㣿 / / 㣿㇏ / ㄨ / 黃倘 / 仲-ㄨ / 倘-㣿 ‖ 黃-㣿 / 仲 / / 仲 / =㣿	허무 사으아 아 아 아으아 아 아암 허으어 어 리
7	仲 / / / 㣿∧ / / / 㣿 / / / /	이 오

남창평조

두거

구름이 無心탄 말이

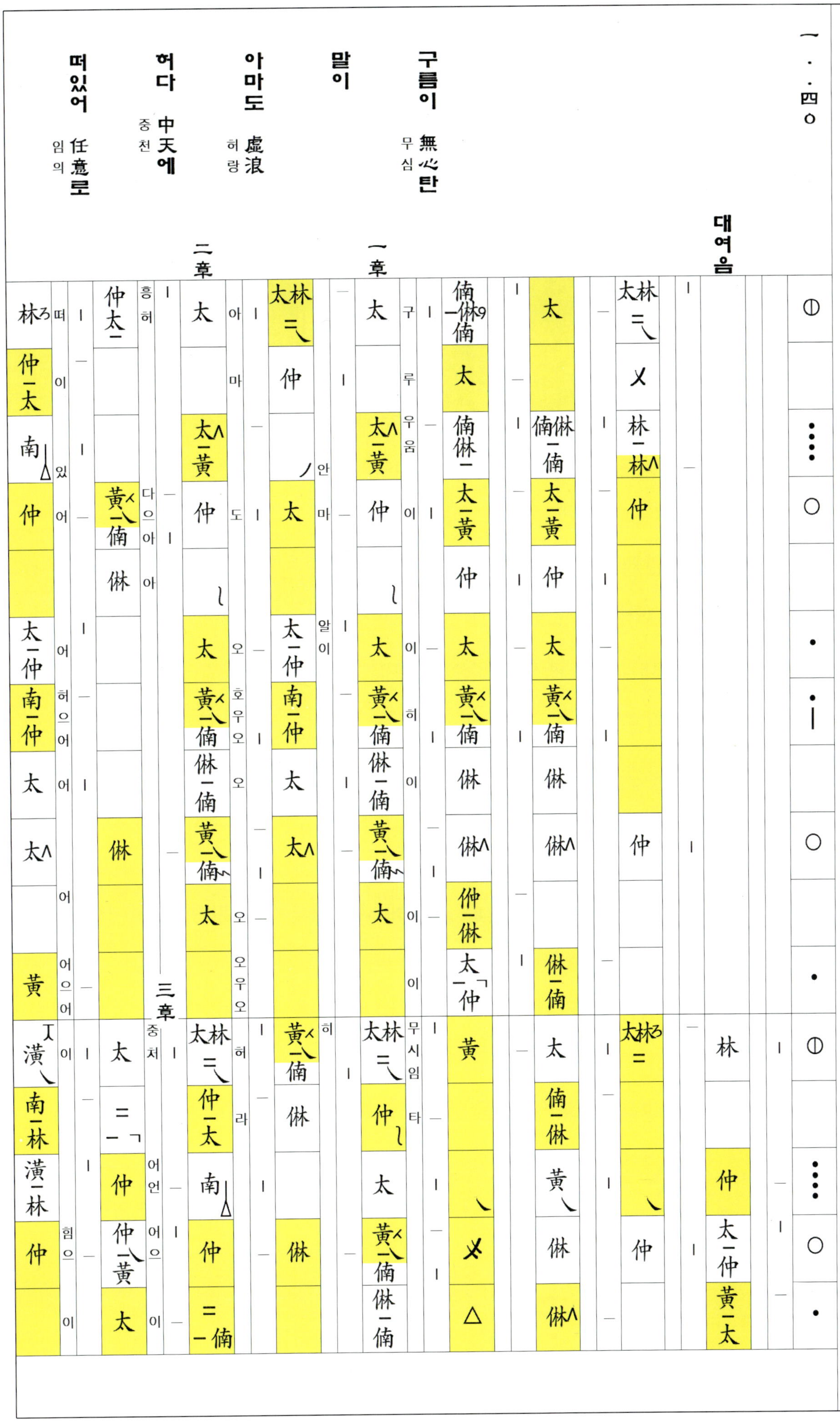

정가

興天地無窮이라 (흥천지무궁)

우리는

百歲 (백세)

뿐이니 그를

설워 허노라

Line	1	2	3	4	5	6	7	8	9	10	11	12	13	14	15	16
	太		黃	林		林–南	汰	潢–南	林		仲南=	林			林	
중여음	林		林–南	汰		南–林	潢–林	仲	太		仲	太		太∧	仲	
四章	南林=	乂	潢–林	仲		仲	南–ㄱ	潢–林	仲		仲	南		汰	潢	潢
五章	汰	南–南	林–南	仲		仲–乂	南	=林	仲	太	黃太–	林		仲–林	潢	南林–
	林∧		林–南	汰		汰	潢	南	汰	汰	潢–南	仲	汰	潢–南	仲	南
	汰	=南	汰	潢	乂–南	林	林∧	仲–林	潢–ㄴ	南–南	林–南	仲		仲–乂	南	=林
	仲	太	仲南=	林												

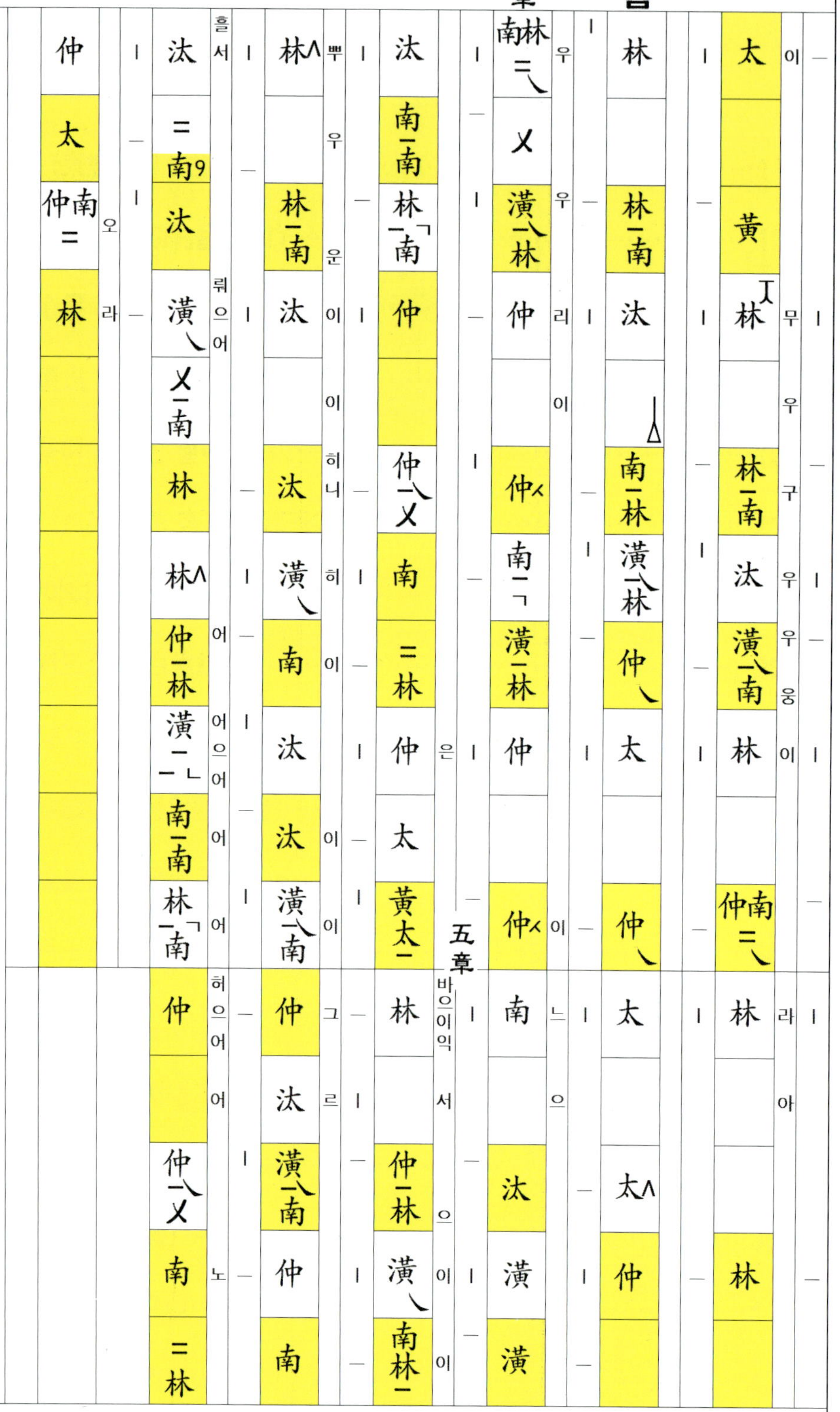

남창평조 삼수대엽

桃花 李花 杏花 芳草들아
도화 이화 행화 방초

정가

一···四五

대여음

桃花李花杏花 (도화이화행화)

一章 芳草들아 (방초)

一年春光을 (일년춘광)

二章 恨치마라 너희는 (한)

그리허여도

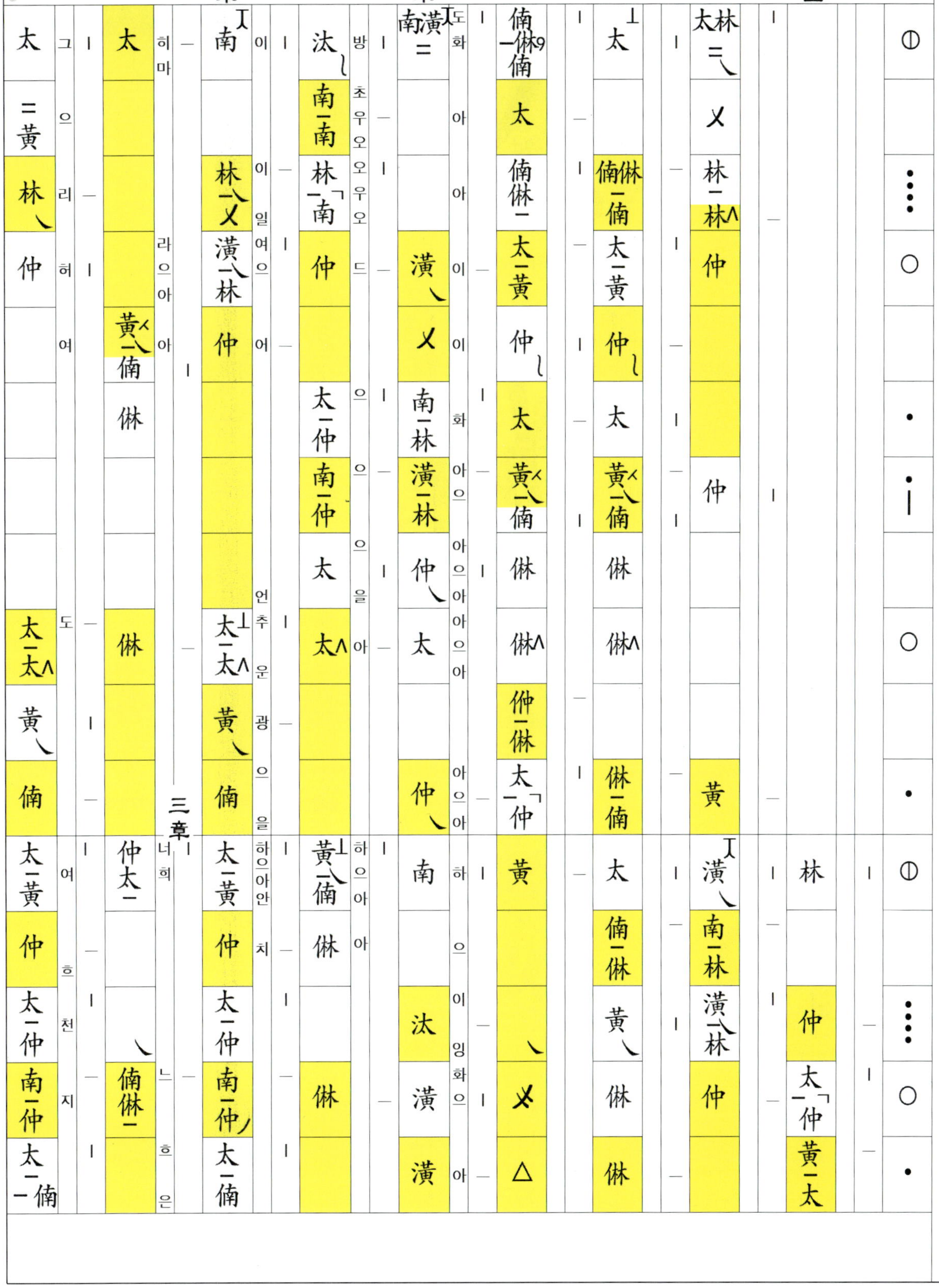

酒煎子와 양부로
주전자

낳는 감은 암소

중여음

平生에
평생

四章

이 다섯가지를

두량이면 부러울

것이 없어라

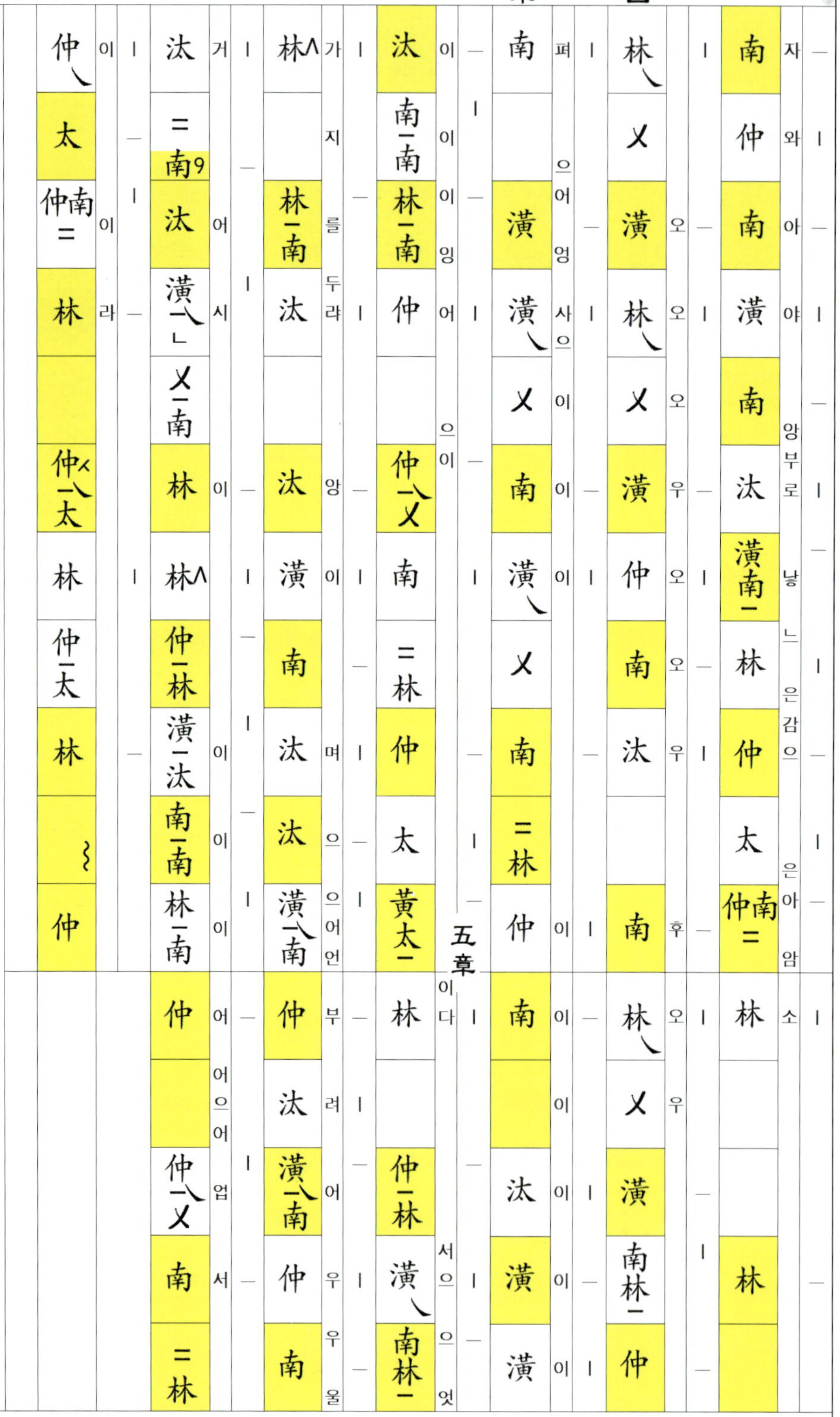

정가

남창평조

소용

정가

불 아니 떨지라도

一·五○

불 아니 떨지라도

절로 익는 솟과

여무죽 아니 먹여도

크고 살져

한것는 말과 길삼

잘하는 女妓妾과 (여기첩)

술샘는

박	대여음	1	2	3 (불 아니 떨지라도)	가사	4 (一章 절로 익는 솟과)	가사	5 (여무죽 아니 먹여도 크고 살져)	가사	6 (二章 한것는 말과 길삼)	가사	7 (잘하는 女妓妾과)	가사	8 (술샘는)
⦶		汰	太	南	불아	南潢=	느	汰	여무	南	한	汰	허	太
		南林		汰			흐	南南		=林	거엇느	南南	느	
⋮		南	太∧	=南9	니		으은	林南	죽	南	은	林南	흔	仲
○		潢\	林	汰	따으	潢\	소	仲	아	潢\	마	仲	여	潢\
		林南		=南9	이일	ㄨ	우		아	ㄨ				ㄨ
•		汰	仲林	汰	지	南	오	仲ㄑ	니	南	할과	仲ㄨ	기	南
•|		南林	潢\	潢南	히	=林	오우	南	머으	南		南	히	=林
		潢林	南林	潢南	이	仲	오옷	=林	혁	=潢		=林	히	仲/
○		仲	林∧	林	라	太	과	仲	여	南		仲/	첩과	太
		林仲		仲林	도			太		=林		太		
•		太	潢\	潢汰	오	仲	아	仲\	도	仲	三章	仲	아	仲\
⦶	南	林	林	潢	저으을	南	아	太	크	南	기	潢\	술새	太
		南林	仲林		로				고		이	ㄨ	암	
⋮	汰	潢林	潢\	\	오	汰	아	太∧		汰	일삼	南	느은	太∧
○	潢	仲	南林	ㄨ	이	潢		仲	살	潢	자으	=林	주저	仲
•	潢	林仲	林∧	△	이익	潢			저	潢	하알	仲	언	

秋月인져 (추월)
白玉盃 (박옥배) 중여음
竹葉酒 (죽엽주)
玩月長醉 (완월장취)
가지고 허리라

정간	1	1 가사	2	3	3 가사	4	4 가사	5	5 가사	6	6 가사	7	7 가사
1	太	어	㑀	林	바	仲		太	가으아	太	자	仲	
2	黃-太	으						=黃	아			太	
3	太^-黃	이	㑀^-㑣	南-林	이			林↘		黃-太		仲南=	이
4	㑣	추	黃	仲	오우			仲	지	仲-太	앙추이	林	라
5		우	=И		오				이	黃-㑣	이		
6	㑀	워	仲	仲-太				太	히고	㑀			
7	黃	어	黃↘-㑣	林		仲		仲	호우오	林ㅜ			
8	太^-黃	어으을	㑀	南-林				林-仲	오	仲-林	이		
9	㑀	이	太仲-	仲			이	太	오	潢↘	이		
10			太		우			黃↘-㑣	오	南-南	이		
11	仲	인			훅	=ㄹ太	五章	㑀-㑣	오우오	林-南	이		
12	㑀^	저	黃^↘-㑣	太	바으	太仲-	죽	太	와	仲	허으어		
13	仲-㑀	어	㑀	=仲	이		여	=仲	흔		어		
14	黃↘			南			업	南-林	워	仲↘-ㄨ			
15	㑀		㑀	林			주	仲		南	리		
16	仲			=南			우		얼	=林			

四章

정가

남창평조

우롱

정가

一··五○

三月三日 삼월삼일
李白桃紅 이백도홍
九月九一 구월구일
黃菊丹楓 황국단풍 青帘중에 청렴
술이 익고 洞庭에 동정

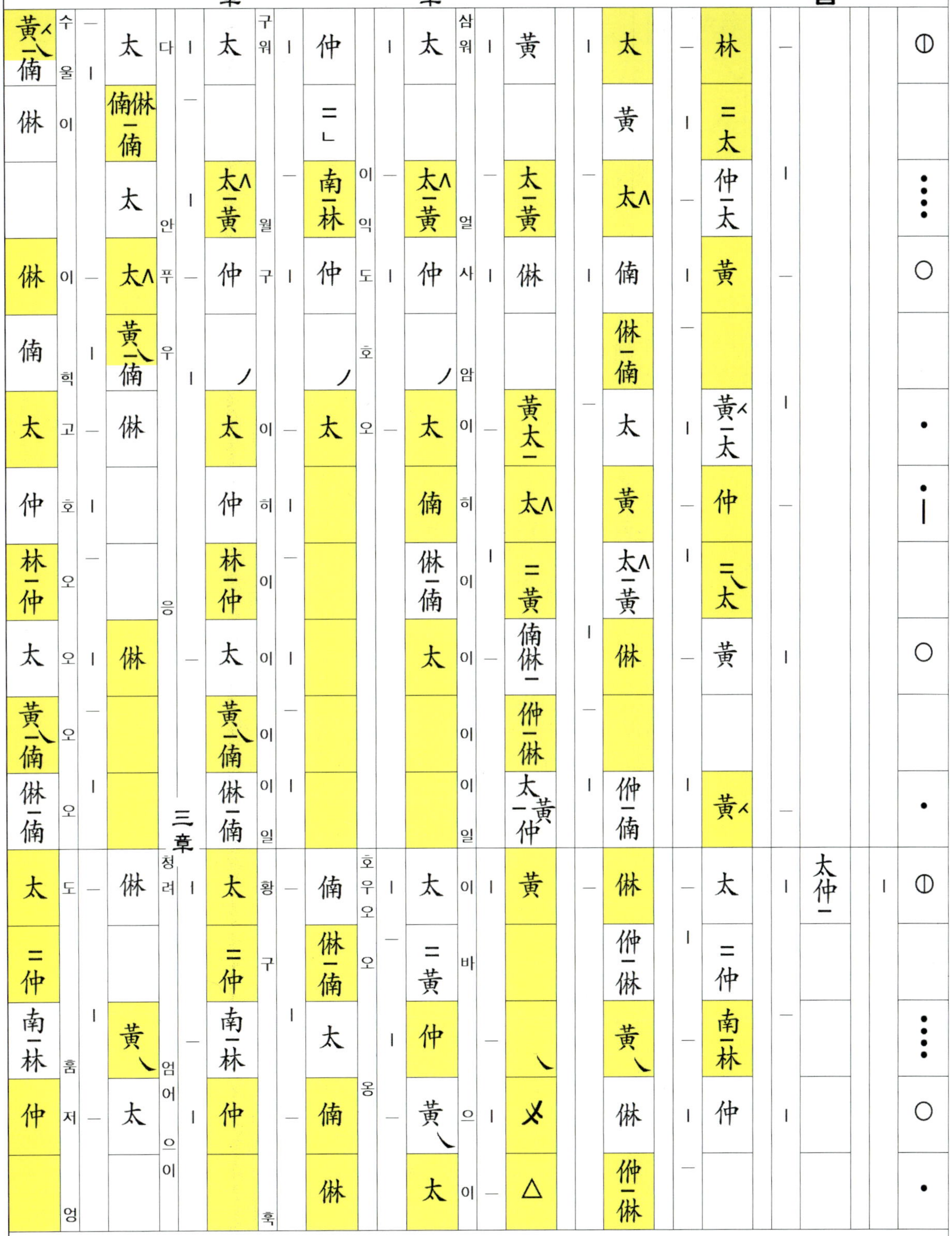

웃지마라

十里에
십리

桃花發하니
도화발

春興
춘흥

겨워 하노라

중여음

四章

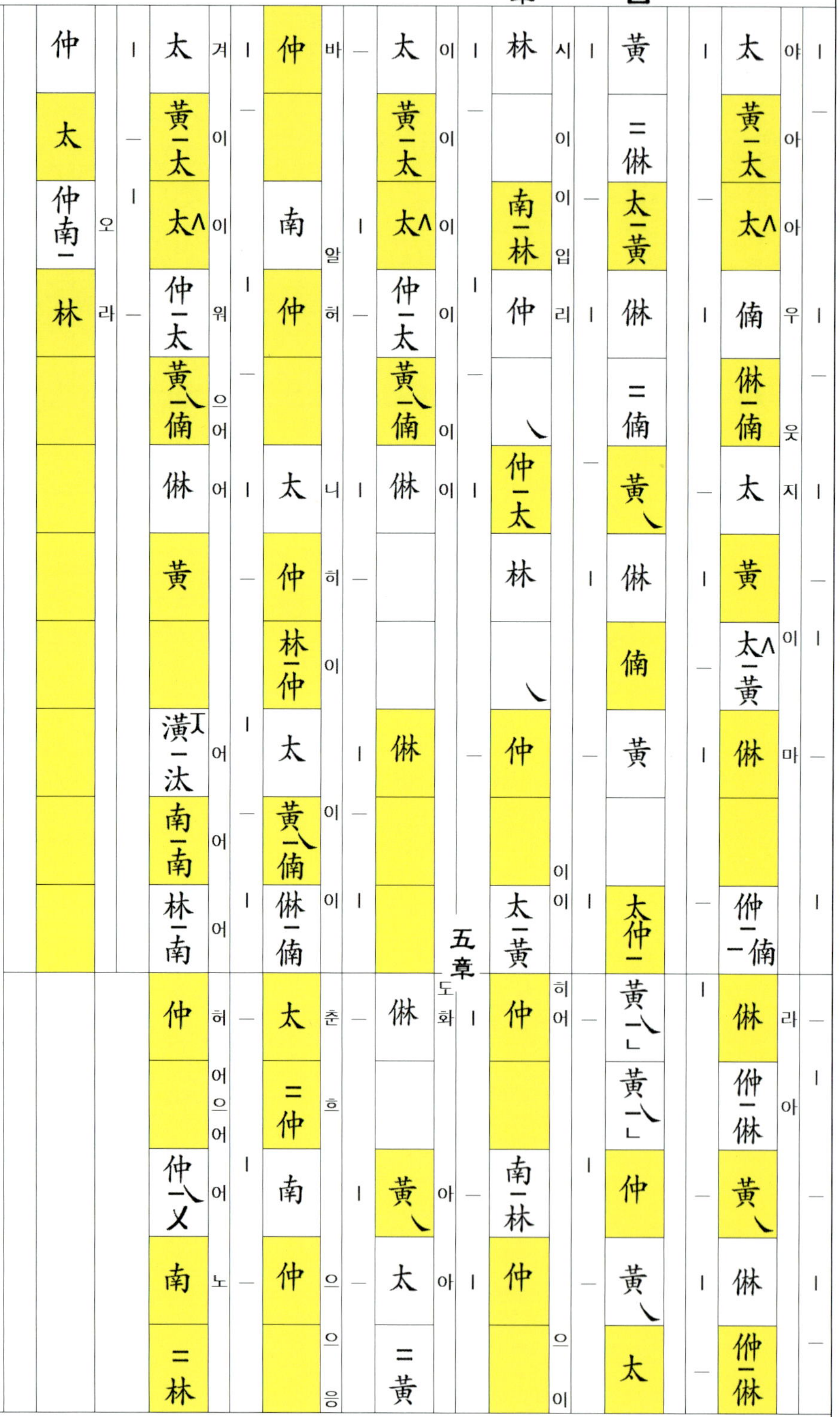

정가

남창평조

우락

조다가 낚시대를 읽고

정가

一··五五

대여음

조다가 낚시대를

一章

잃고

춤 추다가

二章

되롱이를

일회 늙은이

망녕으란 白鷗(백구)야

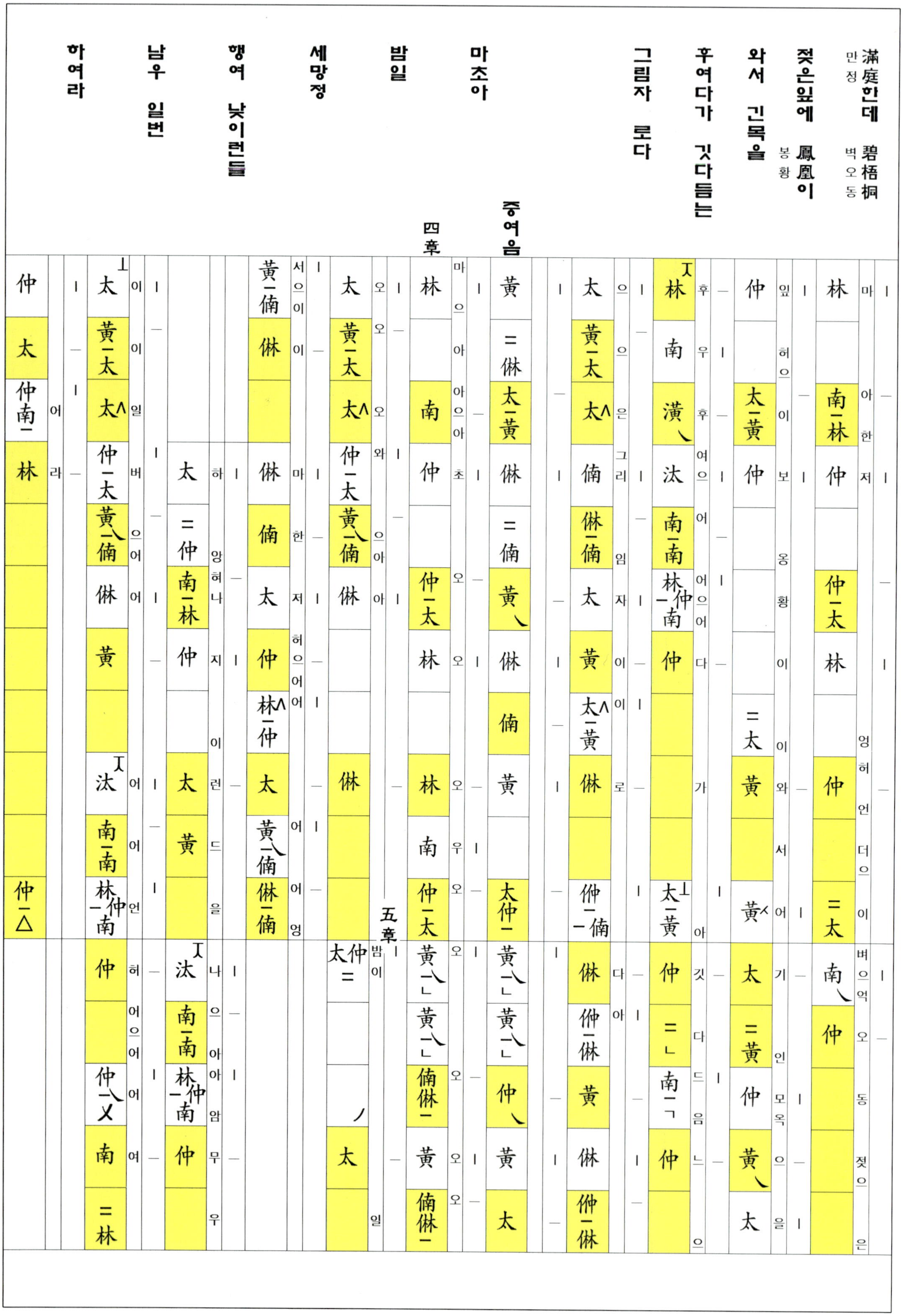
滿庭한데 碧梧桐
만정 벽오동
젖은잎에 鳳凰이
봉황
와서 긴목을
후여다가 깃다듬는
그림자 로다
중여음
마초아
四章
밤일
세망정
행여 낮이런듯
남우 일번
하여라
五章

정가

남창평조

언락

一·六○

碧沙窓(벽사창)이 어룬
어룬커 늘
임만여겨 펄떡
뛰어
나가보니 임은
아니오고 明月(명월)이

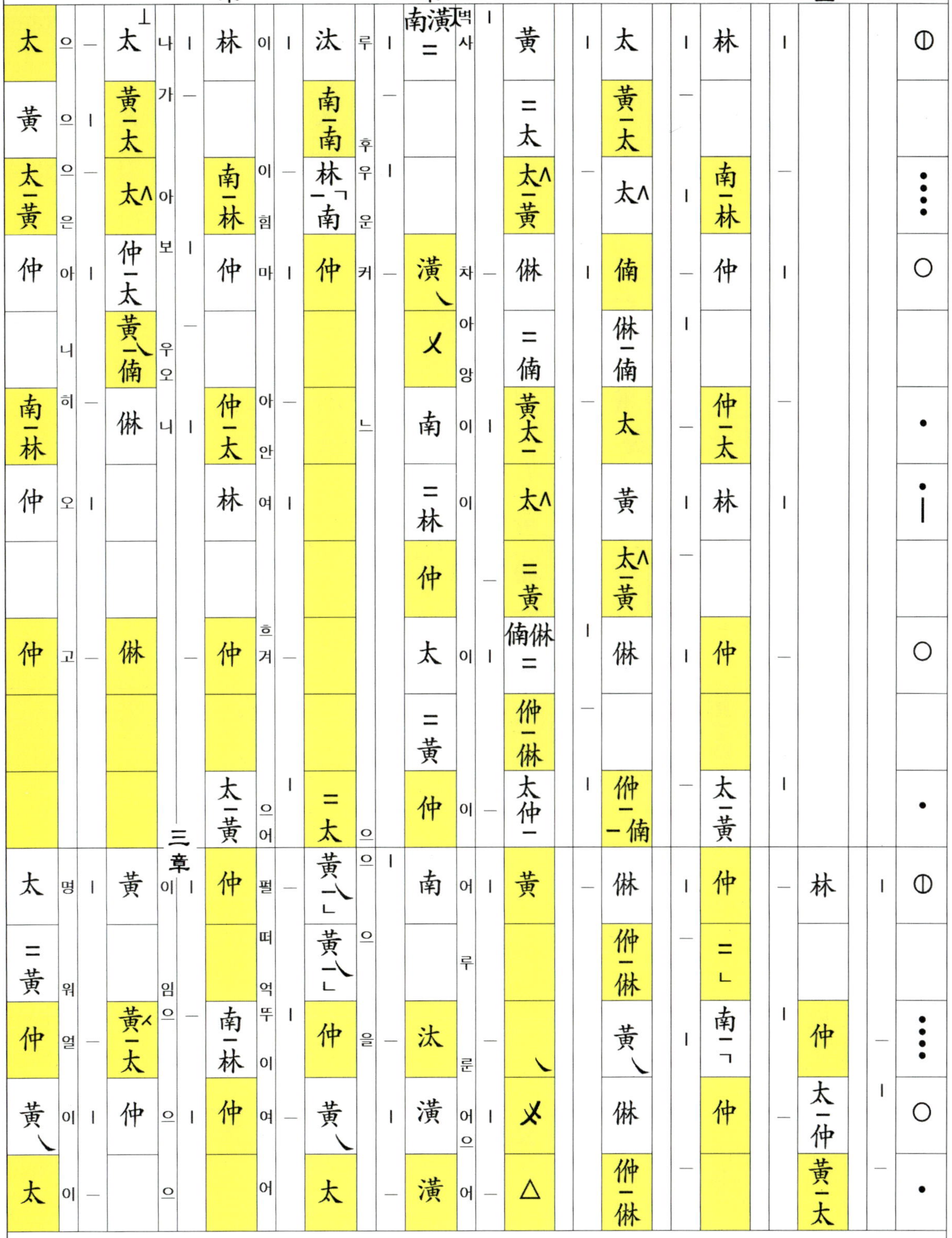

碧沙窓(벽사창)이 어문어문커 늘

정가

鳳凰臺上(봉황대상) 鳳凰遊(봉황유)러니
鳳凰臺空(봉황대공) 江自流(강자유)로다
吳宮花草(오궁화초) 埋幽逕(매유경)이요
晉代衣冠(진대의관) 成古邱(성고구)라
三山半落(삼산반락) 靑天外(청천외)요
二水中分(이수중분) 白鷺洲(백로주)로다
總爲浮雲(총위부운) 能蔽日(능폐일)허니
長安(장안)을 不見使人愁(불견사인수)를
하더라

基馨如蘭(기형여난) 56x35

素河 金瑩埱

그 향기가 난초와 같다

남창평조

우편

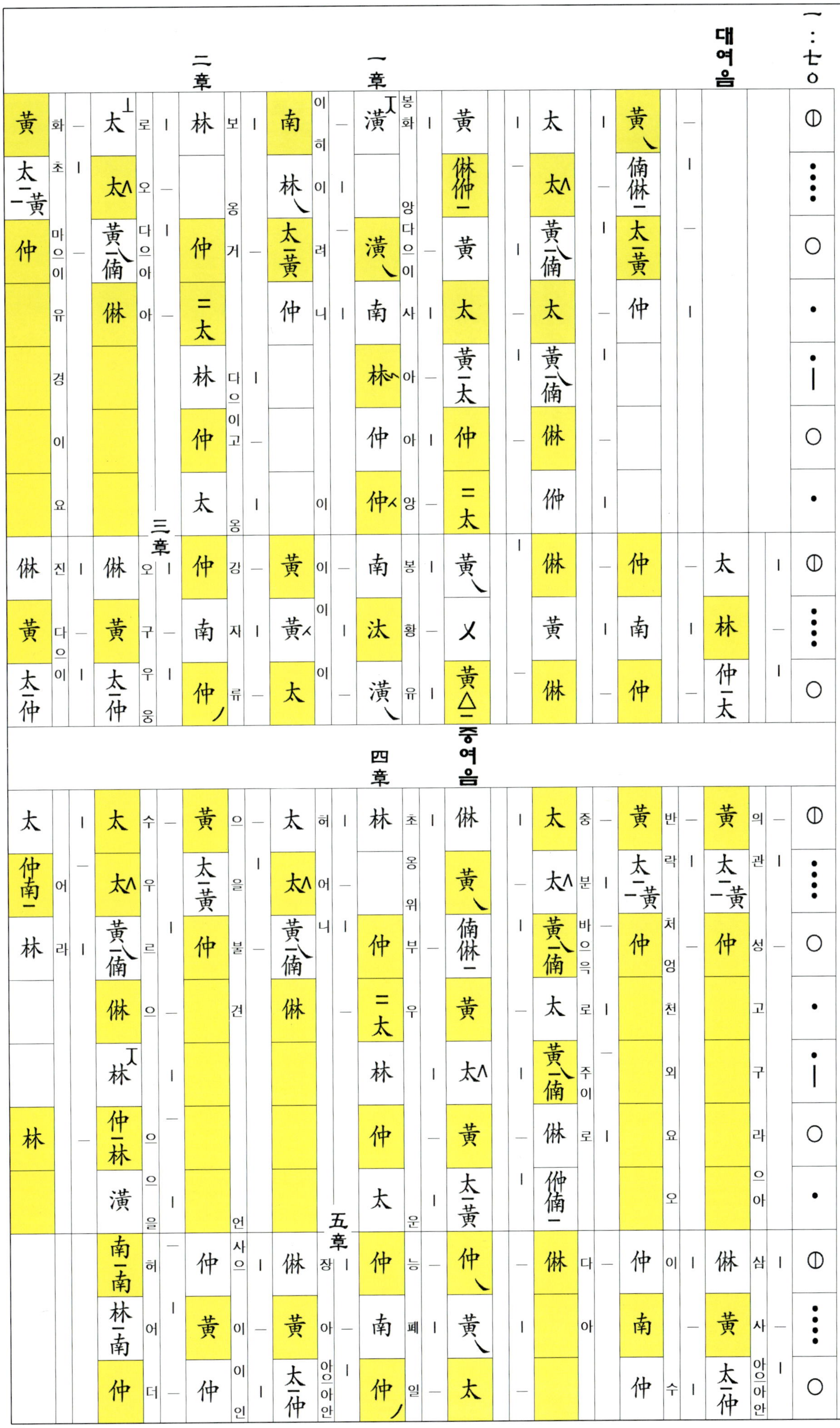

鳳凰臺上 鳳凰遊러니
봉황대상 봉황유

정가

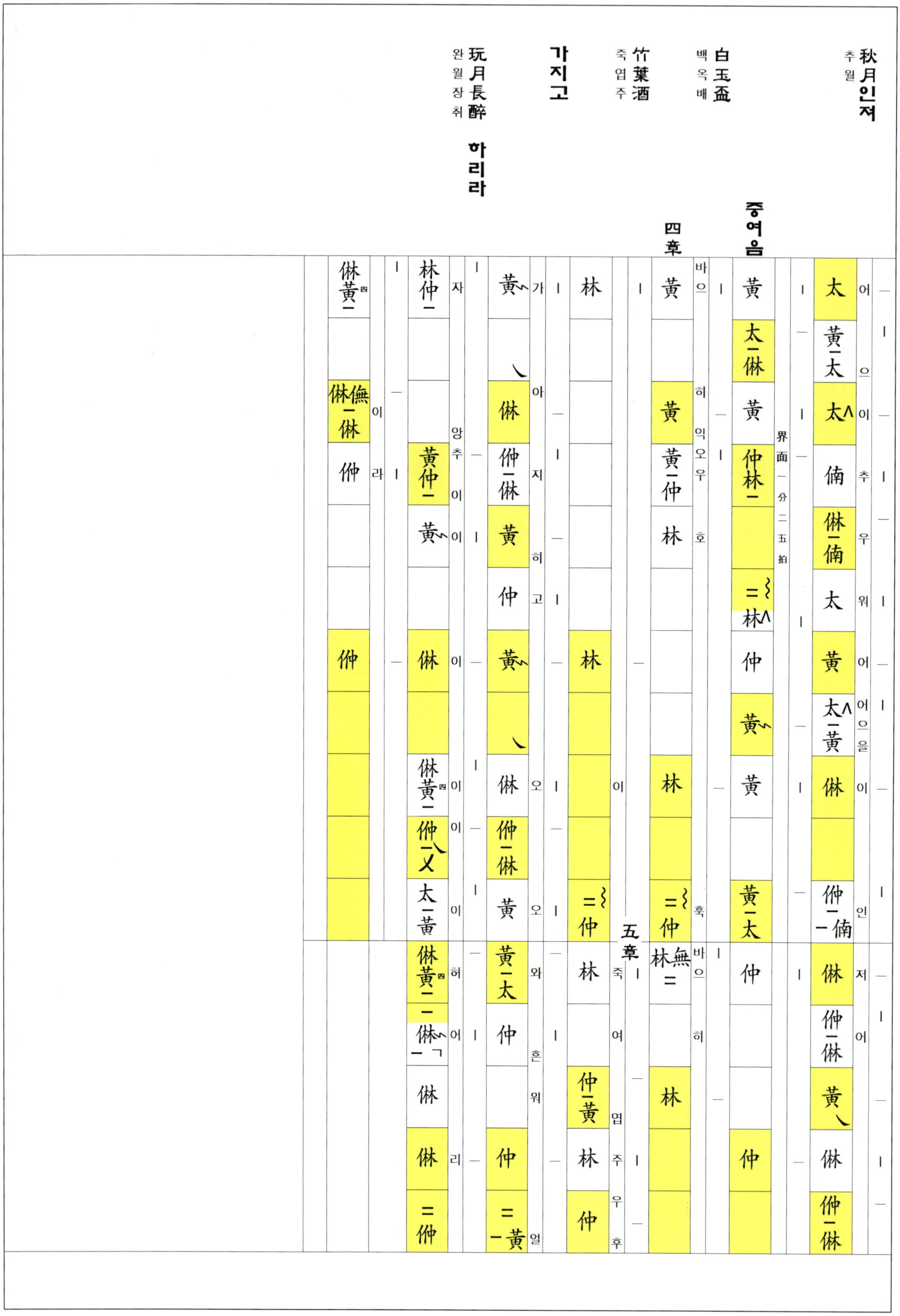

秋月인져 (추월)

白玉盃 (백옥배)

竹葉酒 (죽엽주)

가지고

玩月長醉 하리라 (완월장취)

중여음

四章

五章

界面 一分二五拍

1	—	어	太
2	|	으	黃-太
3	—	이	太∧
4	|	추	㑖
5	—	우	㑣-㑖
6	|	워	太
7	—	어	黃
8	|	어으을	太∧-黃
9	—	이	㑣
10			
11	|	인	㑀-一㑖
12	—	저	㑣
13	|	어	㑀-㑣
14	—		黃＼
15	|		㑣
16	—		㑀-㑣

1	|		黃
2	—		太-㑣
3	|		黃
4	—	界面 一分二五拍	仲林-
5			
6			=⌇ 林∧
7	|		仲
8	—		黃∽
9	|		黃
10			
11	—		黃-太
12	|		仲
13			
14			
15	—		仲
16			

1	|	바으	黃
2			
3	—	히	黃
4	|	익오우	黃-仲
5		호	林
6			
7			
8			
9	—		林
10			
11		혹	=⌇ 仲
12	|	바으	林無 =
13		히	
14	—		林
15			
16			

1	|		林
2			
3			
4			
5			
6			
7	—		林
8			
9		이	
10			
11			=⌇ 仲
12	|	죽	林
13		여	
14	—	엽	仲-黃
15	|	주	林
16	—	우후	仲

1	|	가	黃∽
2			＼
3	—	아	㑣
4	|	지	㑀-㑣
5	—	히	黃
6	|	고	仲
7	—		黃∽
8			＼
9	|	오	㑣
10	—		㑀-㑣
11	|	오	黃
12	—	와	黃-太
13	|	흔	仲
14		위	
15	—		仲
16		얼	= -黃

1	|	자	林仲-
2			
3		앙	
4	—	추 이	黃仲-
5	|	이	黃∽
6			
7	—	이	㑣
8			
9	|	이	㑣黃四-
10	—	이	㑀-乂＼
11	|	이	太-黃
12	—	허	㑣黃四二-
13	|	어	㑣∽ -ㄱ
14			㑣
15	—	리	㑣
16			=㑀

1	|		㑣黃四-
2			
3	—	이	㑣㒇-㑣
4	|	라	㑀
5			
6			
7	—		㑀
8			
9			
10			
11			
12			
13			
14			
15			
16			

정가

남창평조 계면조

반엽

一·九○

三月三日 (삼월삼일)
李白桃紅 (이백도홍)
九月九日 (구월구일)
黃菊丹楓 (황국단풍) 靑帘에 (청렴에)
술이 익고 洞庭에 (동정에)

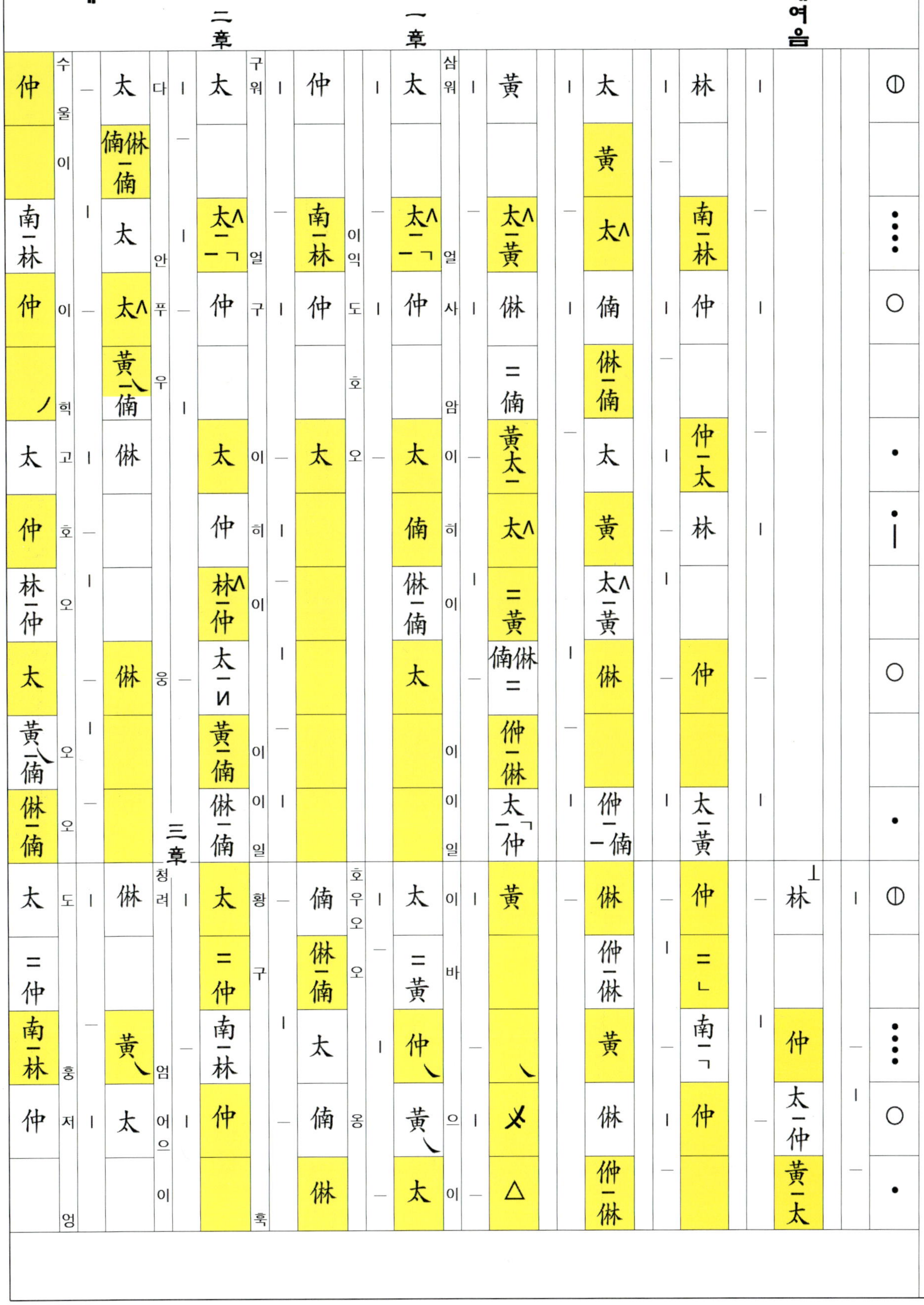

정가

중여음

뉘라서

四章

내 行色 (행색)

그려내여

님 계신데

드리리

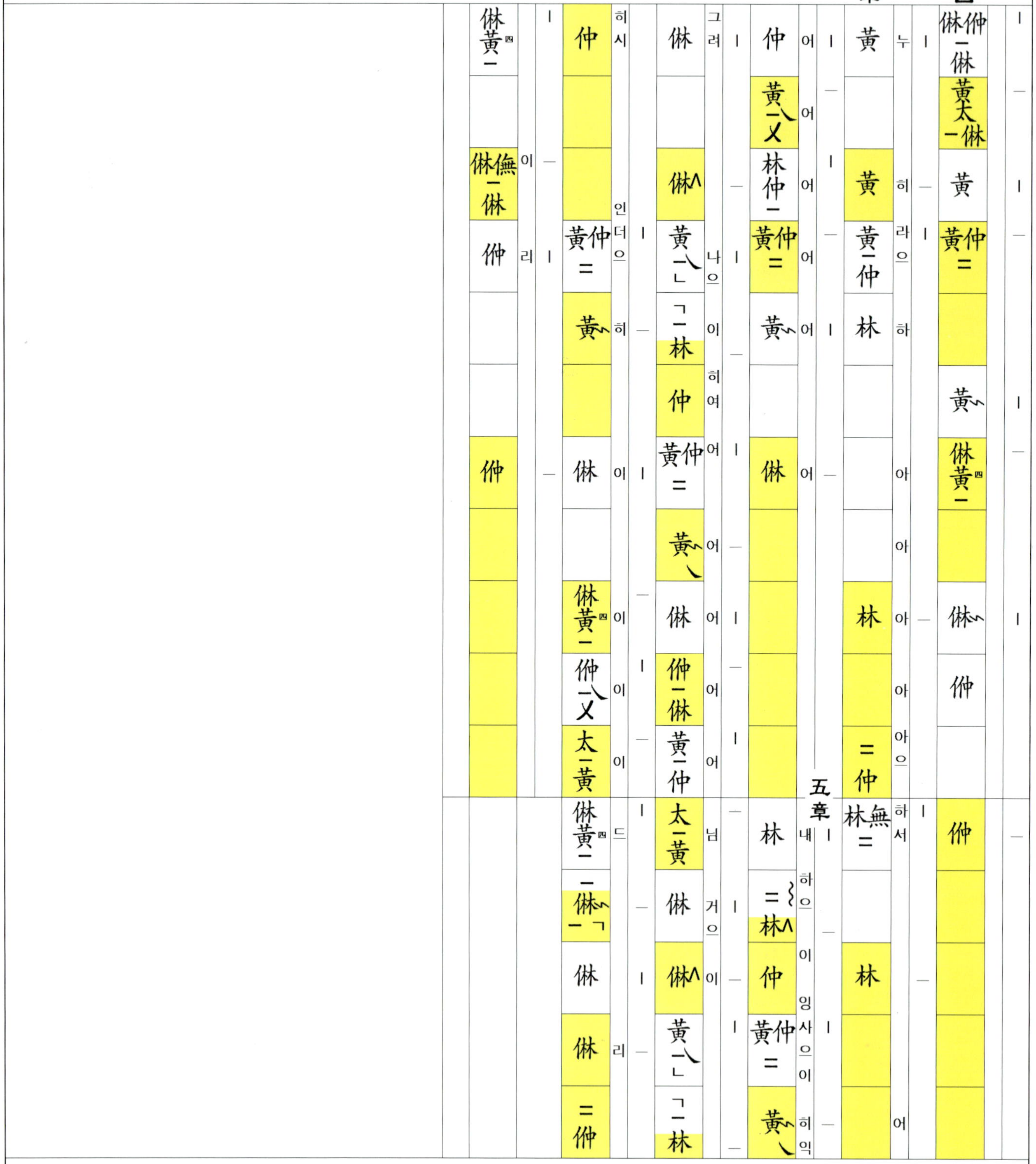

정가

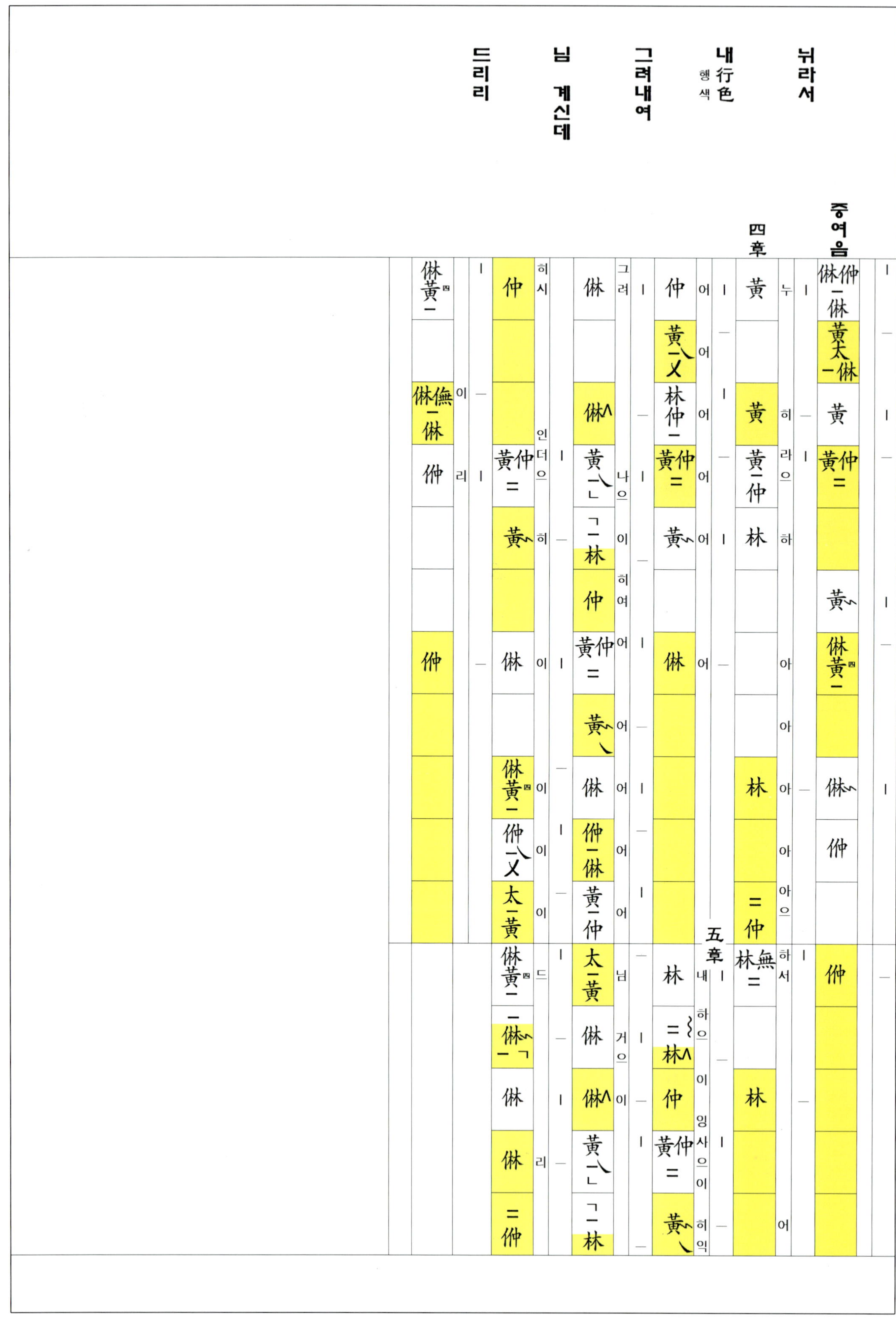

남창계면조

초수대엽

靑石嶺(청석령) 지내거다

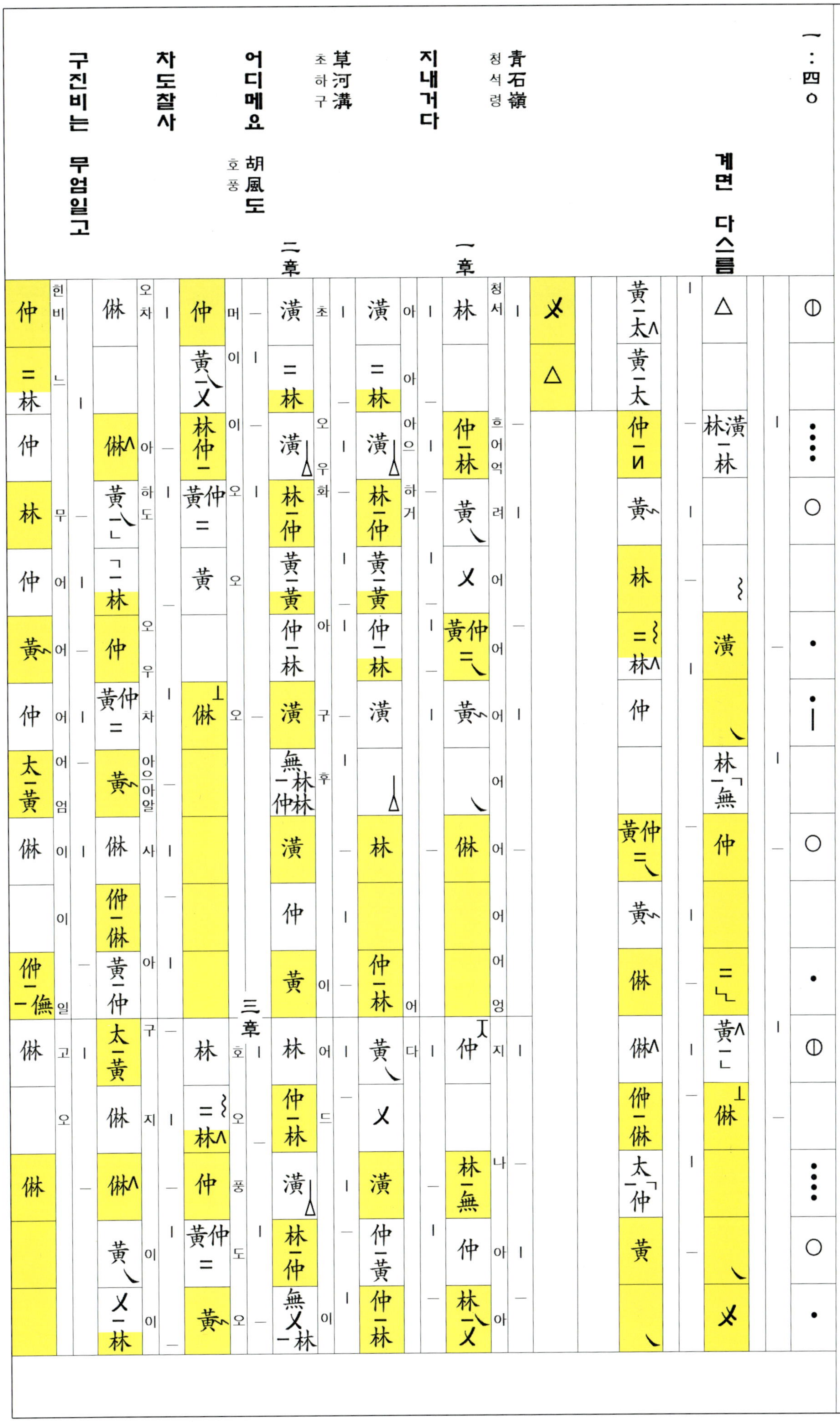

저 禪師야
선사

네절이

중여음

얼마나

四章

허관대 遠種聲이
원종성

들리느니

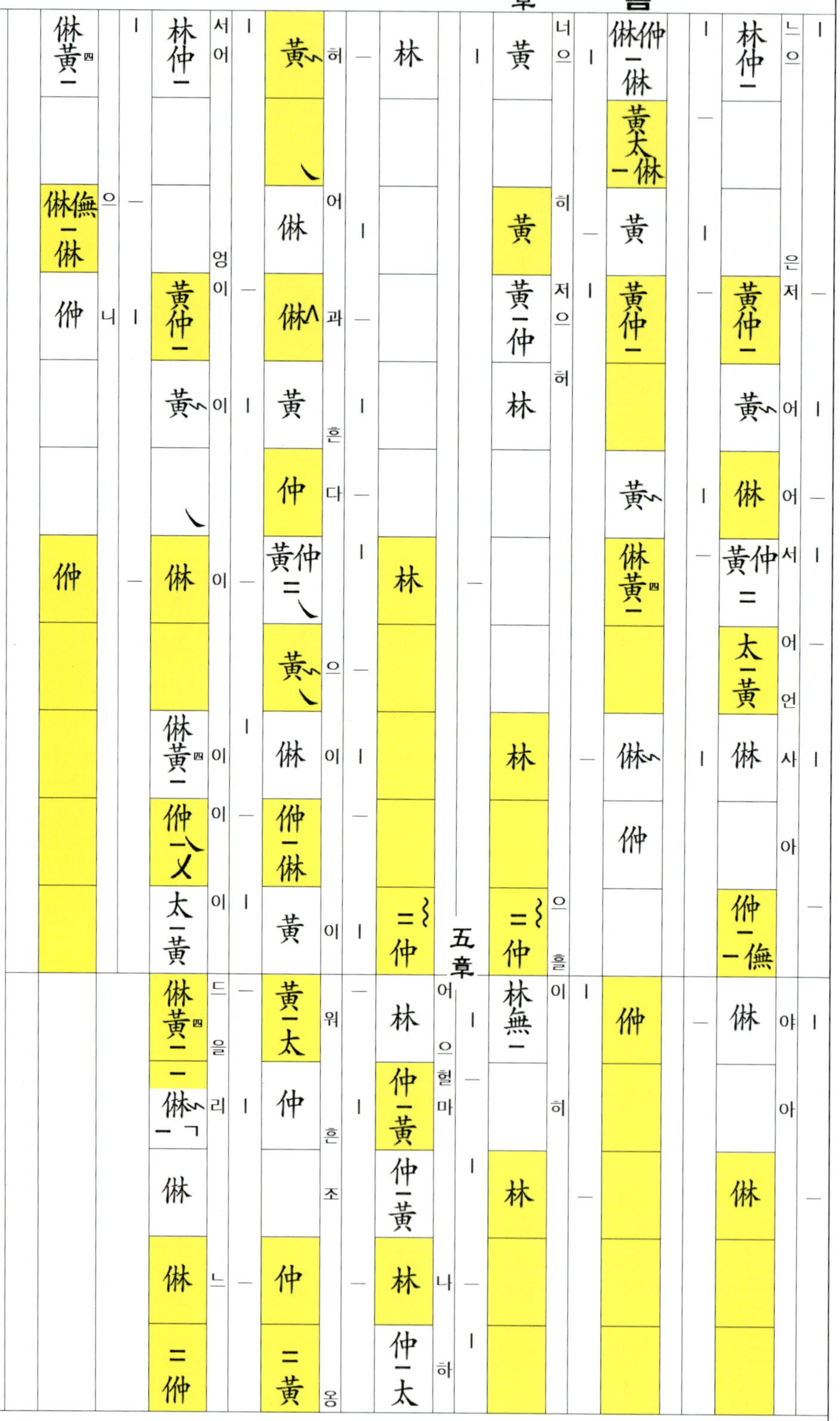

남창계면조 이수대엽

정가

잘새는 날아들고

一:二。

잘새는 날아
들고
새달이 돋아
온다 외나무
다리로 홀로가는

지였으니

夕陽(석양)에

短髮(단발)

樵童(초동)이 弄笛(농적)

還(환)을 허더라

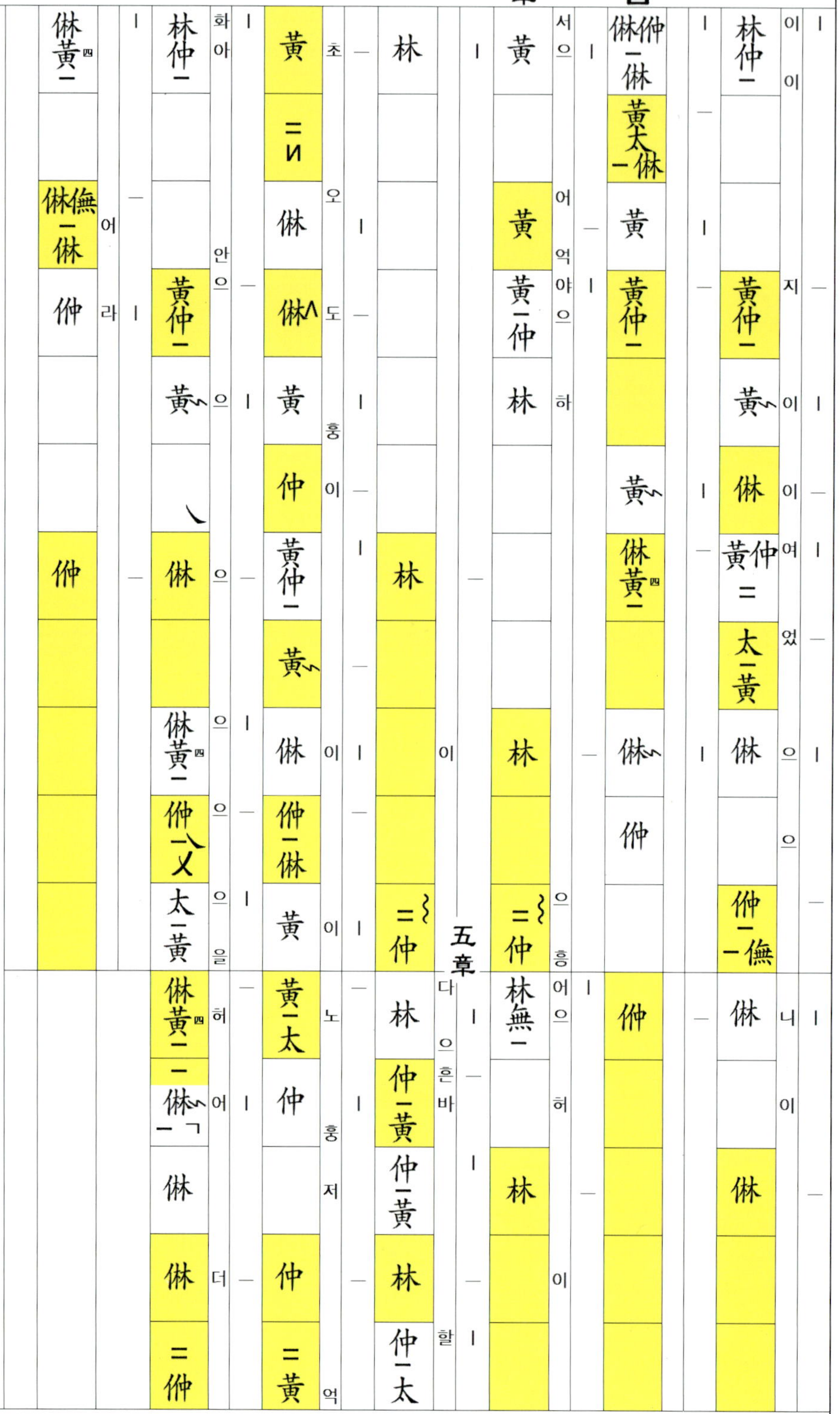

정가

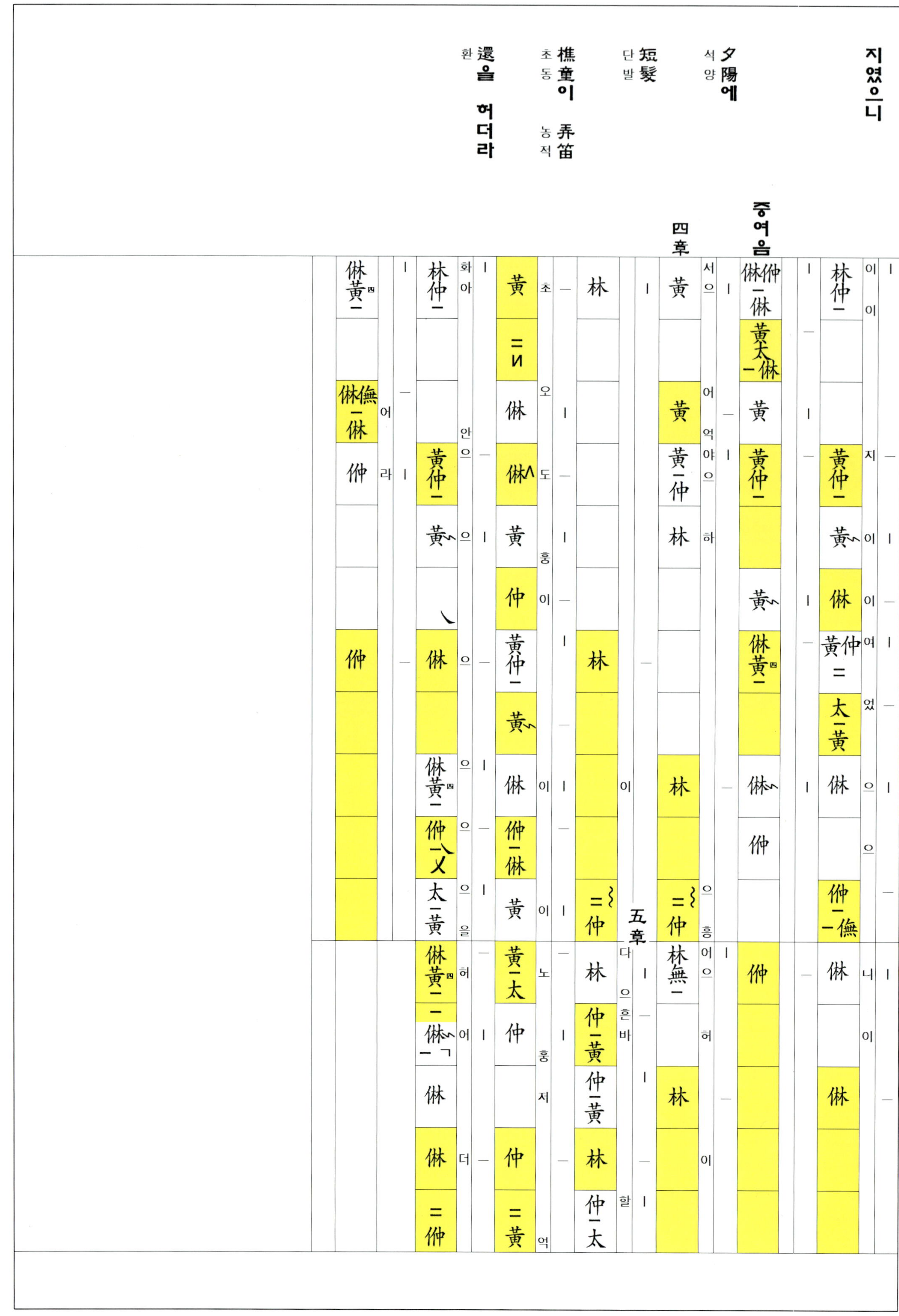

남창계면조

중거

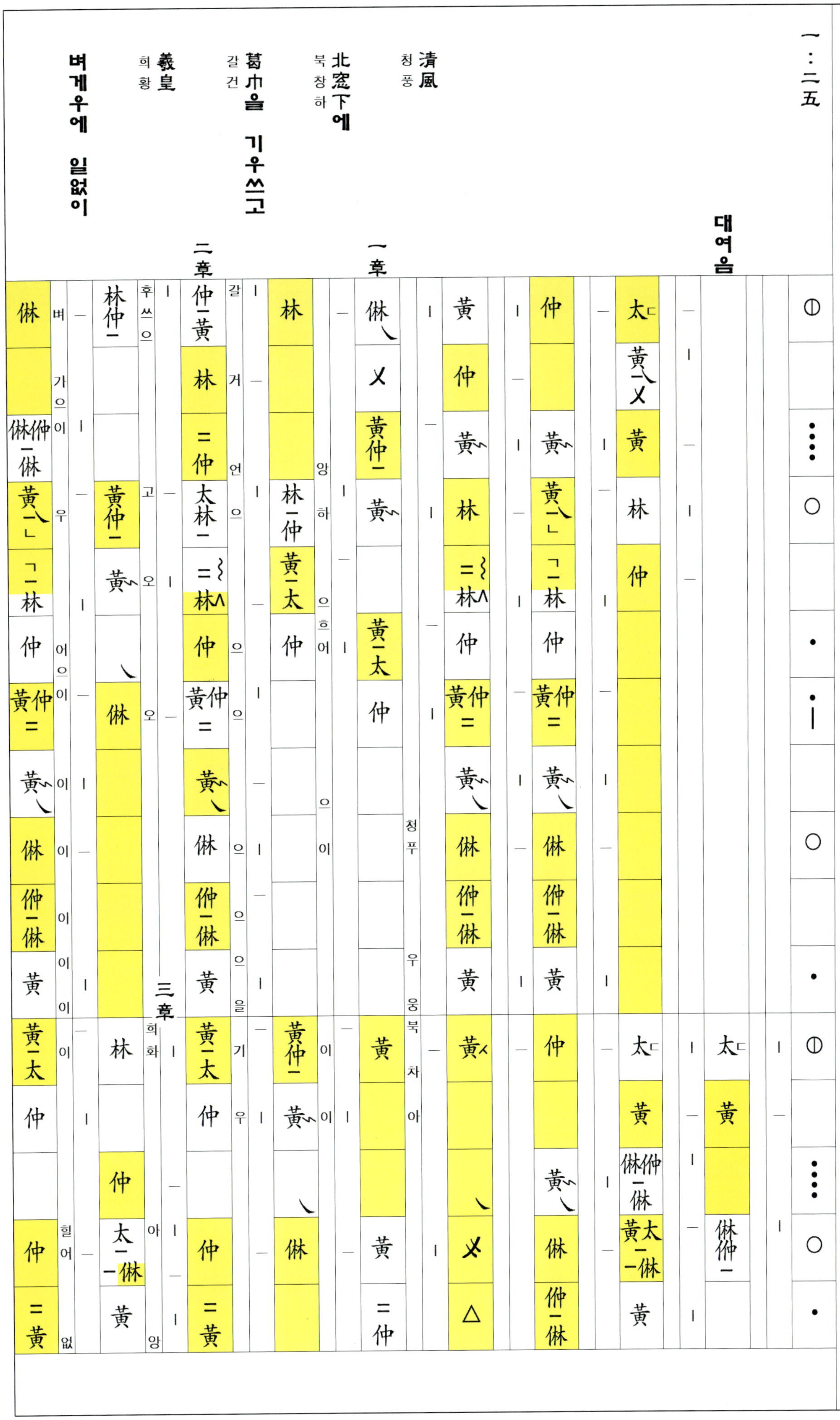
一:二五
대여음
淸風 北窓下에
葛巾을 기우쓰고
羲皇
벼게우에 일없이
一章
二章
三章

허엿과저

白髮이 (백발)

중여음

제 짐작하여

四章

더디

늙게 하여라

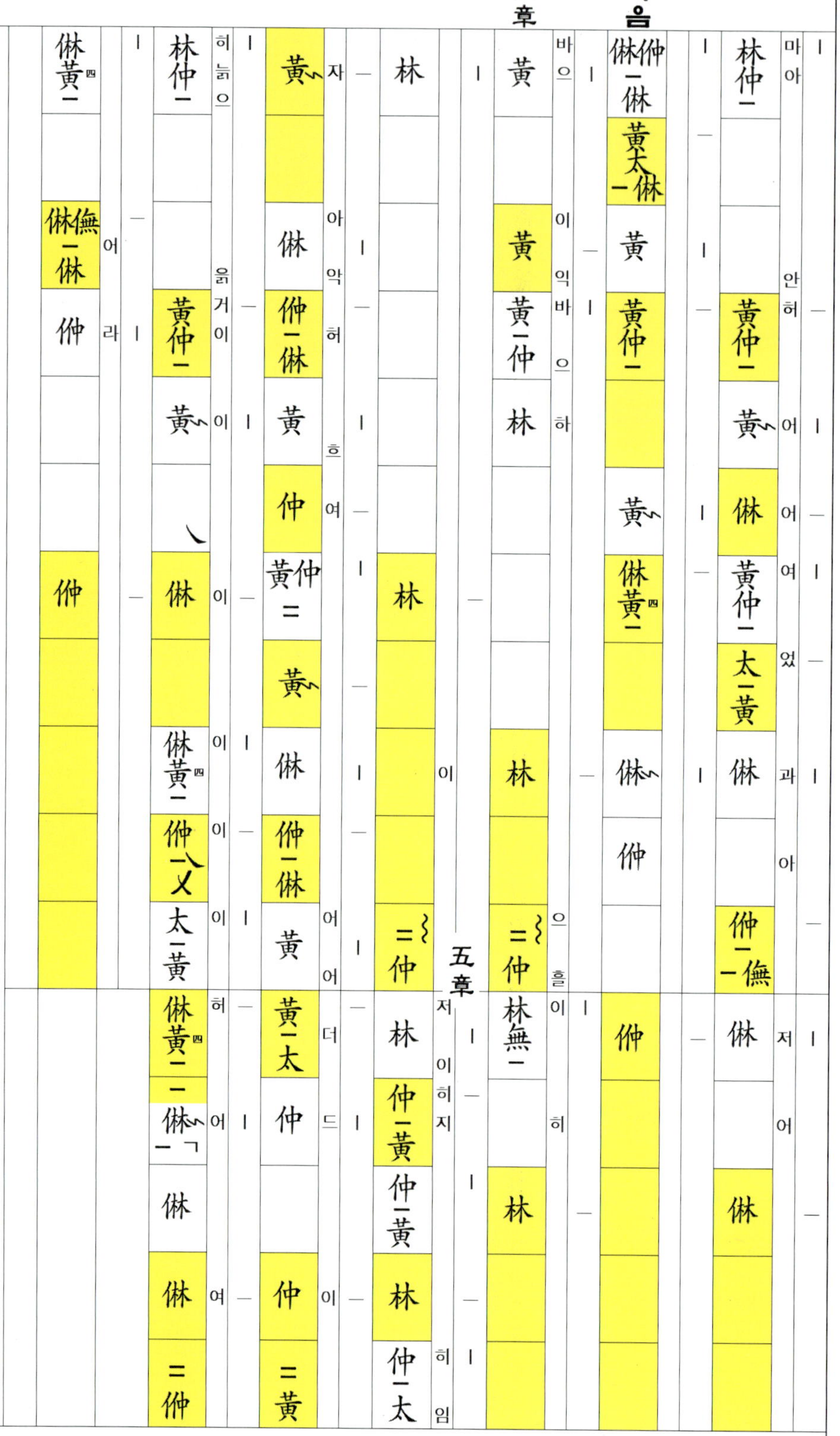

정가

남창계면조

평거

一 : 三 ○

대여음

半 넘어 늙었으니
다시 젊든
못하여도 以後란
늙지말고 每樣이만

半 넘어 늙었으니

정가

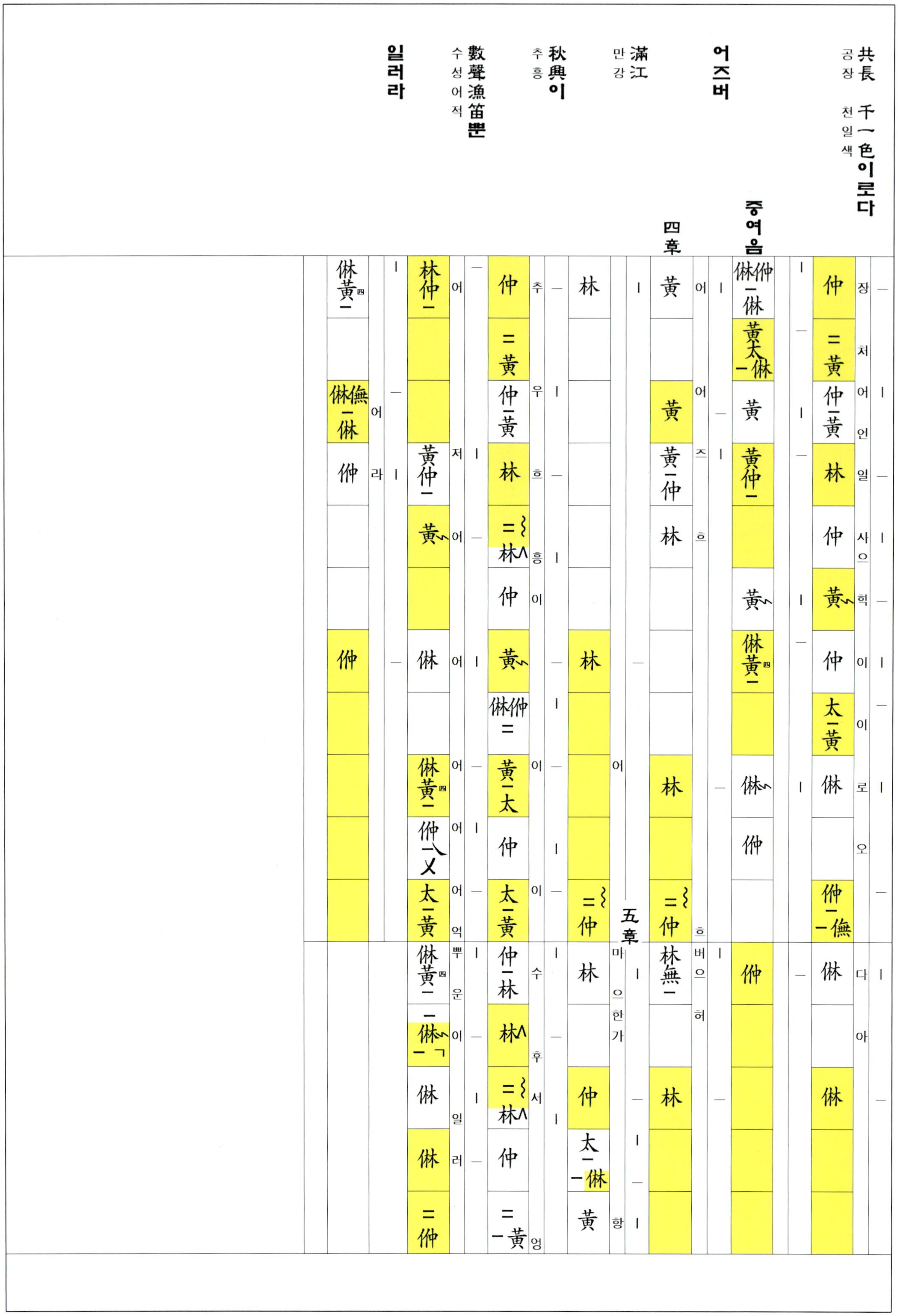
共長天一色이로다
공장 천일색
어즈버
중여음
四章
滿江
만강
秋興이
추흥
數聲漁笛뿐
수성어적
일러라
五章

정가

남창계면조

두거

정가

一:四○

岳陽樓에 (악양루)
올라앉어
洞庭湖七魄里를 (동정호칠백리)
둘러보니 落霞與 (낙하여)
孤鶩齊飛요 秋水이 (고목제비 추수)

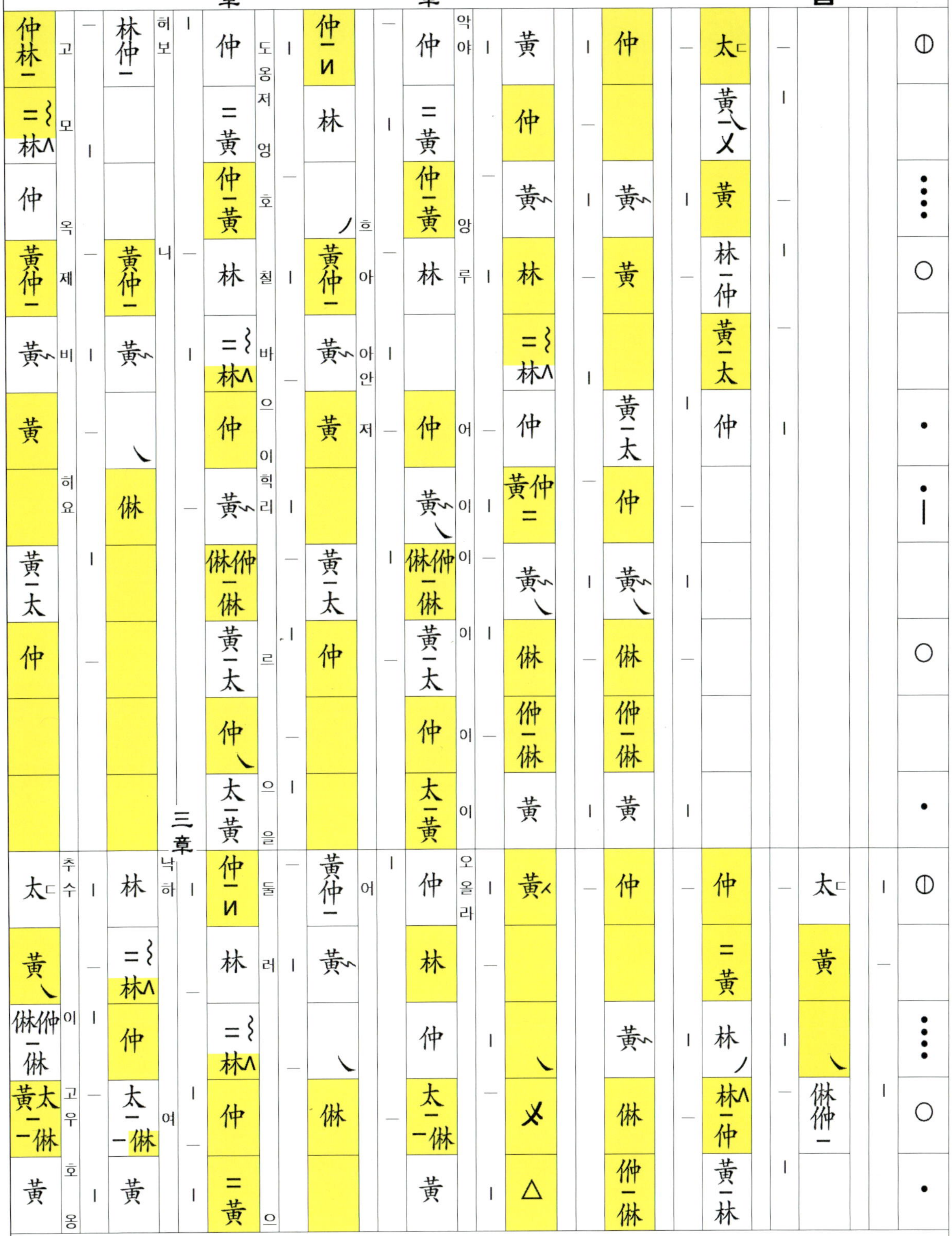

지나거다

어디서

數聲(수성)

漁笛(어적)이 잠든

나를 깨오느니

중여음

四章

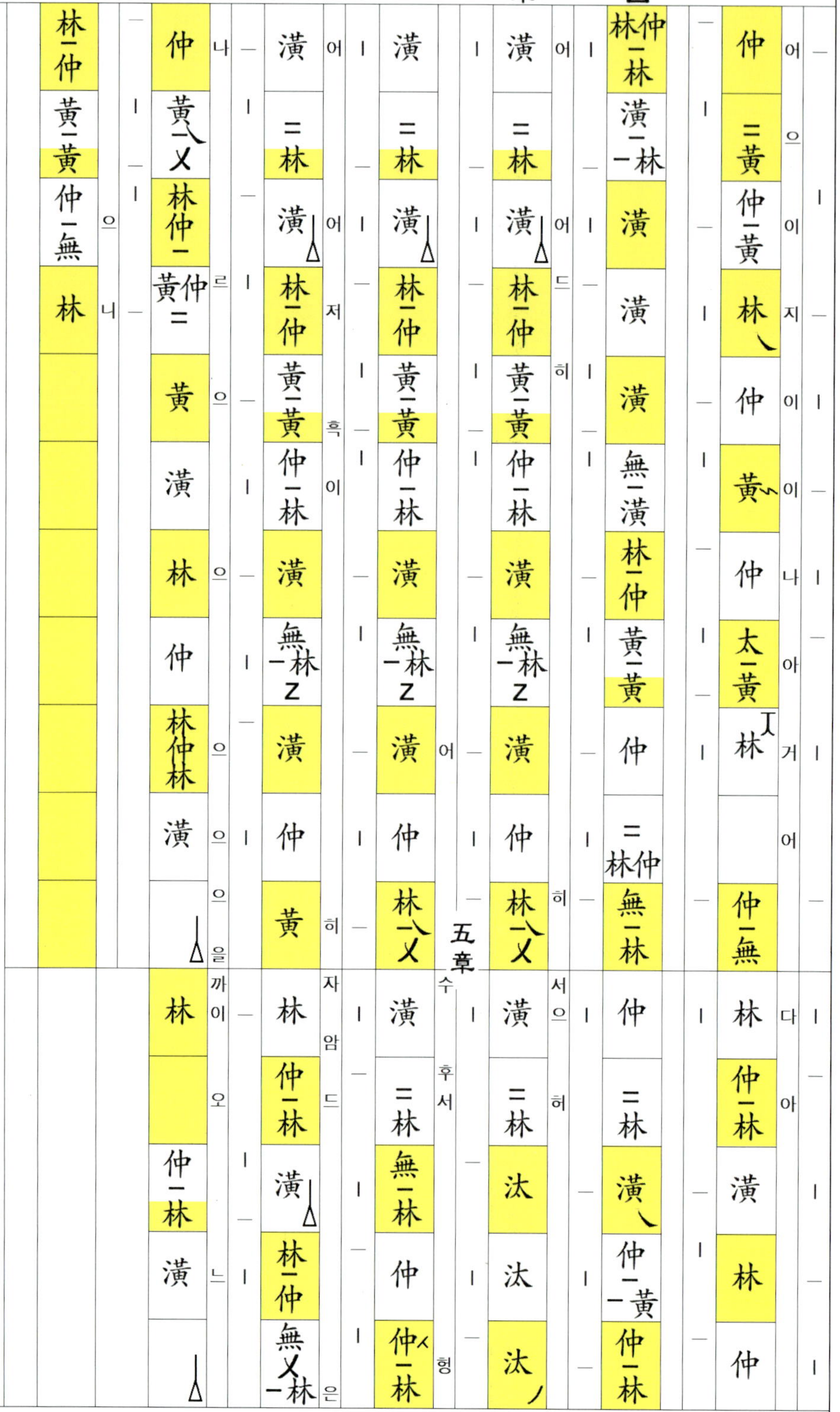

정가

남창계면조

삼수대엽

夕陽에 醉興을 겨워

夕陽에 (석양)
醉興을 겨워 (취흥)
나귀등에 실렸
으니 十里 (십리)
溪山이 夢裡에 (계산, 몽이)

一:四五

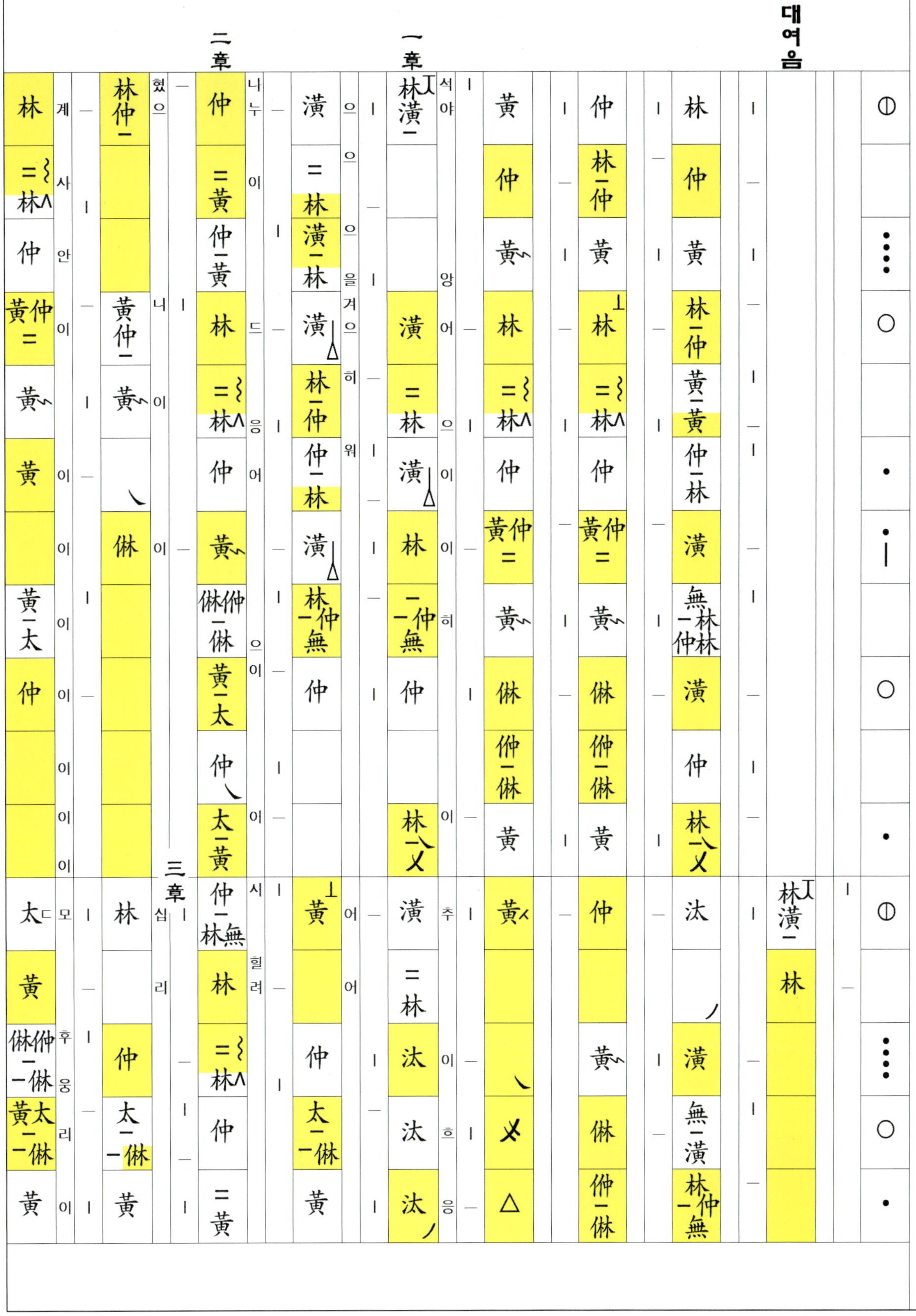

무시것허러 와
계신고

홀 居士(거사)님의

중여음

四章

노감타기

벗어거는 말결에

내 곳갈

벗어걸러 왔음네

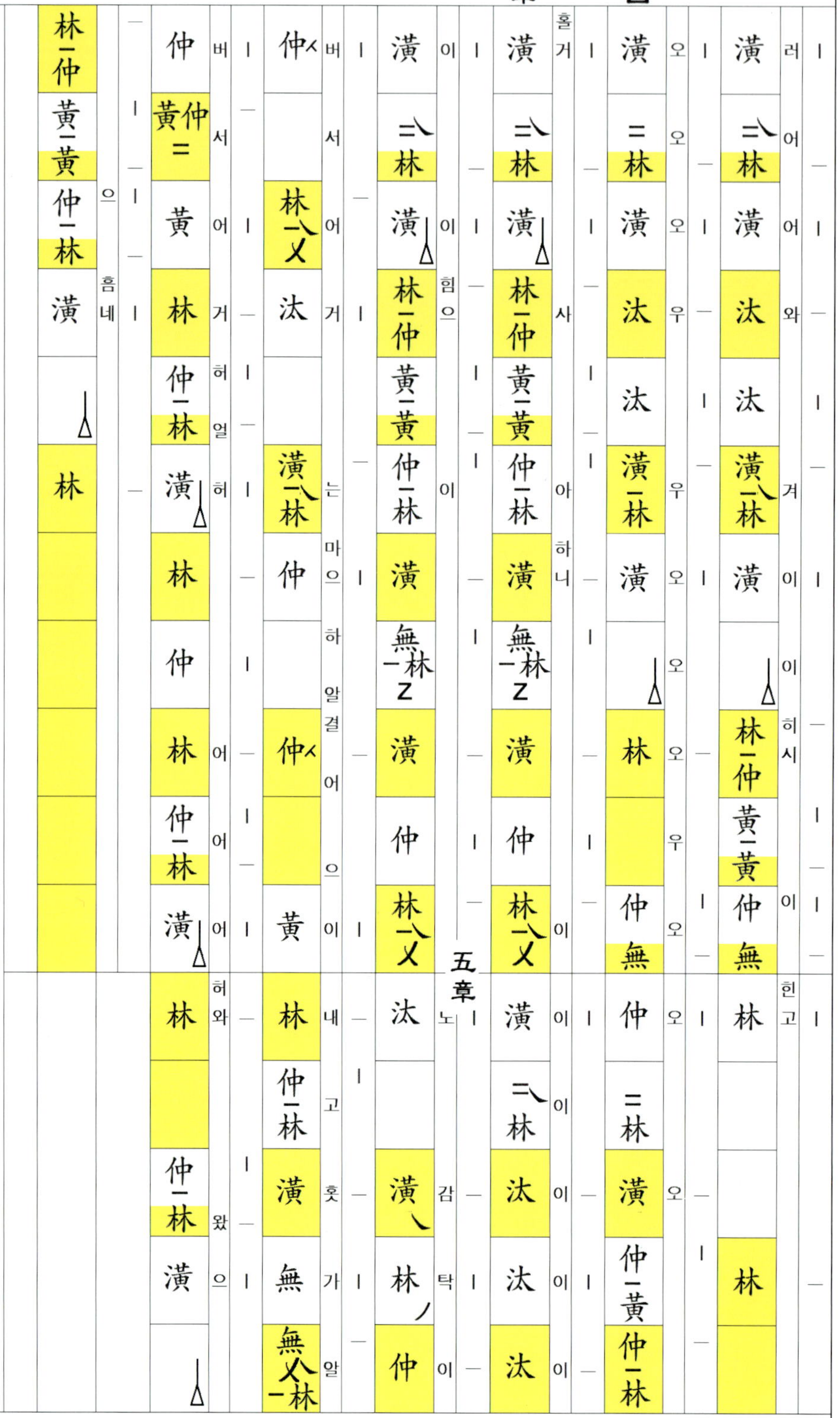

남창계면조

소용

어흐마 긔 뷔 오신고

정가

一:五○

대여음

어으마 긔

뷔 오신고 一章

건너 佛堂(불당)의

동녕중이 올러니 二章

홀 居士(거사)의

홀로 자시는 방안에

醉過揚州 橘滿車런고 (취과양주 귤만거)

아마도

중여음

이들의

四章

風度는 (풍도)

五章

못미츨가 하노라

1	2	3	4	5	6	7
仲 양	黃 아	黃	林	黃 푸	仲 츠	㑣黃
=林 주	太-㑣			仲 우	=林	
仲 우	黃 아으	黃		㑣仲 웅	仲 을가	㑣㒇-㑣 오
林 귤	仲	黃-仲 마으		黃 도	黃仲	仲 라
仲 마	=黃	林 하		후	黃 아	
黃 한	林			太黃-太 느		
仲 거	林-仲		林	仲	㑣 아	仲
太-黃 어	黃-林					
㑣 러	仲	林	오	黃 으	㑣黃 아	
어				太-㑣	仲 아	
仲-㒇 언	으흐	=仲	=仲	黃 은	太-黃 아	
㑣 고	仲 도우	林無	仲 이두	仲 모	㑣黃 허	
仲-㑣 오	호			=黃	㑣	
黃		林	仲 울	林 후웃	㑣	
㑣	仲		林 어으이	林-仲 미	㑣 노	
仲			仲-太 이	黃-林 이	=仲	

정가

남창계면조

언롱

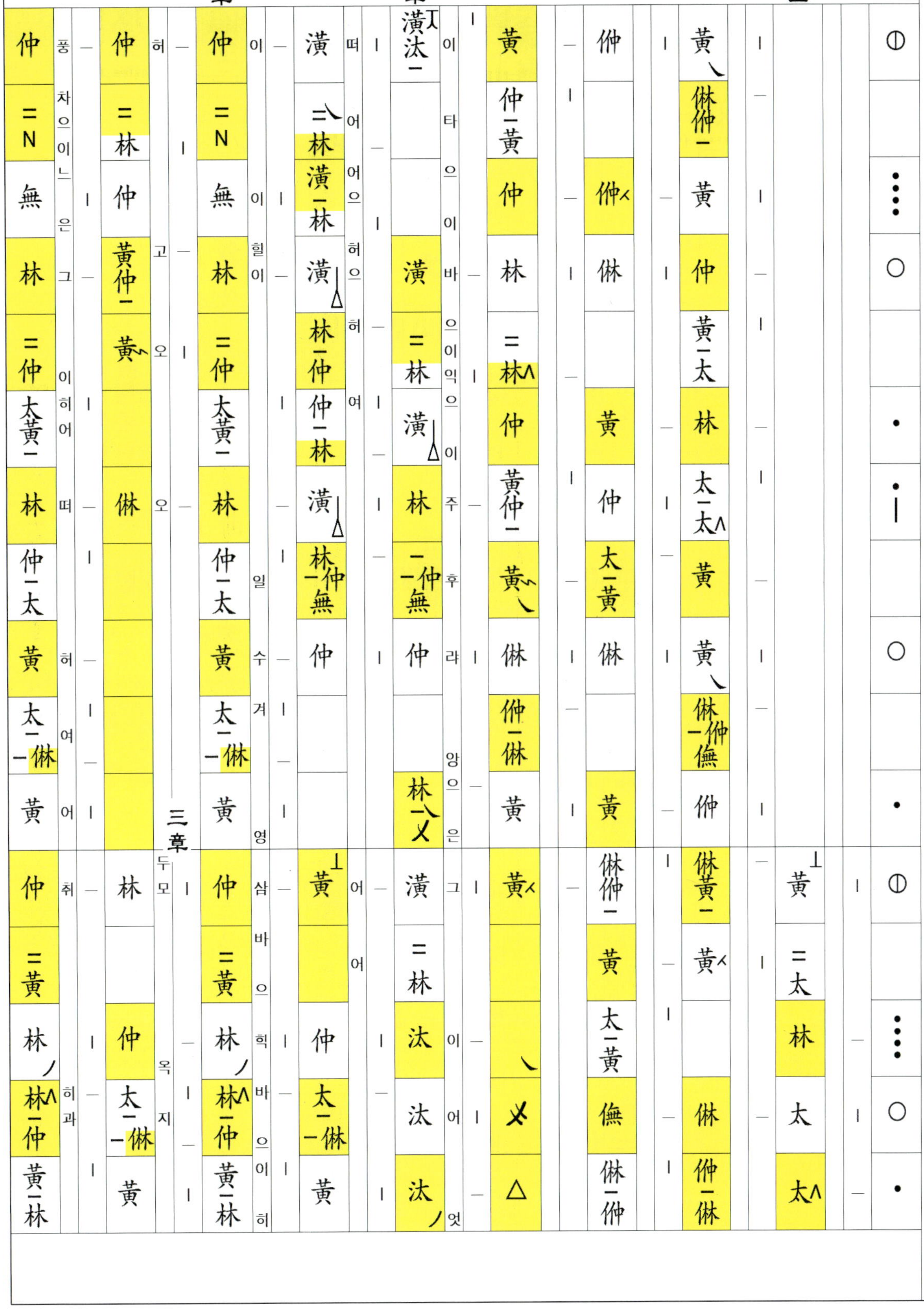
一:五○
대여음
李太白의 酒量은
이태백 주량
그 어떠허여
一日須傾 三百盃
일일수경 삼백배
허고 杜牧之風采는
두목지풍채
그 어떠허여
一章
二章
三章

정가

하늘우에 달이로다	중여음	아희야 / 四章	저 달을	건져스라	翫月長醉허리라 (완월장취)	
仲	黃	黃	林	黃	仲	㑣黃四-
=林	太-㑣			仲	=林	
仲	黃	黃		㑣亻仲-㑣	仲	㑣亻無-㑣
林	仲	黃-仲		黃	黃仲-	亻仲
仲	=黃	林			黃~	
黃~	林ノ			太黃-太		
仲	林^-仲		林	仲	㑣	亻仲
太-黃	黃-林					
㑣	仲	林		黃	太-黃	
				太-㑣	㑣亻仲-㑣	
亻仲-亻無		=仲~	五章 =仲~	黃	黃	
㑣	仲	林無-	仲	仲	㑣黃四-	
亻仲-㑣					-㑣~	
黃		林	仲	林ノ	㑣	
㑣	仲		林	林^-仲	㑣	
亻仲-㑣			仲-太	黃-林	=亻仲	

정가

남창계면조

평롱

월정명 月正明

월정명 月正明커늘

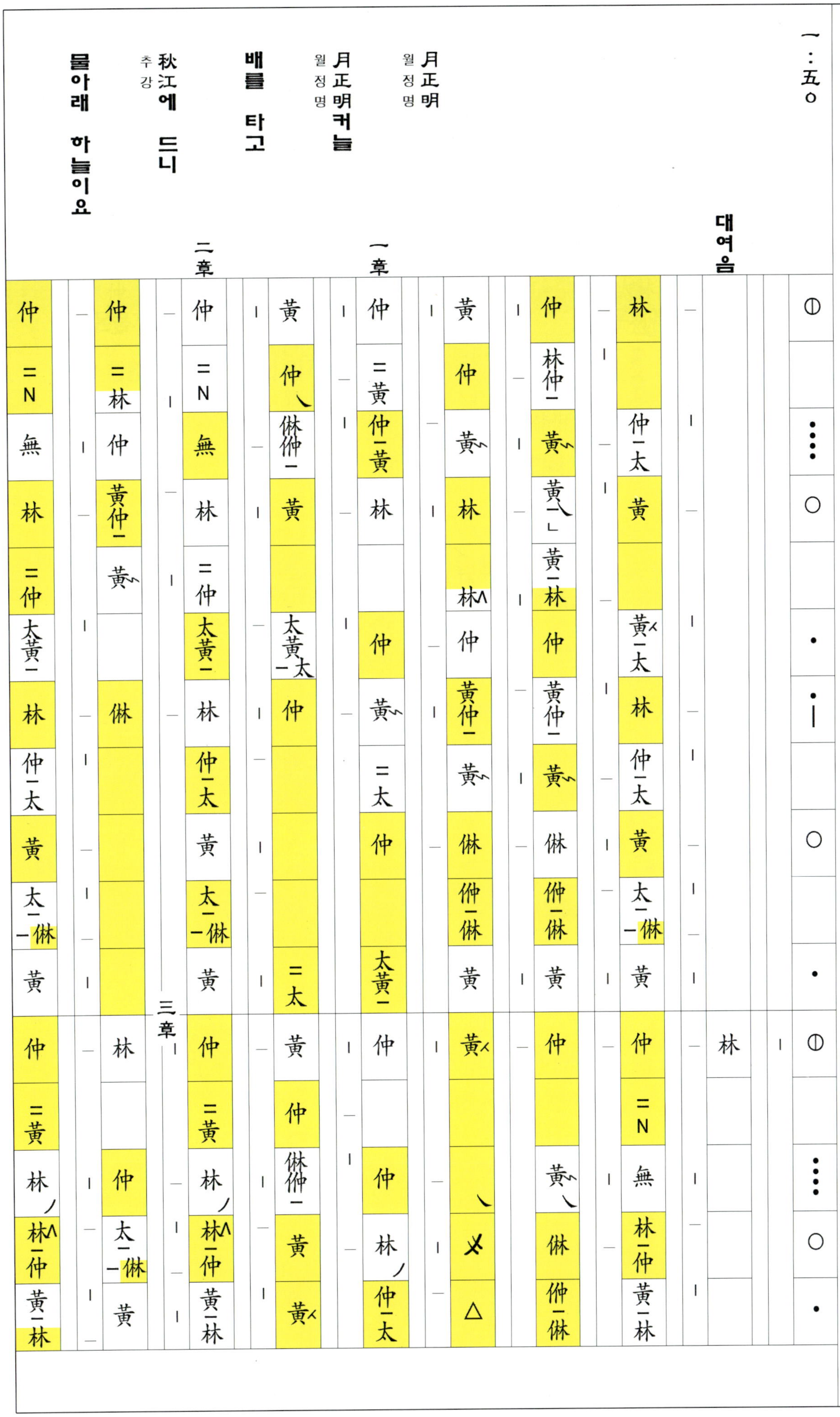

一:五0
대여음
一章
二章
三章
月正明 월정명
月正明커늘 월정명
배를 타고
秋江에 드니 추강
물아래 하늘이요

정가

저 閑暇(한가)한 사람

우리도 중여음

聖恩(성은) 四章

갚은 후에 너를

조차 놀리라

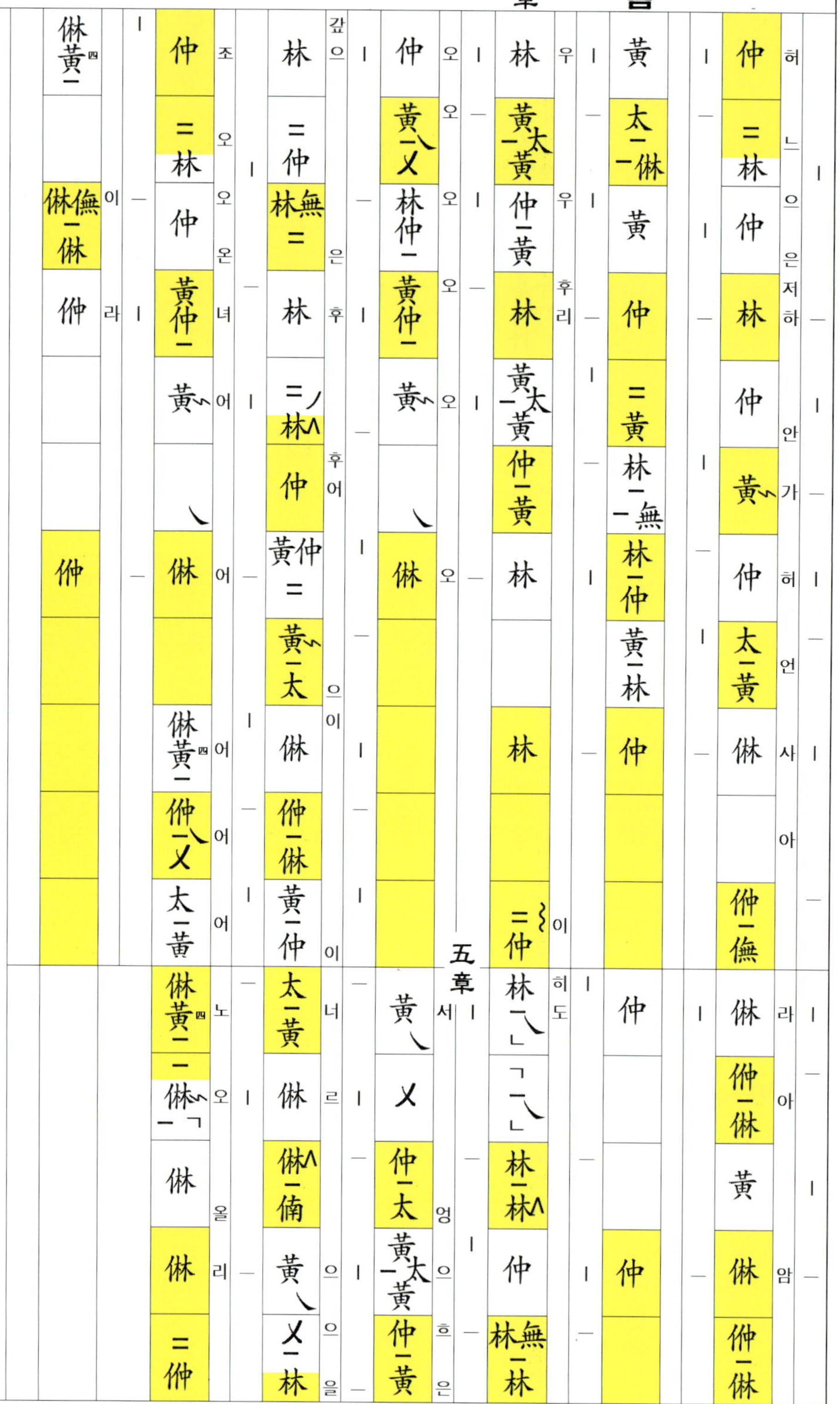

정가

남창계면조

계락

一:五五

鐵驄馬(철총마)타고 보라매 받고
白羽長前(백우장전) 千斤角弓(천근각궁)
허리에 띄고 山(산)넘어
구름지나 꿩사냥하는

대여음

一章

二章

三章

鐵驄馬(철총마) 타고 보라매 받고

정가

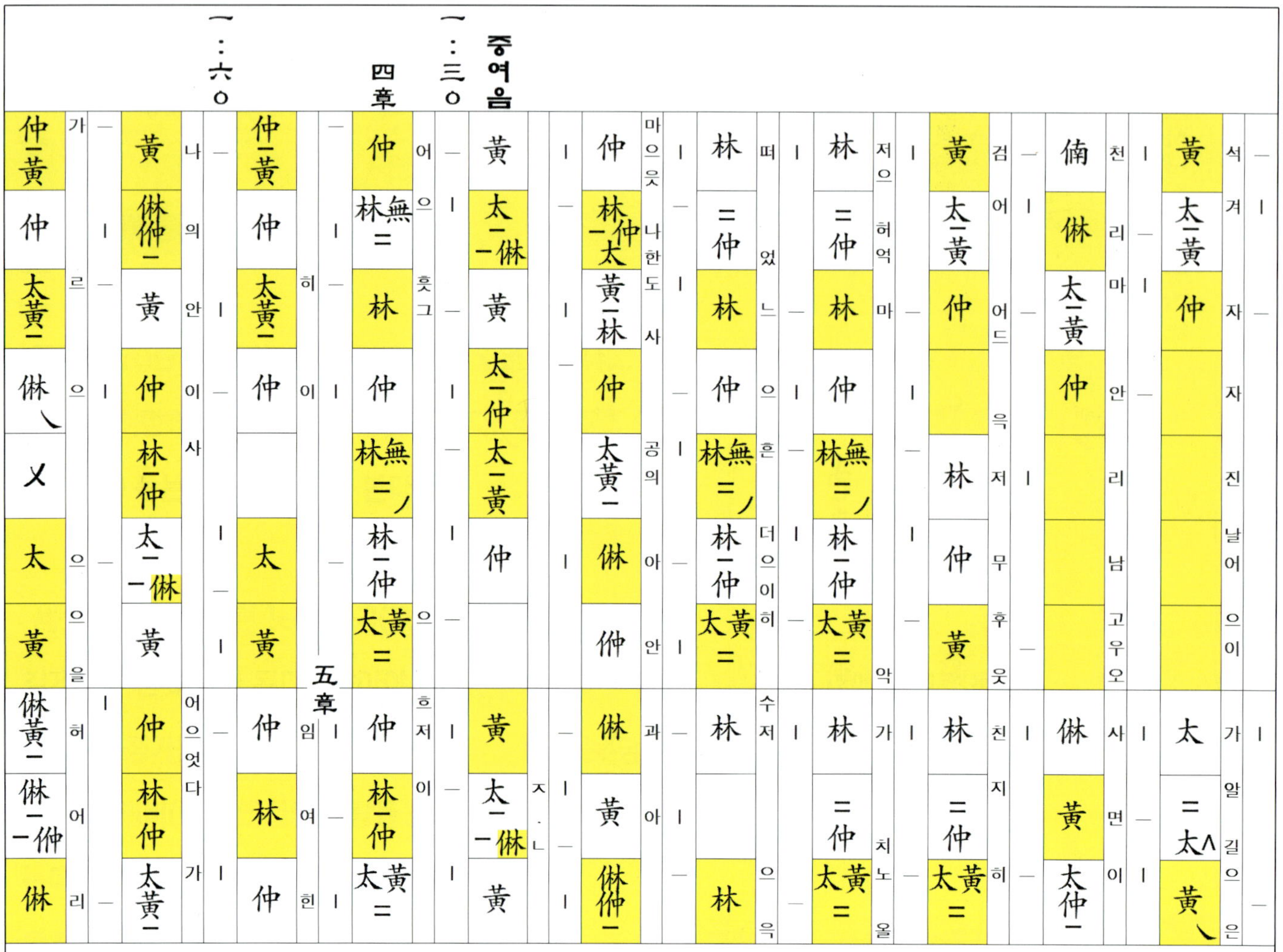

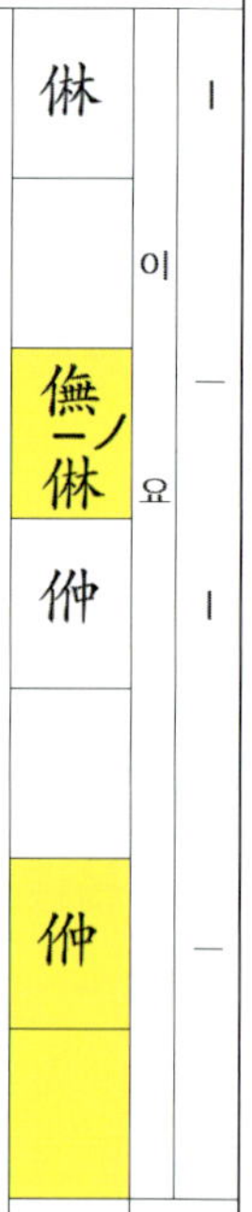

나무도 바히돌도 없는 메에 매게 휘쫓긴

카톨의 안과 大川(대천)바다 한가운데 一千石(일천석) 실은 배에

櫓(노)도 잃고 닻도 끊고 용총도 걷고 키도 빠지고

바람불어 물결치고 안개 뒤섯겨 자자진 날에

갈길은 千里萬里(천리만리) 남고 四面(사면)이 검어 어득저뭇

天地寂寞(천지적막) 가치놀 떳는데 水賊(수적)만난 都沙工(도사공)의 안과

엇그제 임여힌 나의 안이사 엇다가

가를 하리요.

정가

남창평조 계면조

편락

나무도 바히돌도

정가

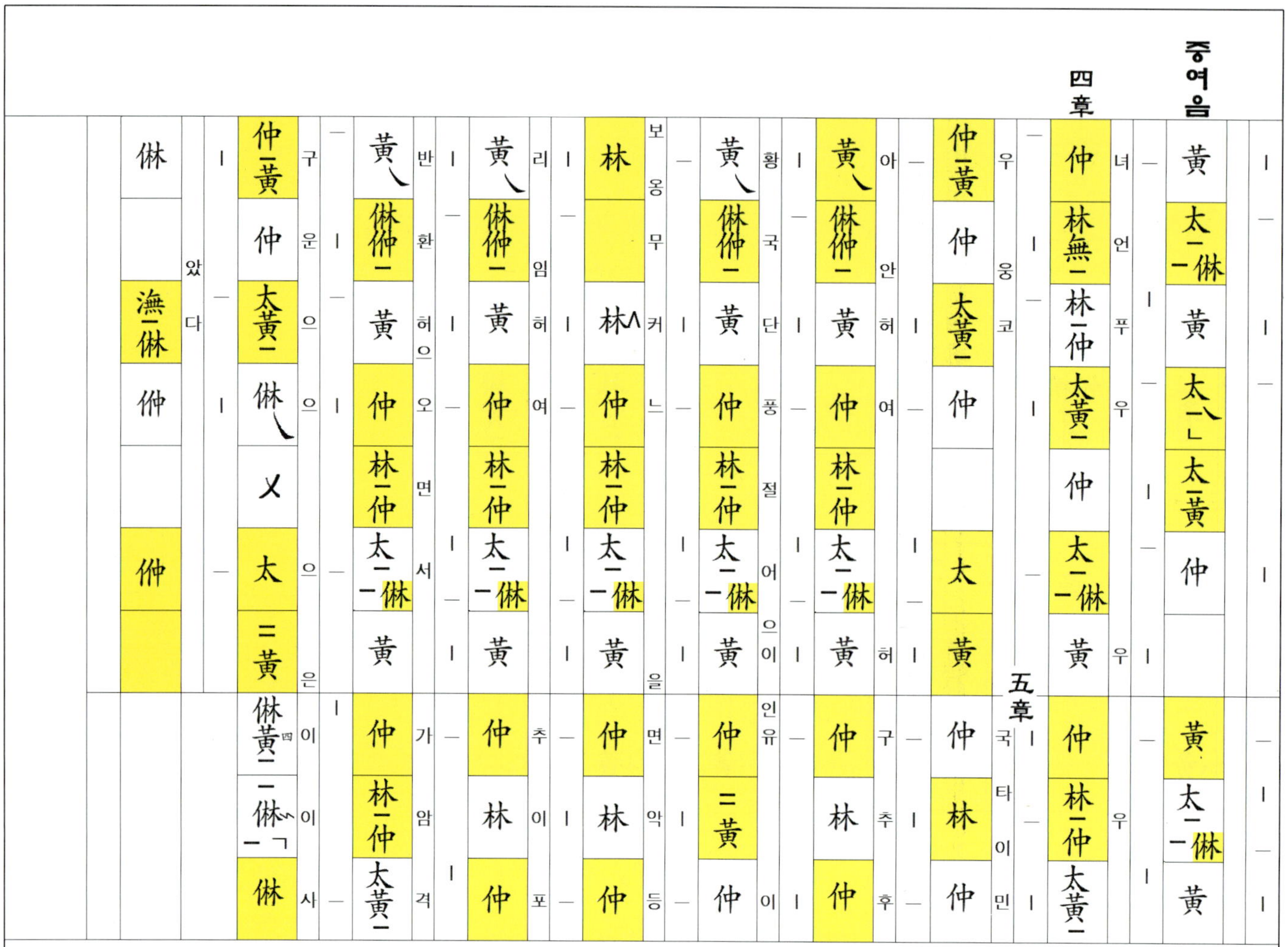

鎭國名山(진국명산) 萬丈峰(만장봉)이 靑天削出(청천삭출) 金芙蓉(금부용)이라

巨壁(거벽)은 屹立(흘입)허여 北主三角(북주삼각)이요

奇岩(기암)은 斗起(두기)하여 南案蠶頭(남안잠두)로다

左龍駱山(좌룡낙산) 右虎仁旺(우호인왕) 瑞色(서색)은 盤空凝象闕(반공응상궐)이요

淑氣(숙기)는 鍾英出人傑(종영출인걸)허니 美哉(미재)라 我東山河之固(아동산하지고)여

聖代依冠太平文物(성대의관태평문물)이 萬萬世之金湯(만만세지금탕)이로다

年豊(년풍)코 國泰民安(국태민안)하여 九秋黃菊丹楓節(구추황국단풍절)에

麟遊而鳳舞(린유이봉무)커늘 緬岳登臨(면악등임)허여 醉飽盤桓(취포반환) 허오면서

感激君恩(감격군은) 이삿다.

정가

남창계면조

편수대엽

鎭國名山 萬文峰이
진국명산 만문봉이

정가

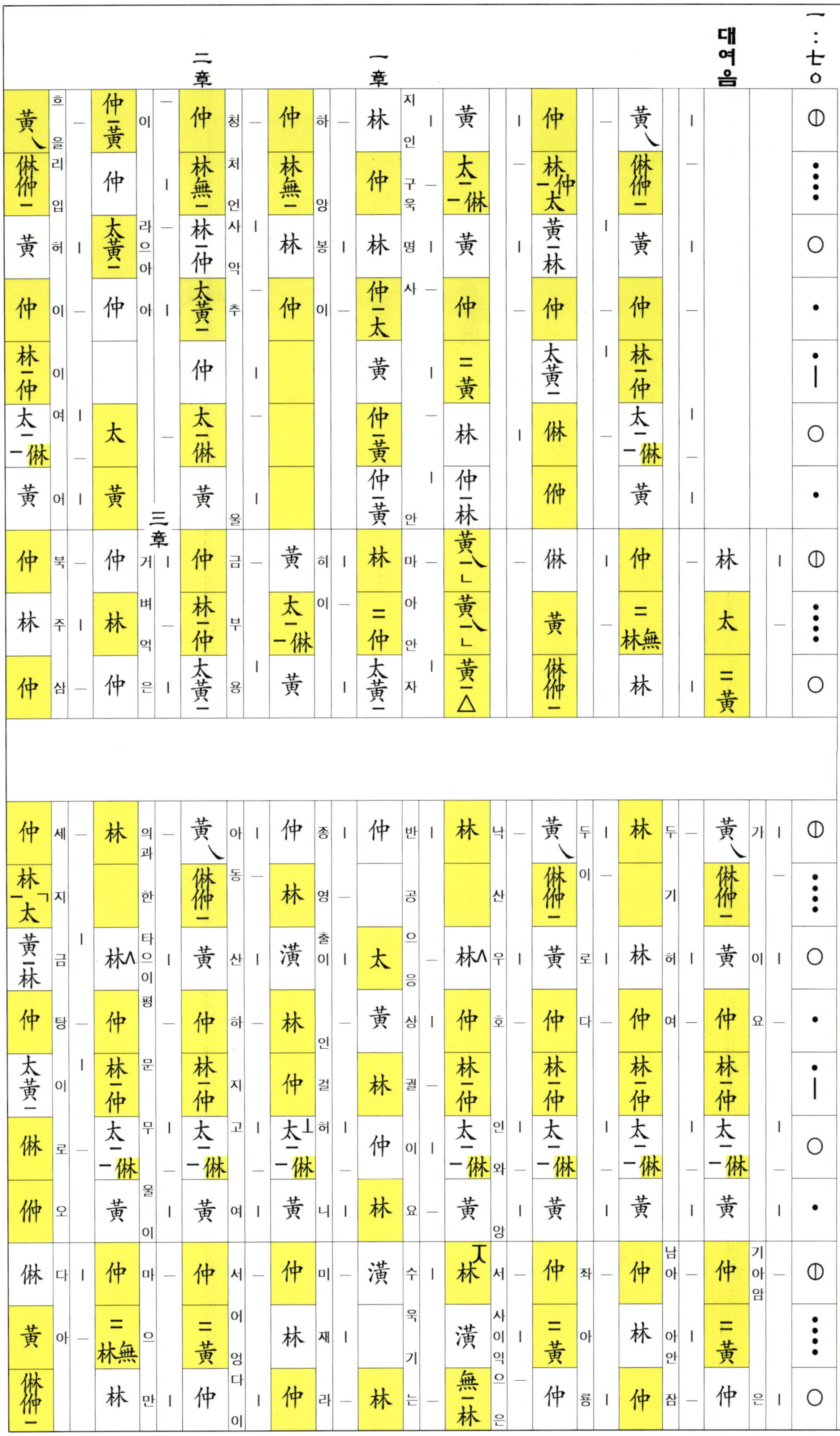
(一·七○)
대여음
一章
지인구욱명사안 마아안자
하앙봉이 히이
二章
청처언사악추울 금부용
이라으아아
三章
거벼억은
흐을리입허이이여어 북주삼
가이요 기아암은
두기허여 남아아안잠
두이로다 좌아룡
낙산우호 인와앙 서사이익으은
반공으응상궐이요 수욱기는
종영출이인걸허니 미재라
아동산하지고여 서어엄다이
의과한타으이평문무울이 마으만
세지금탕이로오 다아

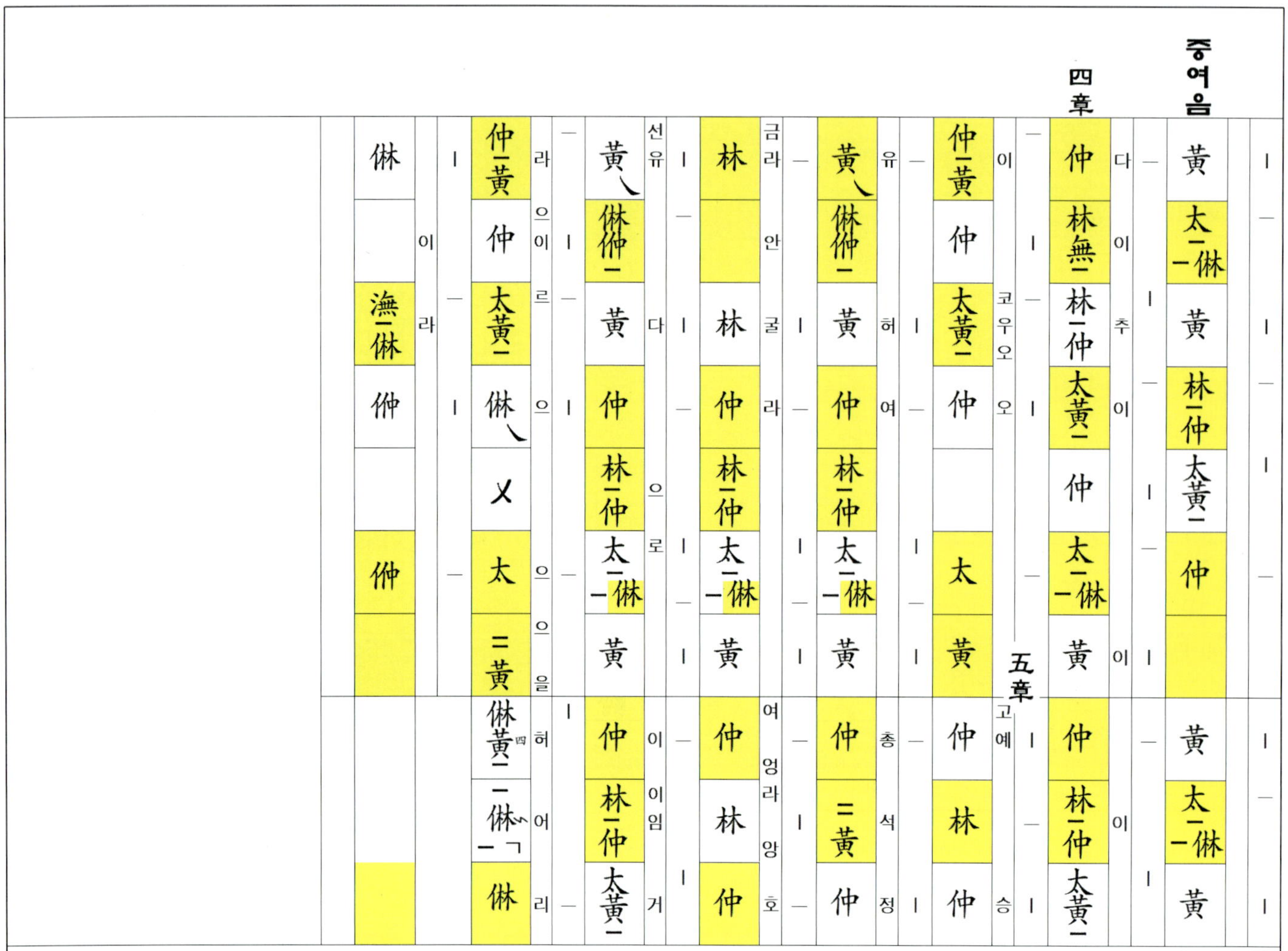

寒松亭(한송정) 자진솔 뷔여 조고마치 배무어 타고

술이라 안주 거문고 가얏고 해금 琵琶(비파)

저 피리 장구 巫鼓工人(무고공인)과 安岩山(안암산)차돌

日本(일본)부쇠 老狗山(노구산) 垂露(수로)쥐며

螺鈿(라전)대 궤지삼이 江陵(강릉) 女妓三陟酒蕩(여기삼척주탕)년

다모이 실고 달밝은 밤에 鏡浦臺(경포대)로 가서

大醉(대취)코 叩枻乘流(고예승류)하여

叢石亭(총석정) 金蘭窟(금란굴)과 永郎湖(영랑호) 仙遊潭(선유담)으로

任去來(임거래)를 허리라

정가

남창계면조

언편

정가

寒松亭 (한송정) 자진솔 뷔여

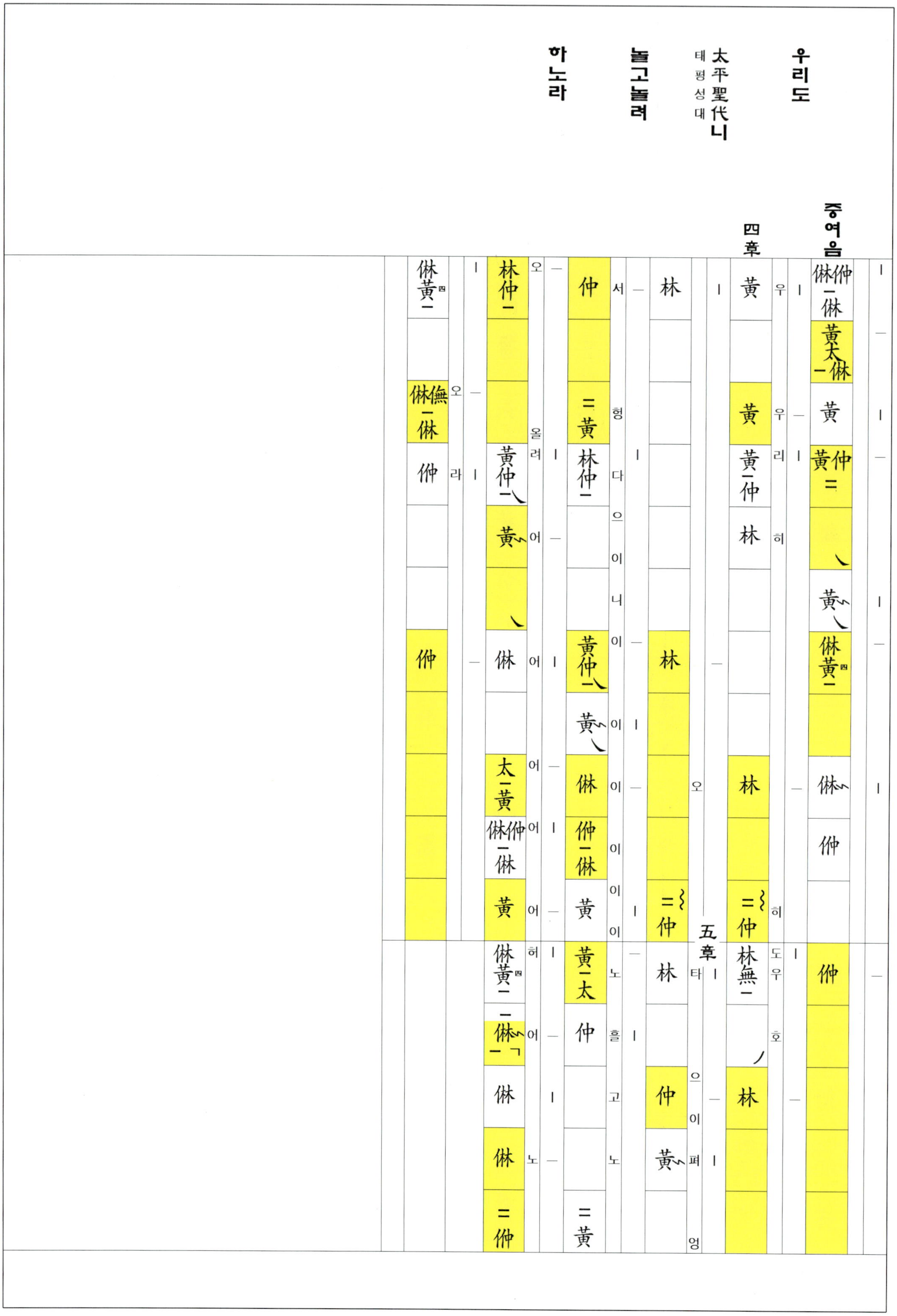
우리도
太平聖代니
태평성대
놀고놀려
하노라
중여음
四章
五章

남창계면조

태평가

이랴도 太平聖代(태평성대)

정가

一：三○

계면 다스름

이랴도

太平聖代(태평성대)

저랴도

聖代(성대)로다

堯之日月(요지일월)이요

舜之乾坤(순지건곤)이로다

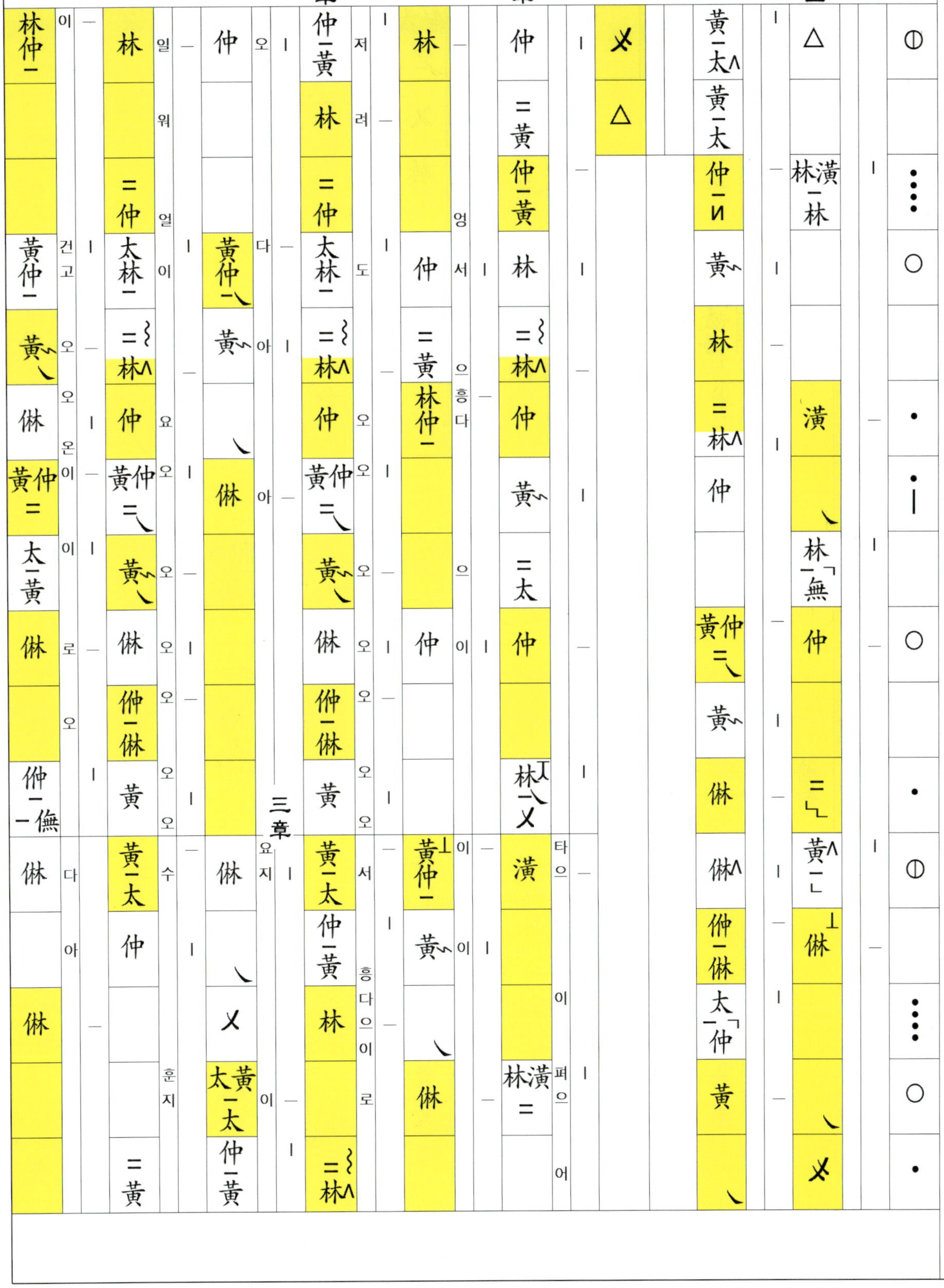

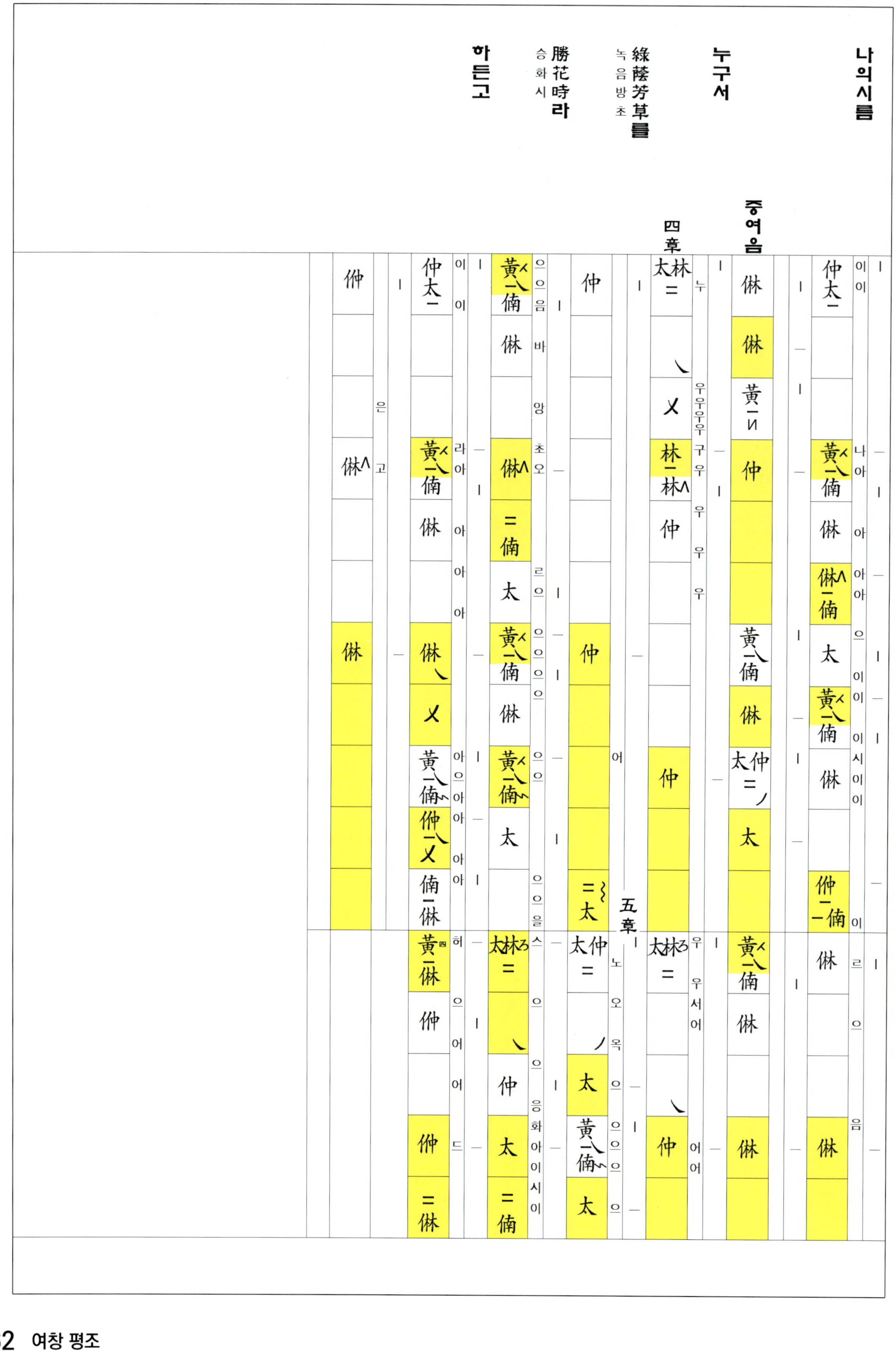
나의시름
누구서
綠蔭芳草를
녹음방초
勝花時라
승화시
하든고
중여음
四章
五章

정가

여창평조

이수대엽

버들은 실이되고

一:二○

버들은
실이되고
꾀꼬리는 북이
되어 九十三春(구십삼춘)에
짜내느니 나의시름

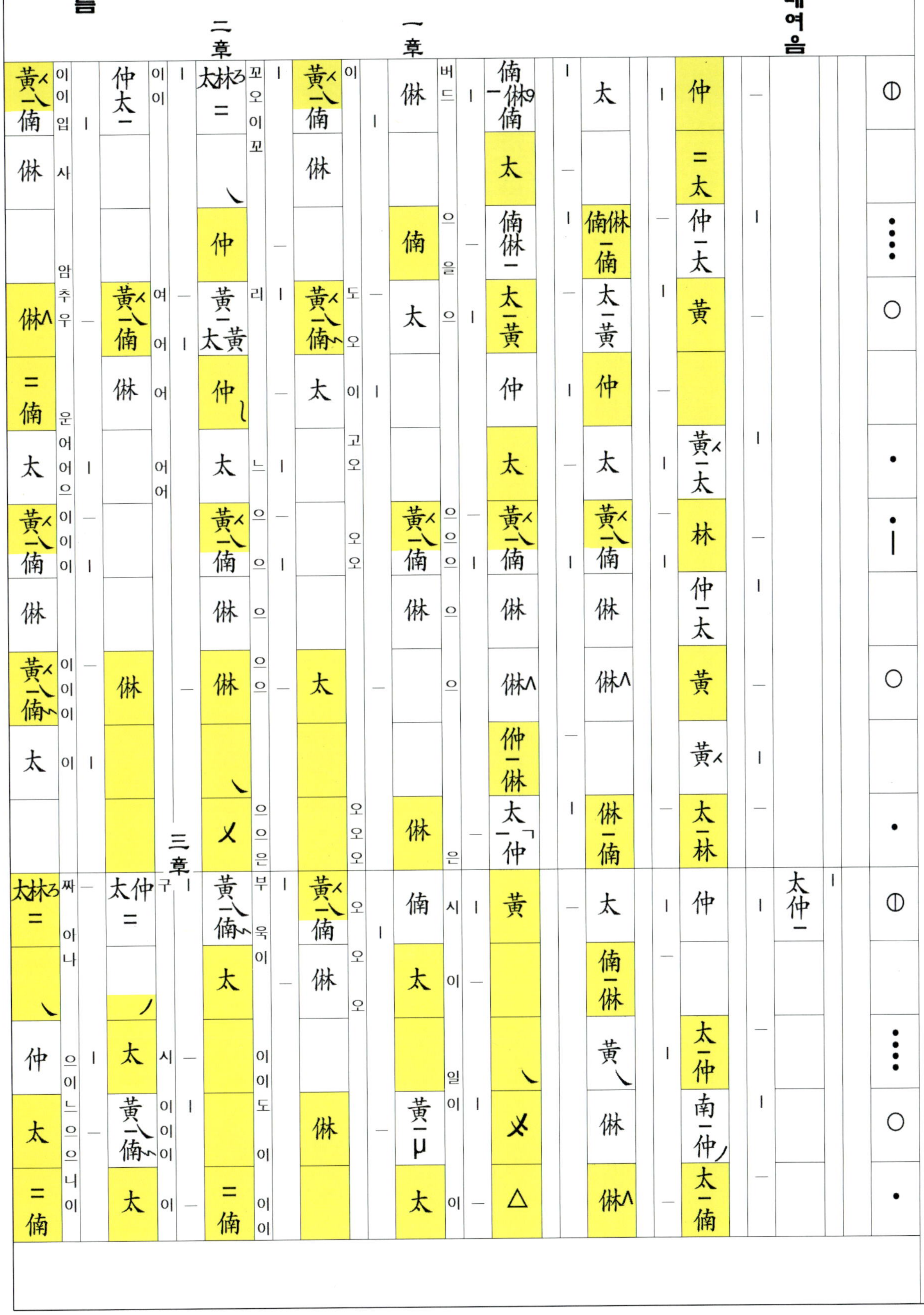

건너온다

중여음

우리님

四章

萬端情懷를 (만단정회)

네 다알가

하노라

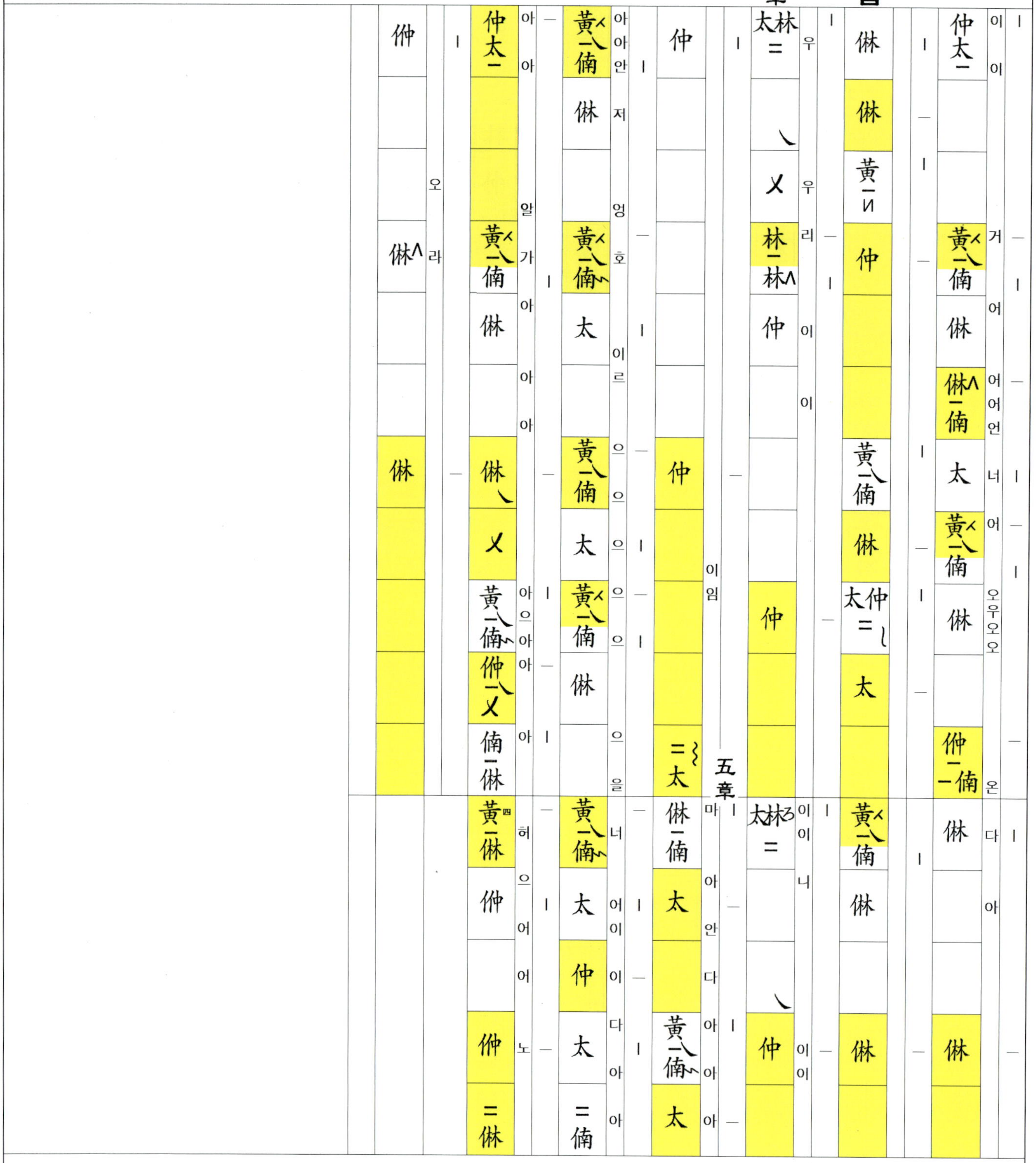

여창평조

중거

정가

一:二五

青鳥(청조)야 오도고야 반갑다 任(임)의 消息(소식) 弱水(약수) 三千里(삼천리)를 네어이

대여음

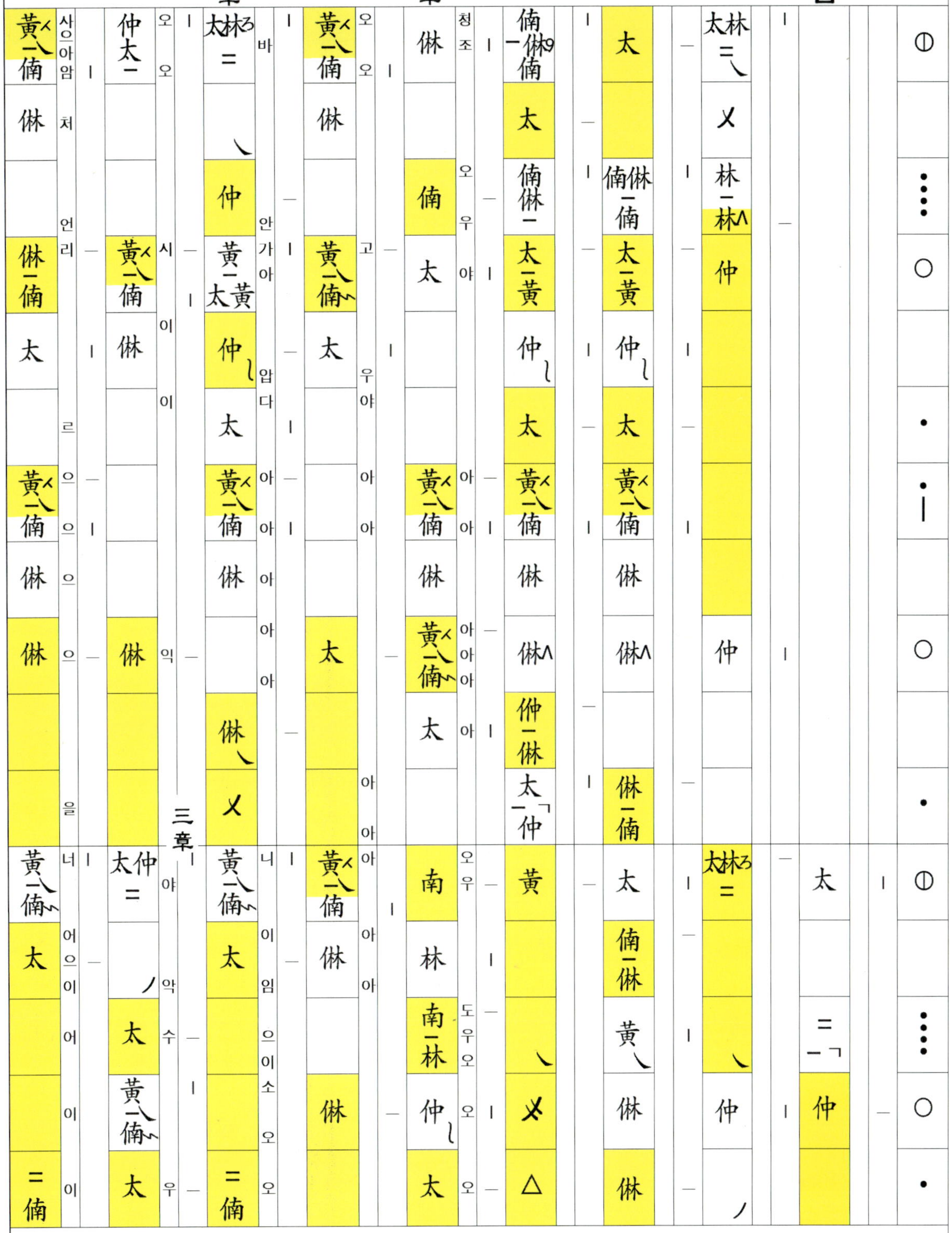

青鳥(청조)야 오도고야

정가

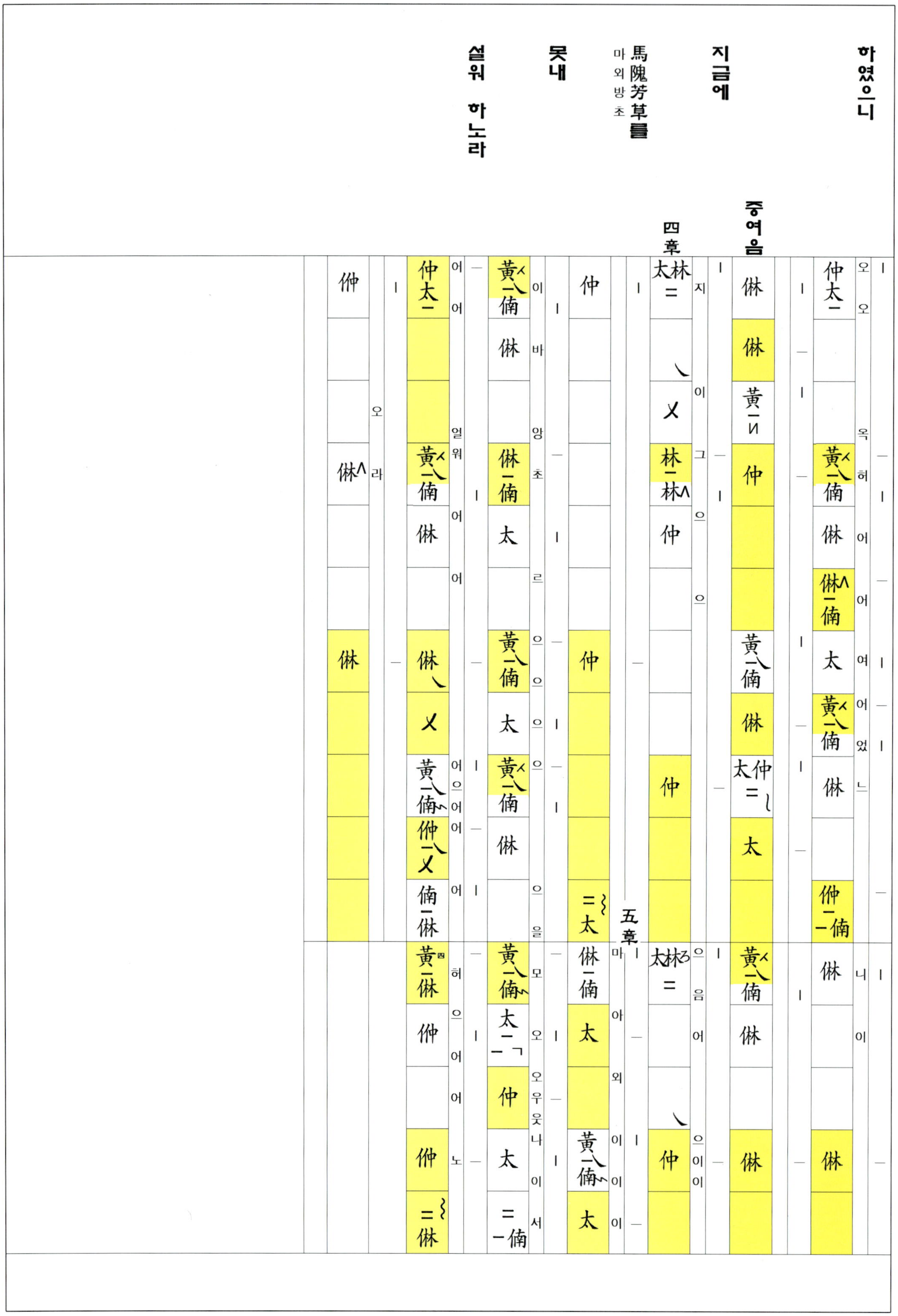
하였으니
중여음
지금에
四章
馬嵬芳草를
마외방초
五章
못내
설워 하노라

여창평조

평거

一:三ㅇ
대여음
一笑 百媚生이
일소 백미생
大眞이 麗質이라
대진 여질
明星도 이러므로
명성
萬里行蜀
만리행촉
一章
二章
三章

정가

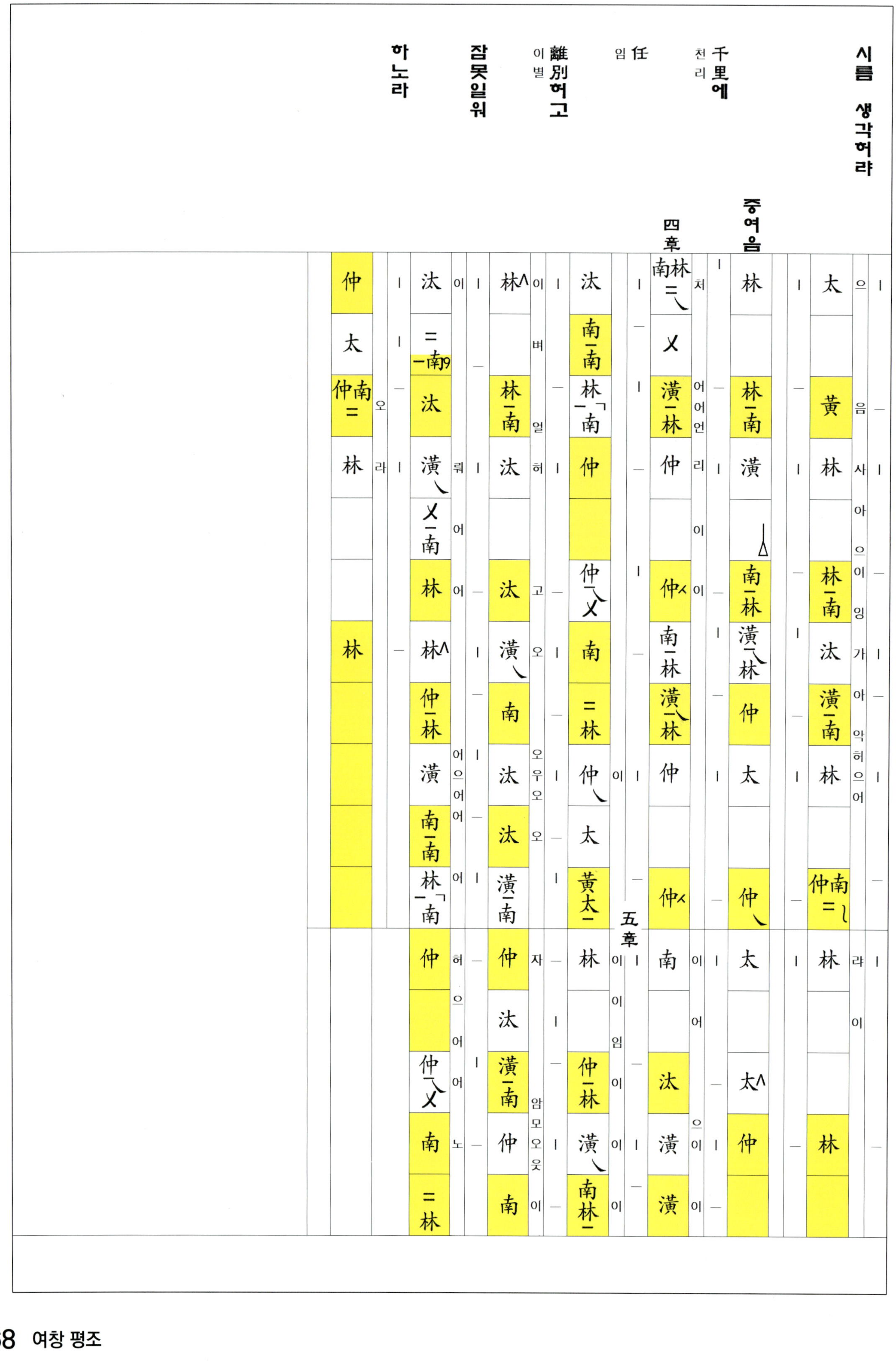
시름 생각허랴
중여음
千里에
천리
任
임
四章
離別허고
이별
잠못일워
하노라
五章

정가

여창평조 두거

정가

一:四〇

대여음

一刻이 (일각)

三秋라 허니 (삼추)

一章

열흘이면 몇

二章

三秋오 제 마음 (삼추)

즐겁거니 남의

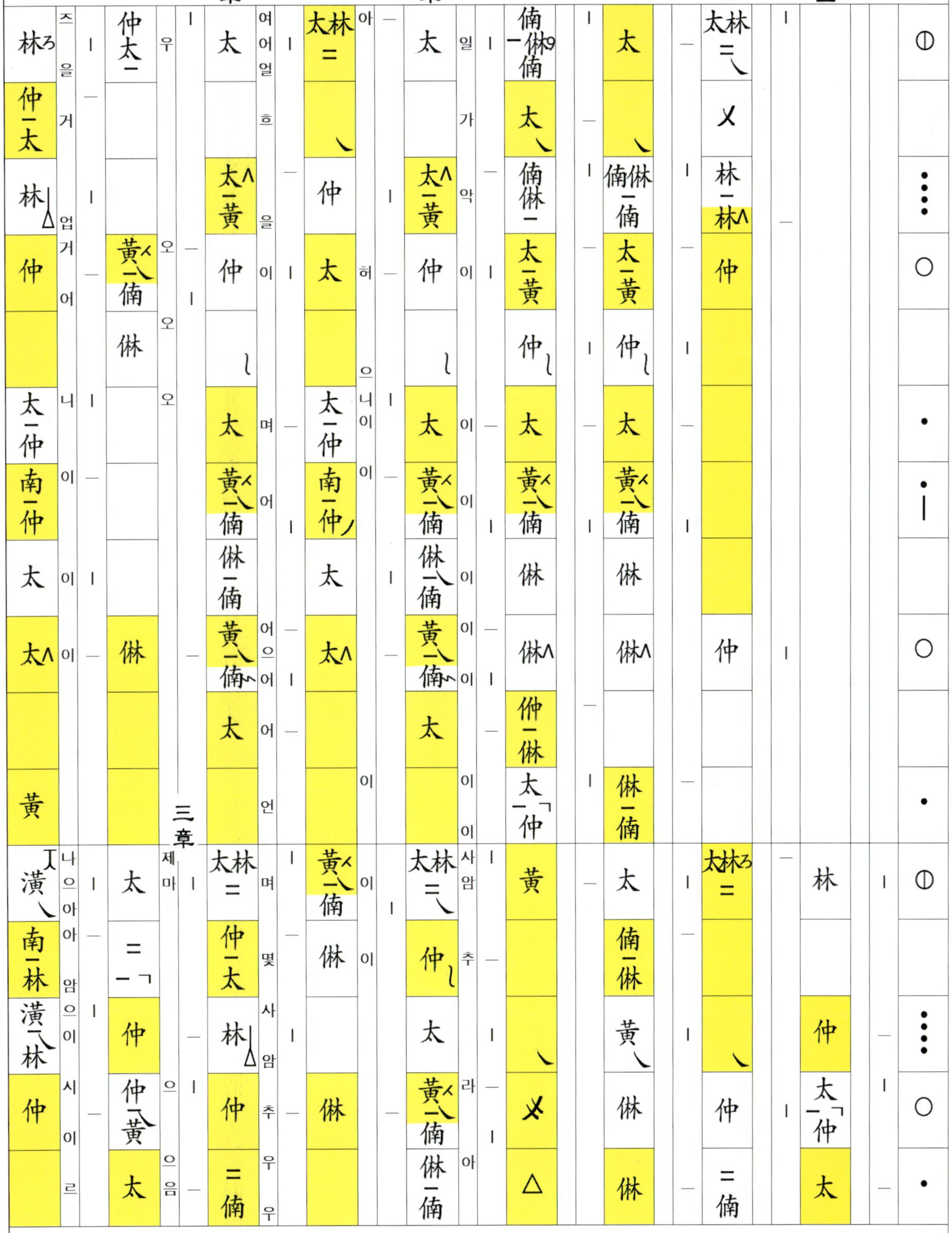

一刻이 (일각) 三秋라 허니 (삼추)

서로 만나자 허고

判(판) 첩처서 盟誓(맹서)

받았더니

이 風雨中(풍우중)에

제 어이오리

진실로

중여음

오기곳

四章

오량이면

線分(선분)인가

하노라

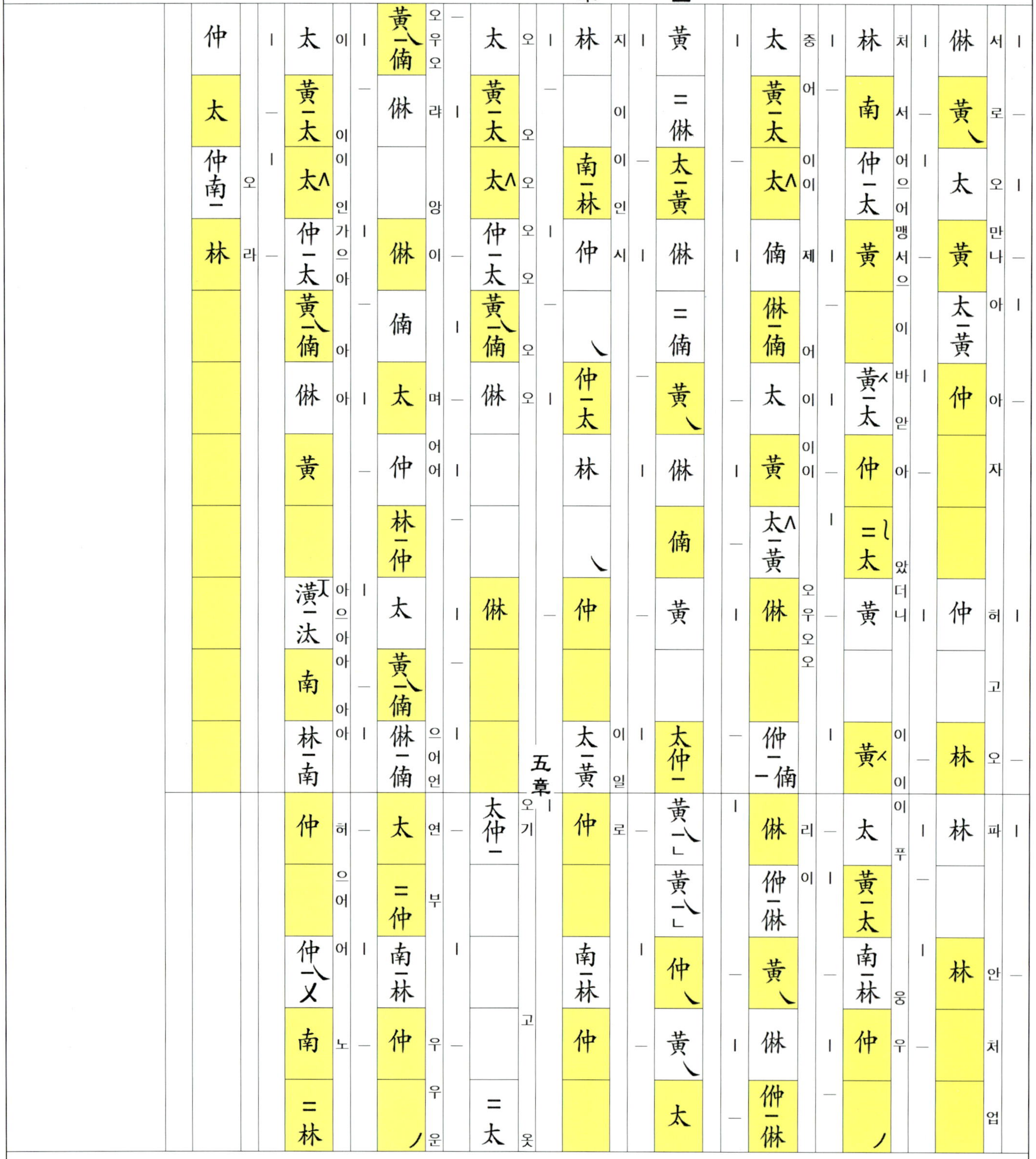

여창평조

우락

바람은 地動치듯 불고

정가

一：五五

대여음

一章 바람은

地動(지동)치듯 불고

二章 궂인 비는 붓드시

온다 눈淸(청)에

거룬님을 오늘밤

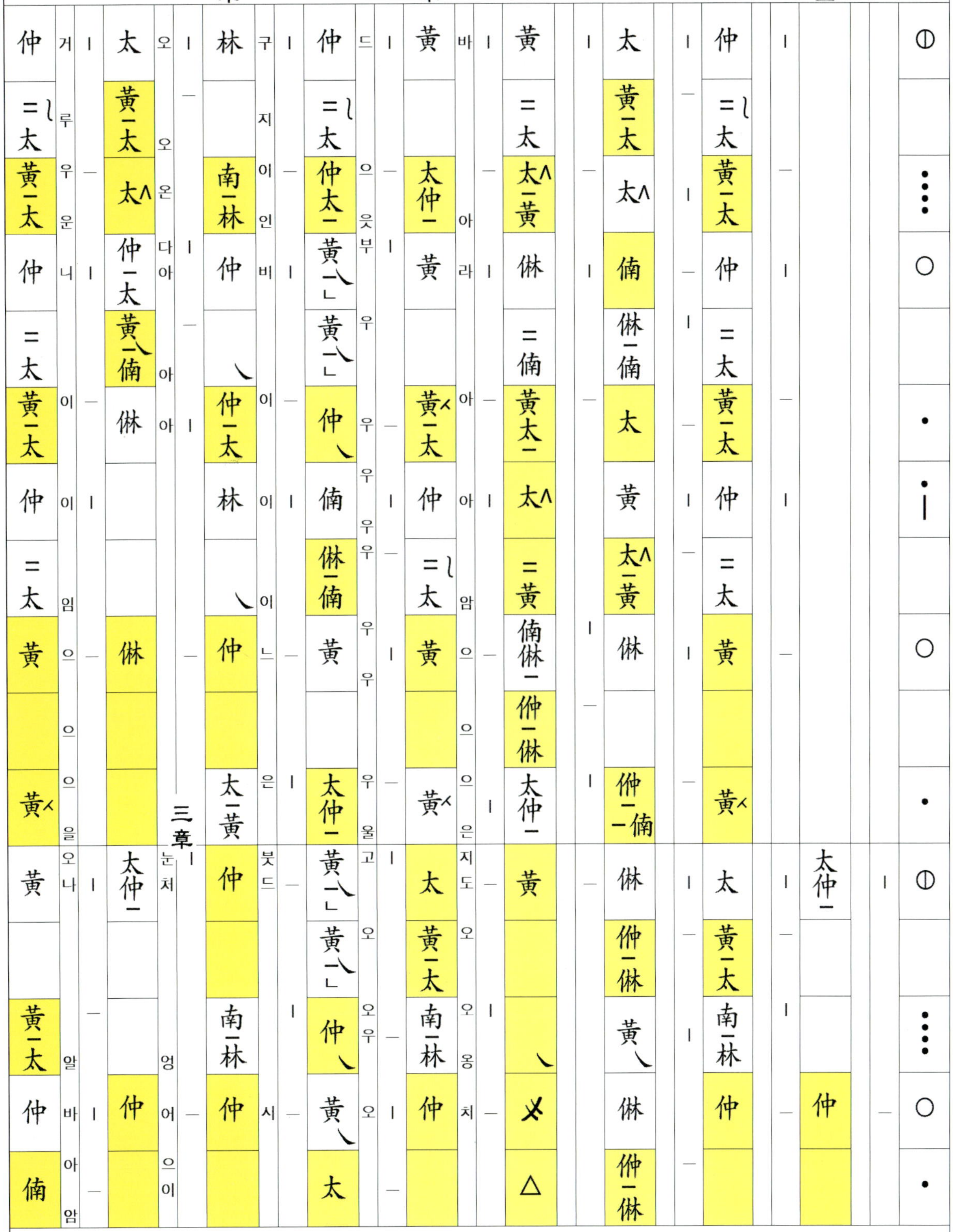

하랴마는

중여음

四章 남아여

傳(전)한 편지니

일동말동 하여라

	1	가사	2	가사	3	가사	4	가사	5	가사	6	가사	7	가사
1	太	어	黃		黃	나으	林		仲-黃	펴	林仲-	아아	㒇黃四-	
2	黃-太		太-‑㒇						林	어				
3	太∧		黃		黃	아아암			=仲	어으언		알	㒇無-㒇	어
4	㑀	허어	仲林-	分二五拍	黃-仲	하으			太林-	지	黃仲-	도	仲	라
5	㒇-㑀	어			林	아			=⌇林	이	黃	오		
6	太	어	=⌇林∧						仲	니	ヽ			
7	黃	라	仲				林		黃	이	㒇	오	仲	
8	太∧-黃	아	黃						ヽ	이				
9	㒇	마으아	黃		林			으어	㒇	이	㒇黃四-	오		
10		아							仲-㒇	이	仲-ㅅ	오		
11	仲-‑㑀		黃-太		=⌇仲		=⌇仲	五章	黃	이	太-黃	오옹		
12	㒇	느	仲		林無=	아아하	黃-㒇㑖	저으어언	黃-太	이	㒇黃四=	허		
13	仲-㒇	으			ノ	여	㒇	허	仲-黃	이	-㒇	어		
14	黃				林				林	이	㒇			
15	㒇	은	仲			어	黃	어	仲	일도	㒇	여		
16	仲-㒇						黃∧	어언	=-黃	옹마	=仲			

정가

여창평조 계면조

반엽

남하여 편지 傳치말고

一:九○

남하여 편지
傳치말고
당신이 제오되어
남이 남의 일을
못 일과저

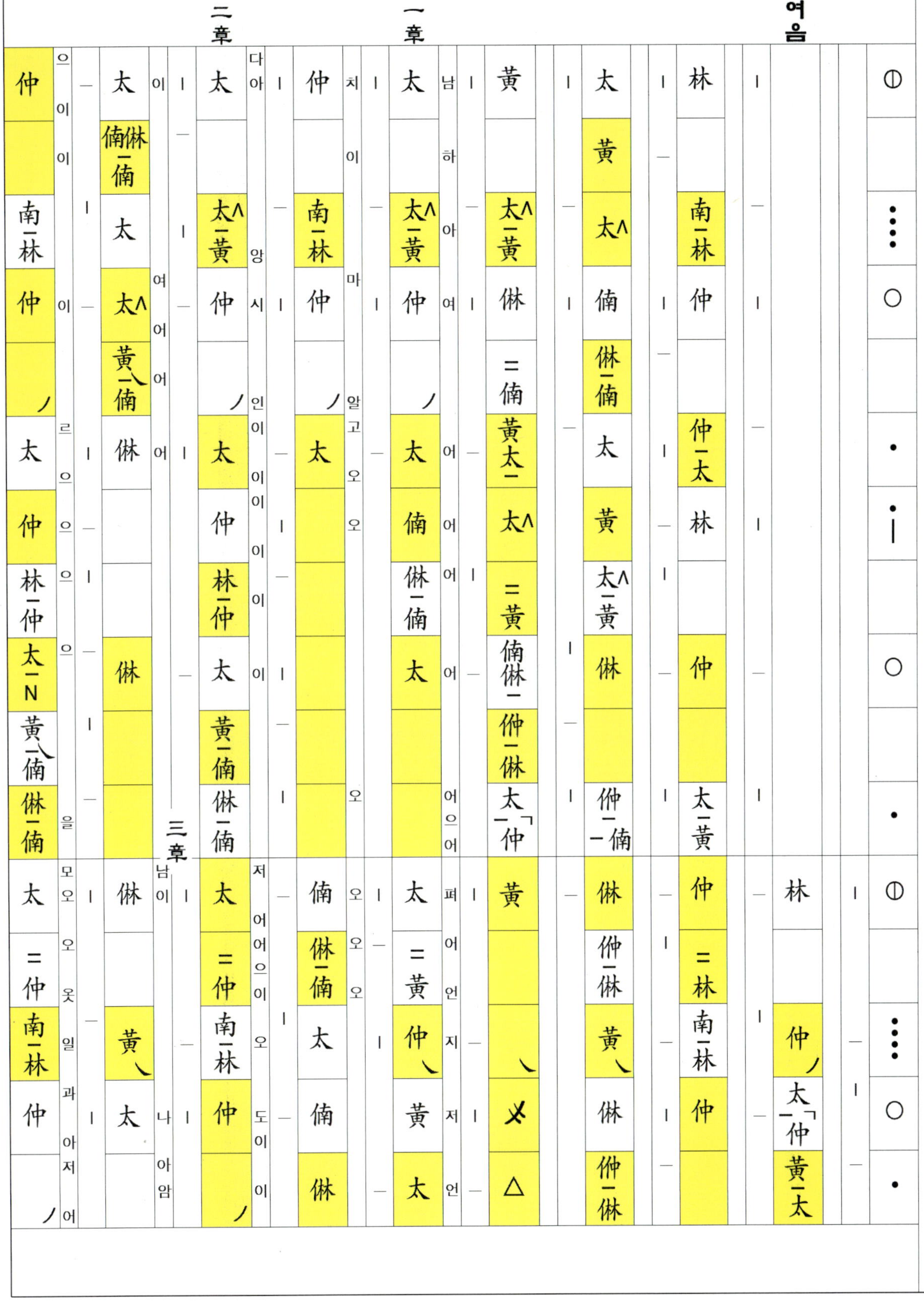

정가

그러나

중여음

四章

鏡中蛾眉를
경중아미

다스려

볼가 하노라

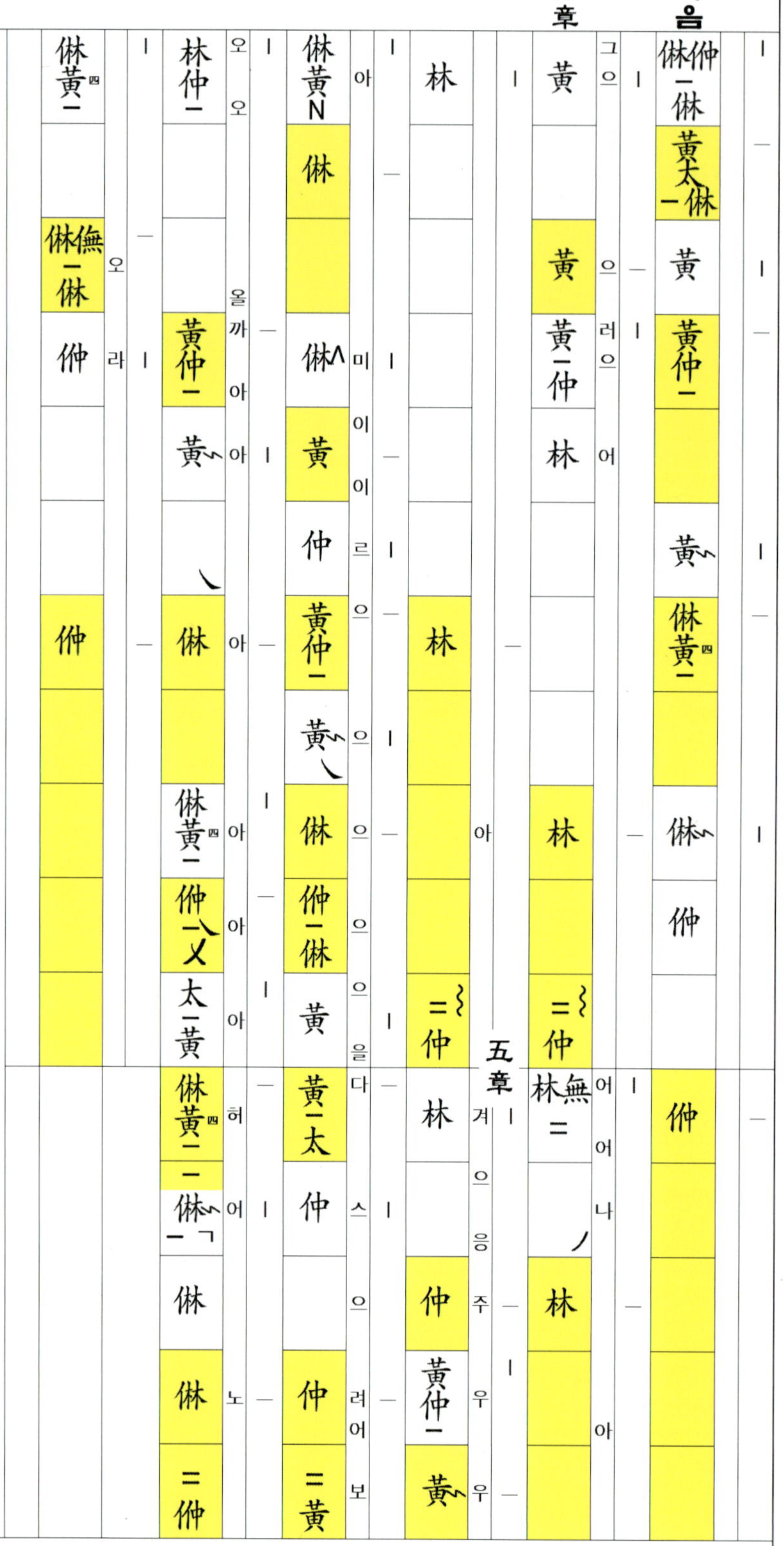

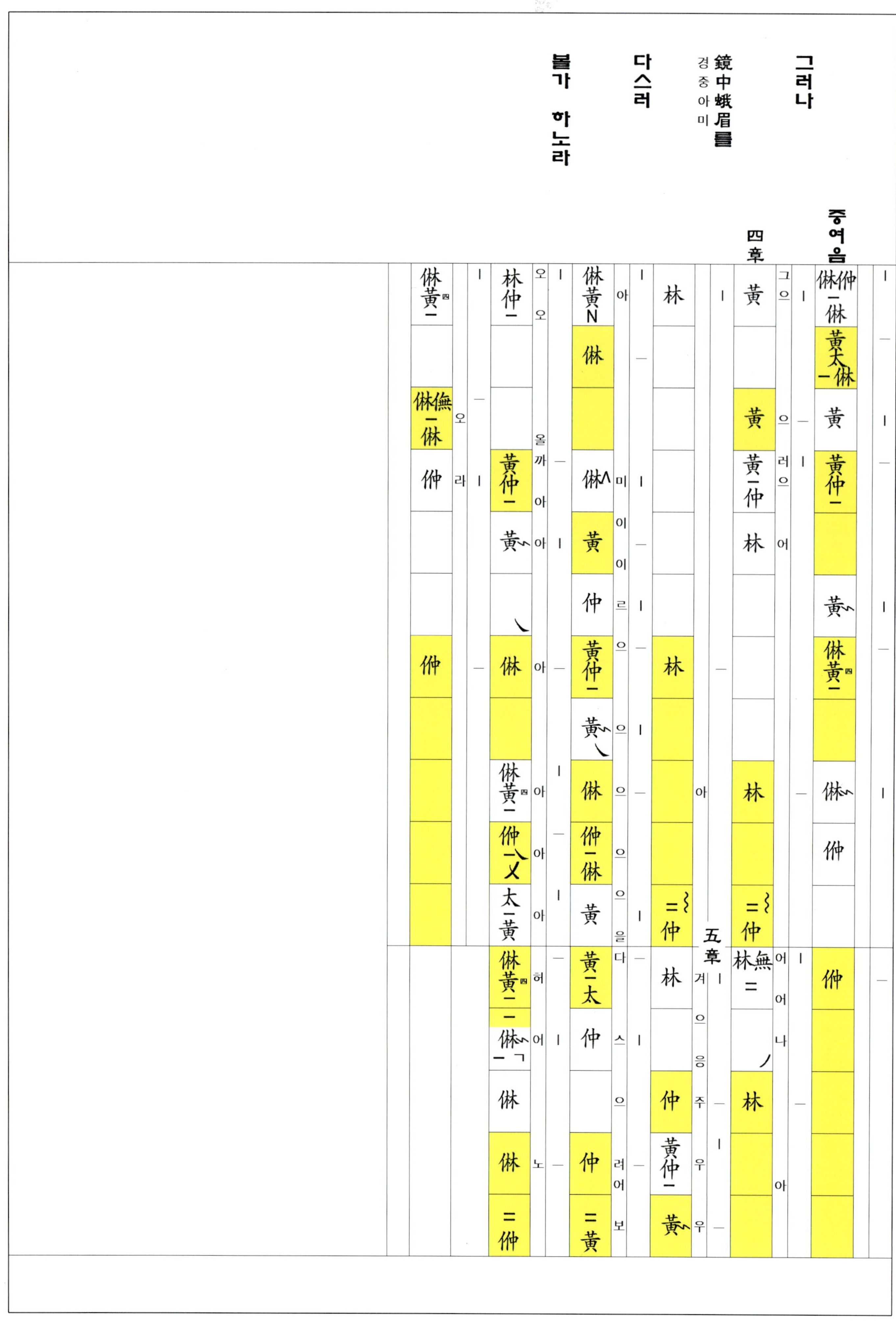

정가

이수대엽

여창계면조

言約이 늦어가니
언약

계면 다스름

一:二ㅇ

言約이
언약

늦어가니

一章

庭梅花도 다지거다
정매화

二章

아침에 우든

까치 有信타
유신

하랴마는

三章

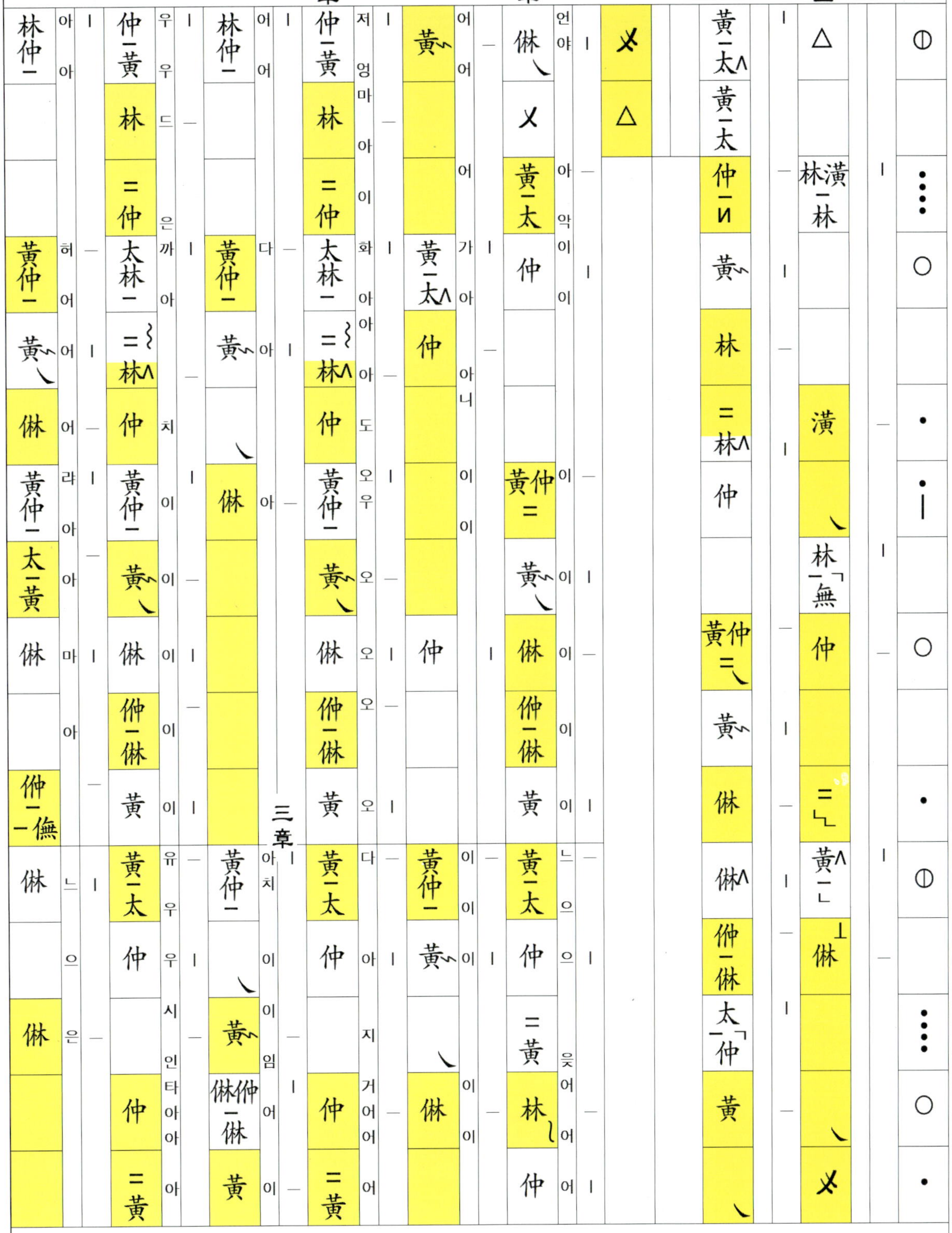

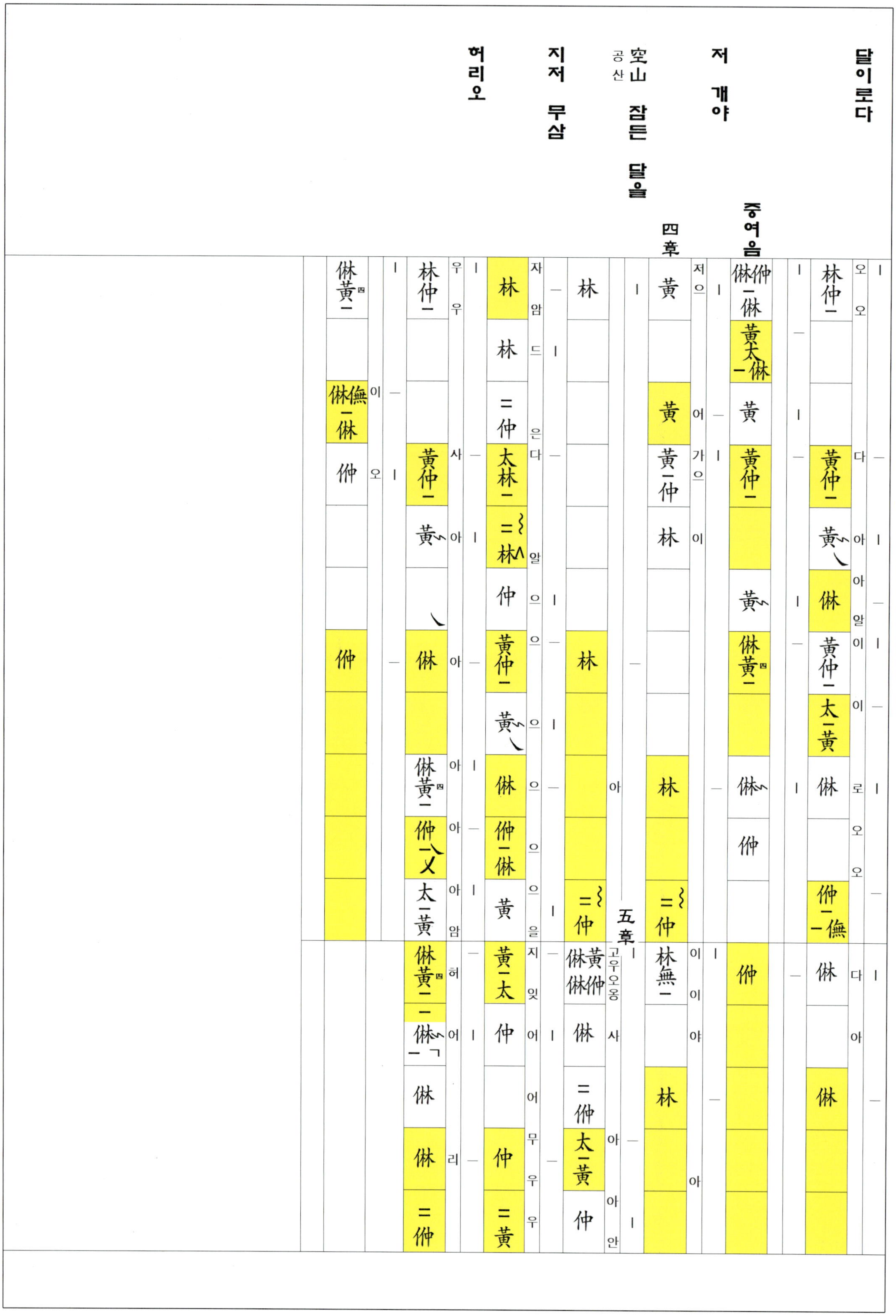
달이로다
중여음
저 개야
四章
空山 공산 잠든 달을
지저 무삼
허리오
五章

정가

여창계면조

중거

山村(산촌)에 밤이 드니

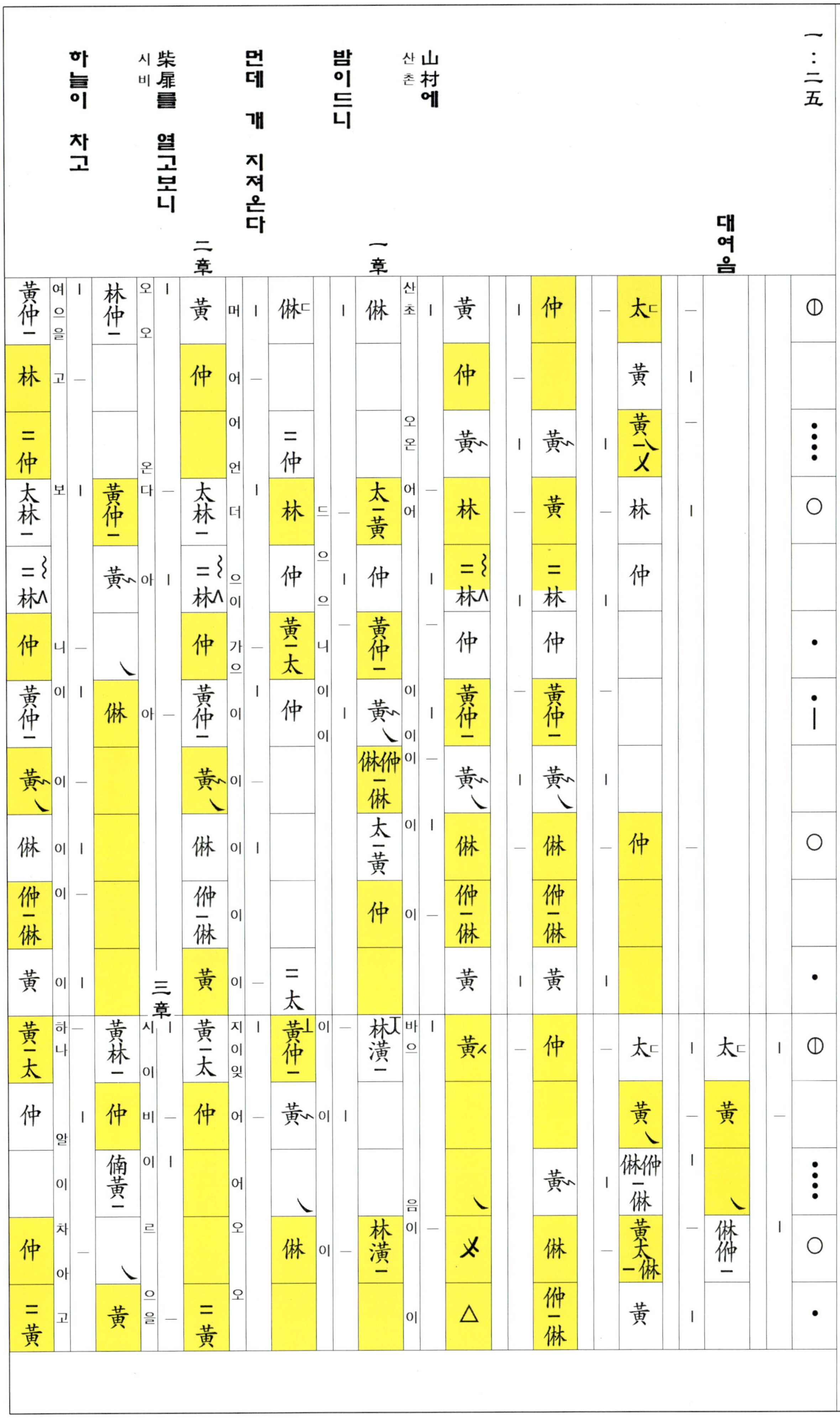

一:二五
대여음
山村에 밤이드니
一章
먼데 개 지져온다
二章
柴扉를 열고보니
三章
하늘이 차고

정가

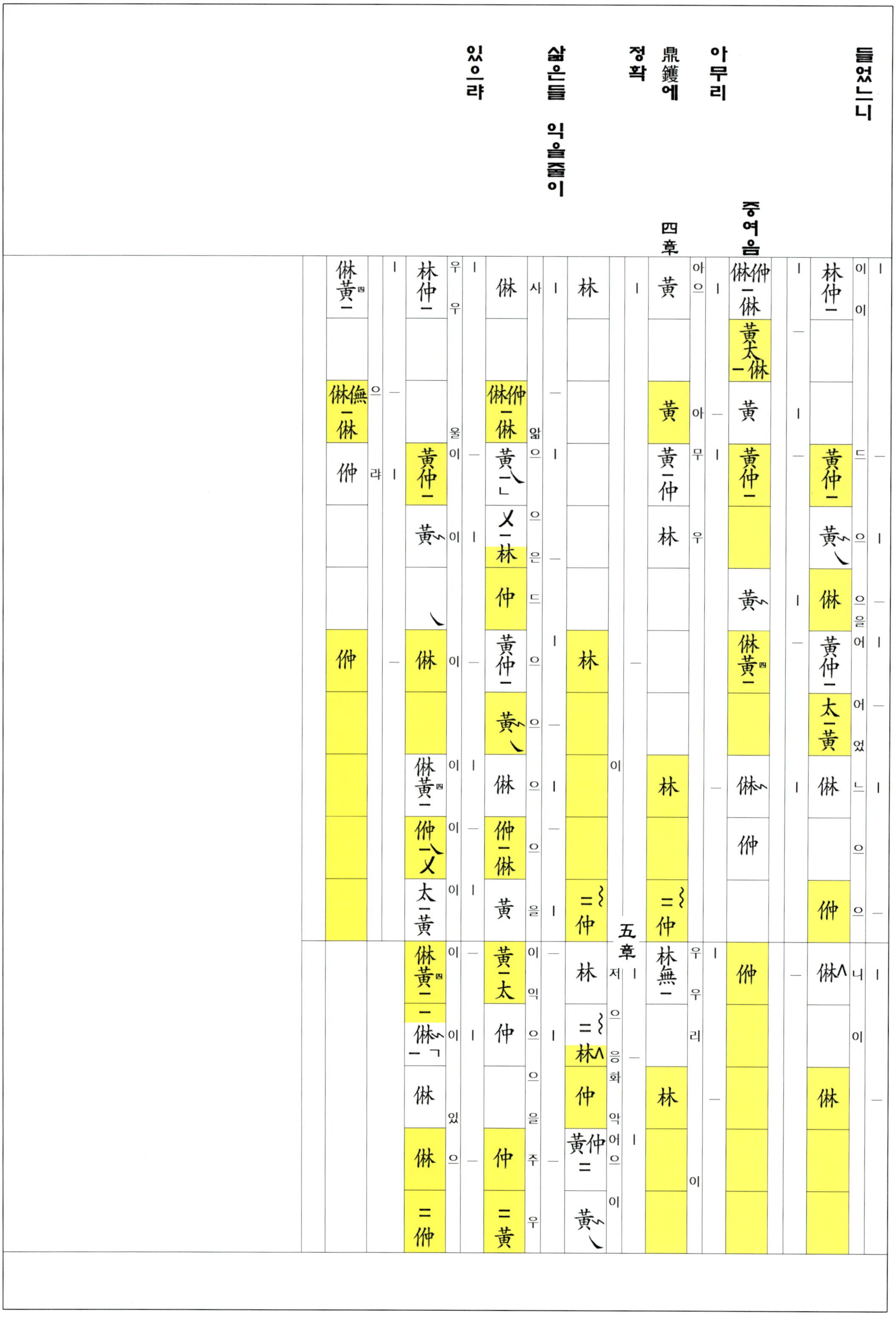
들었느니
중여음
아무리
鼎鑊에
四章
정확
삶은들 익을줄이
있으랴
五章

정가

여창계면조

평거

정가

一·三ㅇ

楚江(초강) 漁夫들아(어부) 고기낚아 삶지마라 屈三閭(굴삼려) 忠魂이(충혼) 魚服裡에(어복리)

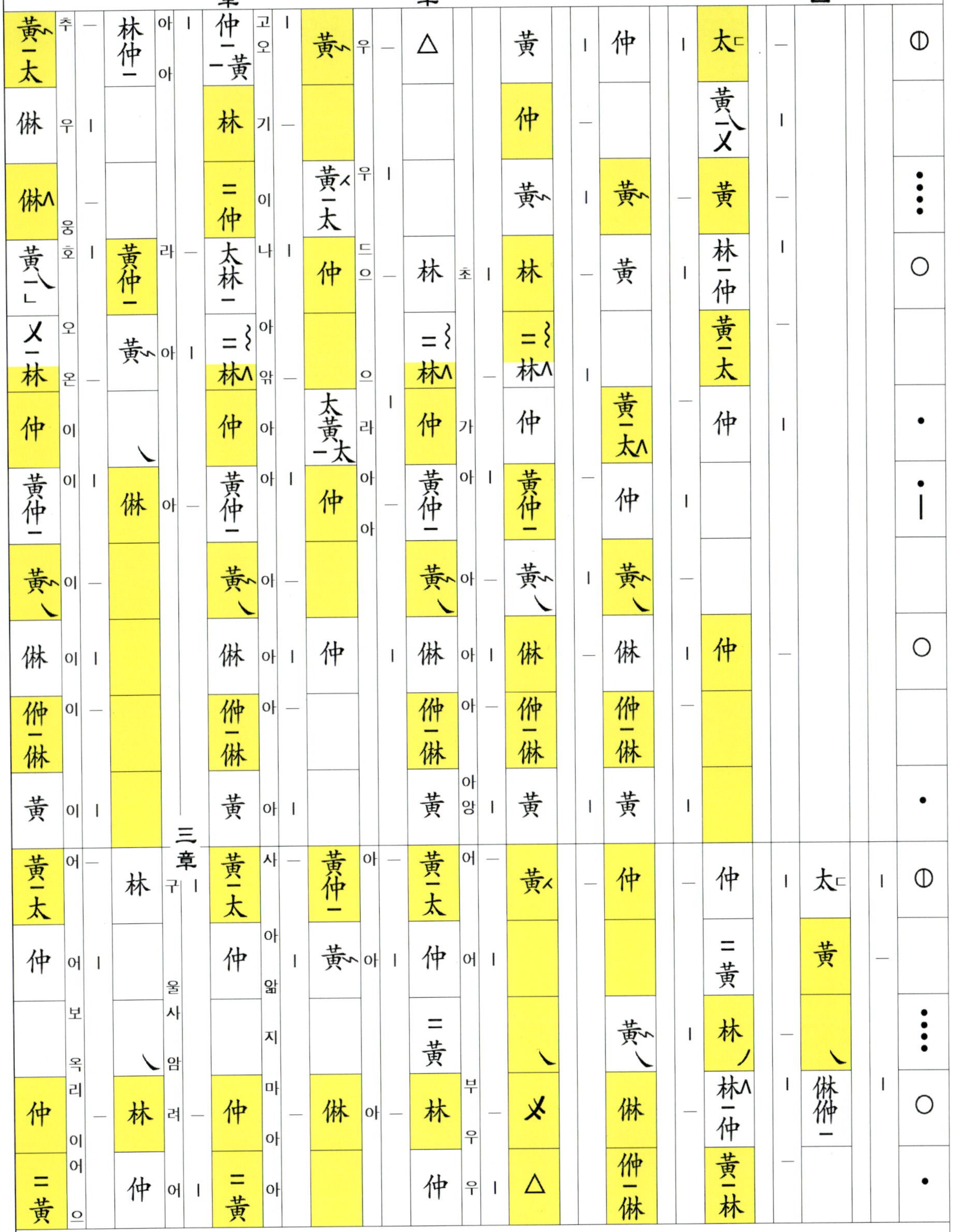

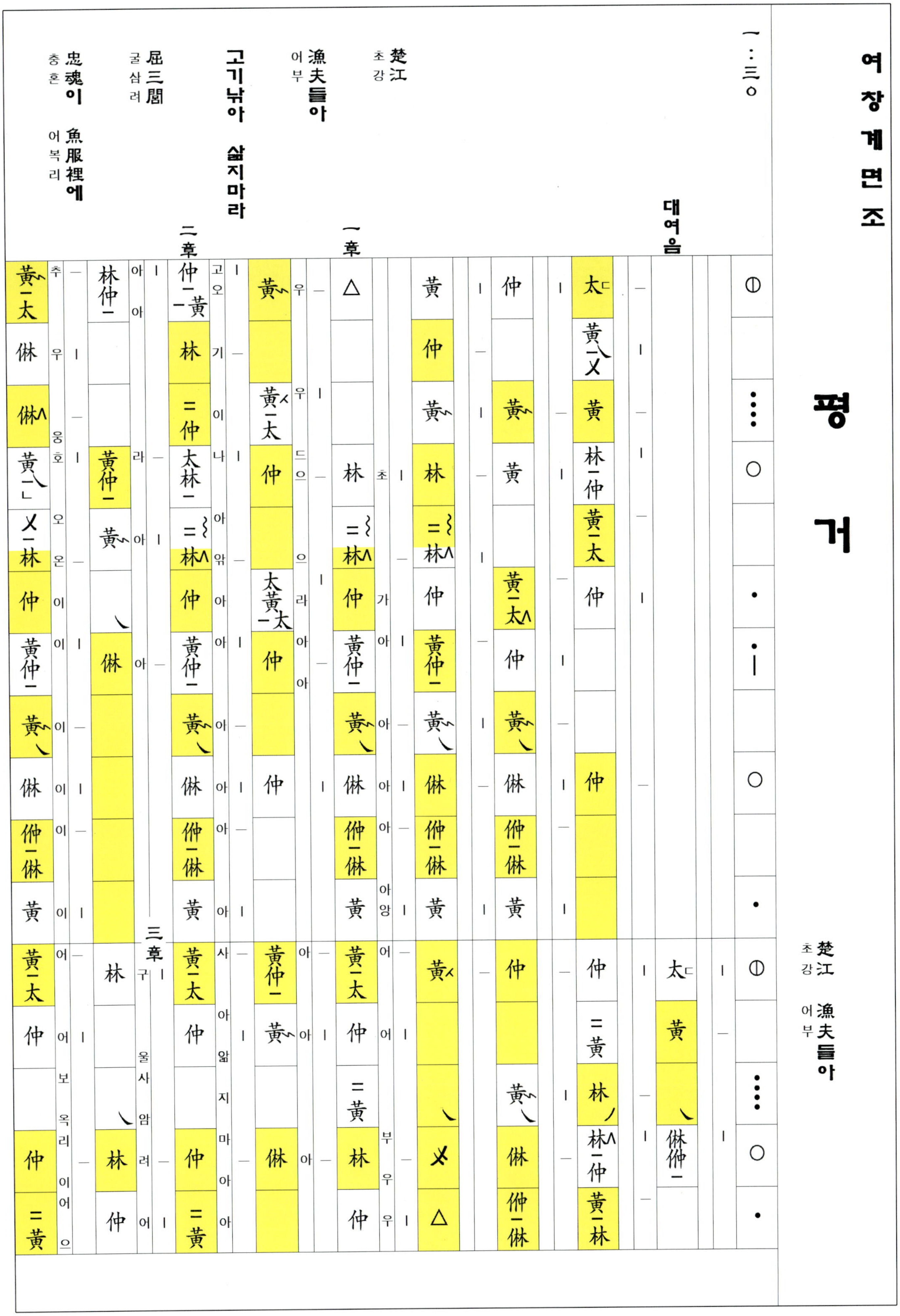

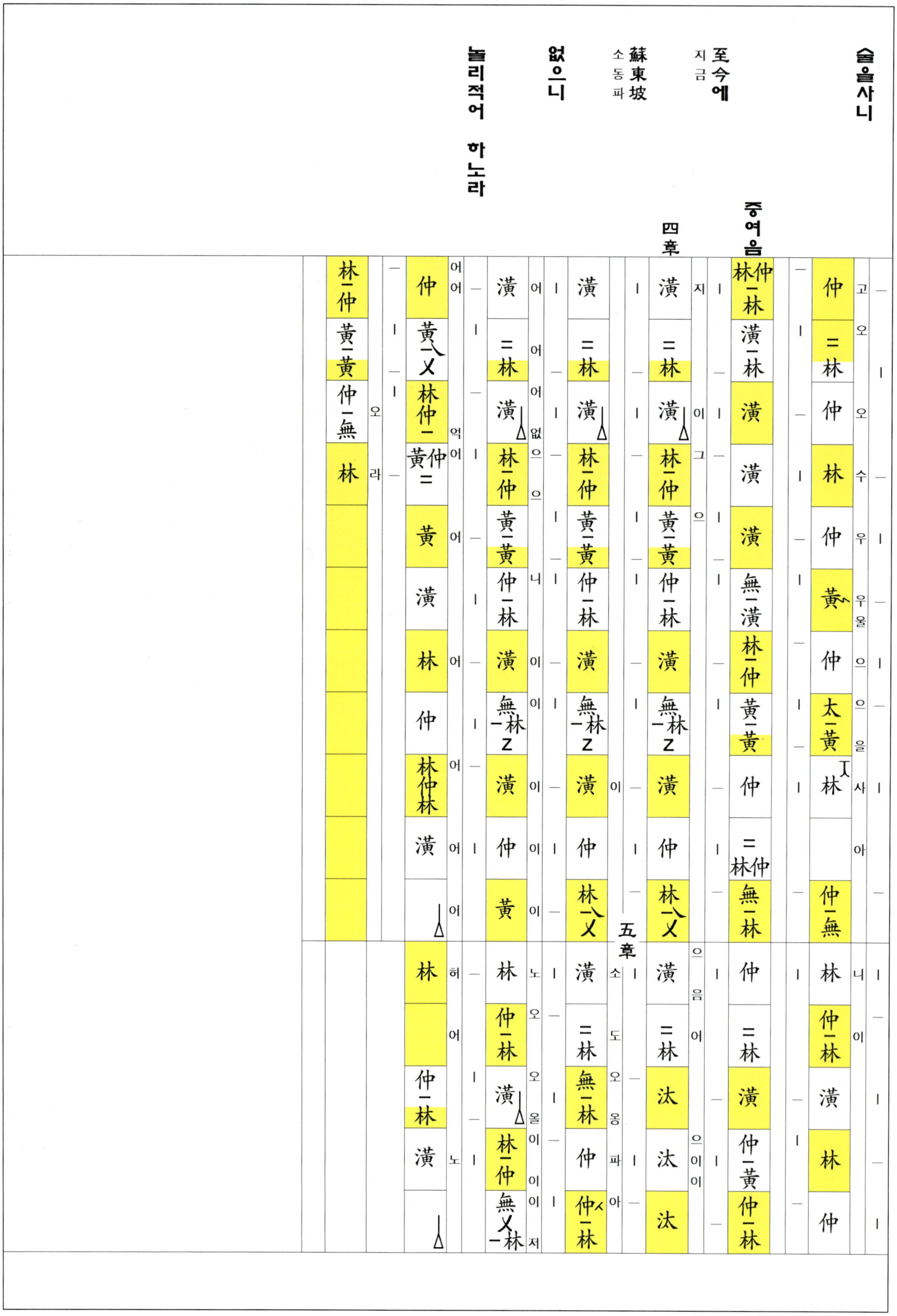
술을사니
중여음
至今에
지금
四章
蘇東坡
소동파
없으니
놀리적어 하노라
五章

정가

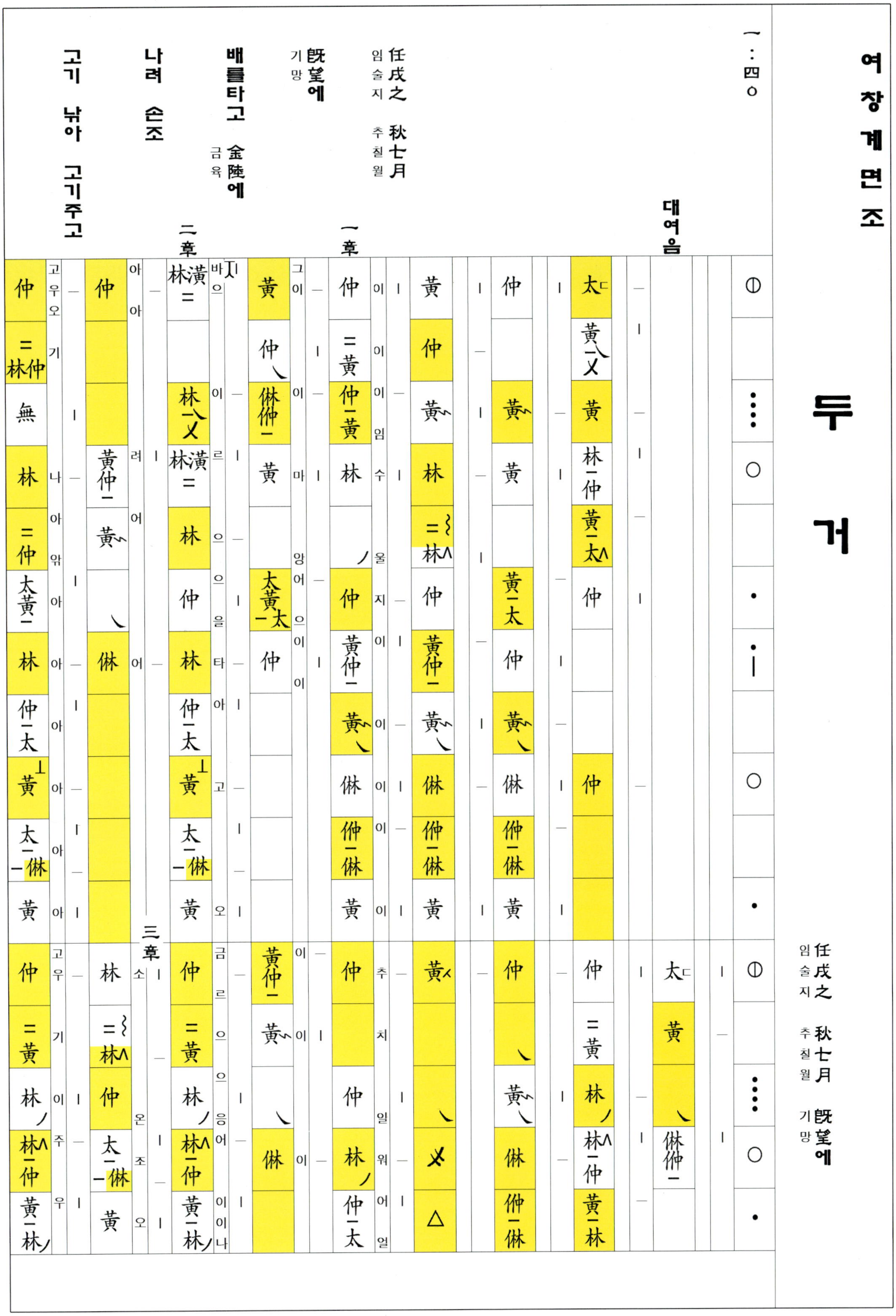
여창계면조
두거
一:四ㅇ
대여음
壬戌之 秋七月
임술지 추칠월
旣望에
기망
배를타고 金陵에
금육
나려 손조
고기 낚아 고기주고
一章
二章
三章

정가

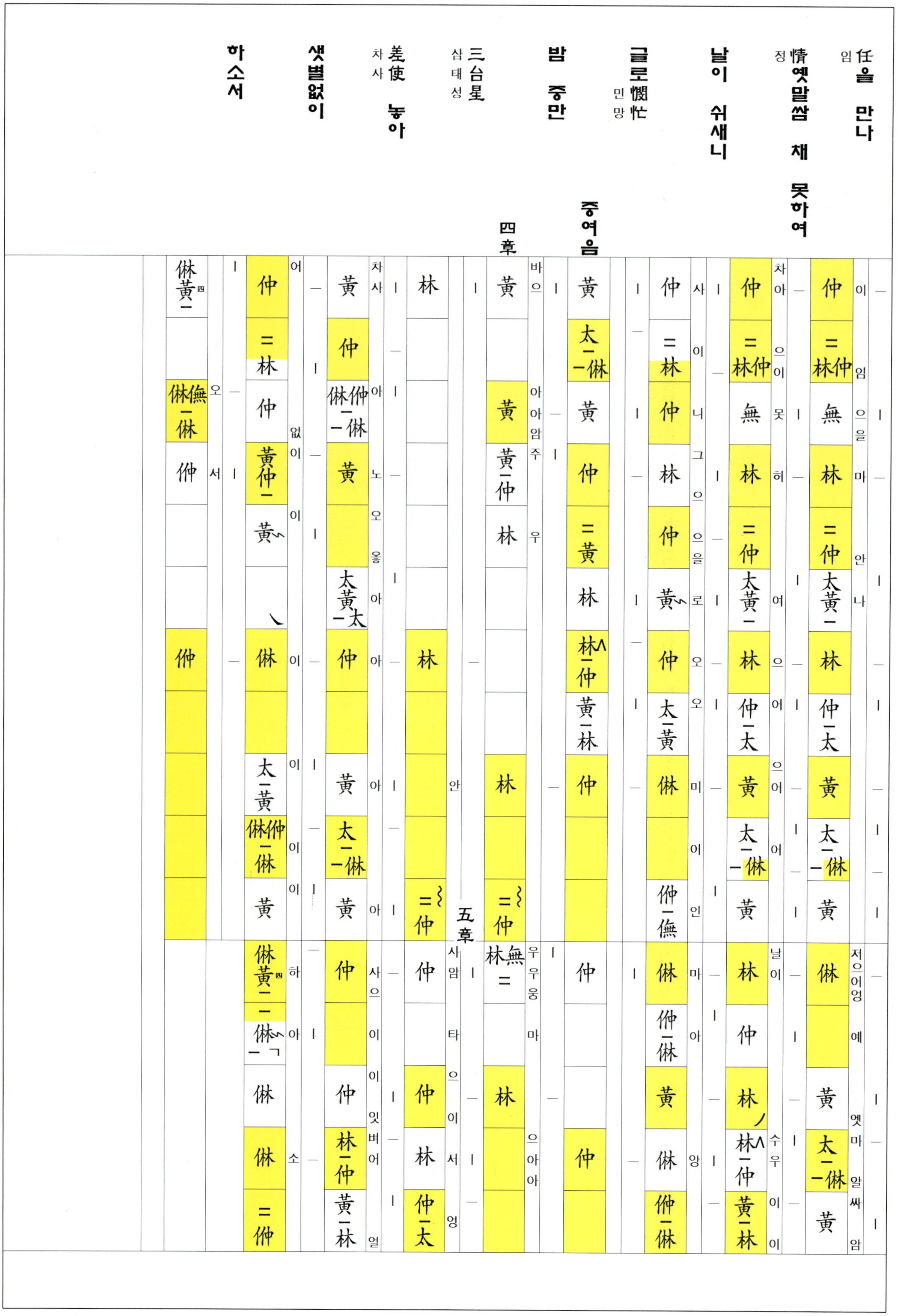

任(임)을 만나

情(정)옛말씀 채 못하여

날이 쉬새니

글로憫忙(민망)

밤 중만

三台星(삼태성)

差使(차사) 놓아

샛별없이

하소서

	1	2	3	4 (중여음)	5 (四章)	6	7	8	9
1	仲 (이)	仲 (차아)	仲 (사)	黃	黃 (바으)	林	黃 (차사)	仲 (어)	㑣黃四-
2	=林仲 (임)	=林仲 (으이)	=林 (이)	太-㑣			仲	=林	
3	無 (으을)	無 (못)	仲 (니)	黃	黃 (아아암주)		㑣㑖-㑣 (아)	仲 (없)	㑣㒇-㑣 (오)
4	林 (마)	林 (허)	林 (그으)	仲	黃-仲		黃 (노)	黃仲- (이)	㑖 (서)
5	=仲 (안)	=仲	仲 (으을)	=黃	林 (우)		(오옹)	黃ㄥ (이)	
6	太黃- (나)	太黃- (여)	黃ㄥ (로)	林			太黃-太 (아)	╲	
7	林	林 (으)	仲 (오)	林∧-仲		林	仲 (아)	㑣 (이)	㑖
8	仲-太	仲-太 (어)	太-黃 (오)	黃-林					
9	黃	黃 (으어)	㑣 (미)	仲	林	(안)	黃 (아)	太-黃 (이)	
10	太-㑣	太-㑣 (어)	(이)				太-㑣	㑣㑖-㑣 (이)	
11	黃	黃	㑖-㒇 (인)		=⌇仲	=⌇仲	黃 (아)	黃 (이)	
12	㑣 (저으어엉)	林 (날이)	㑣 (마)	仲	林無= (우우웅)	五章 仲 (사암)	仲 (사으)	㑣黃四= (하)	
13	(예)	仲	㑖-㑣 (아)		(마)	(타)	(이)	-㑣ㄥ-ㄱ (아)	
14	黃	林ノ	黃		林	仲 (으이)	仲 (이잇)	㑣	
15	太-㑣 (옛마 알)	林∧-仲 (수우)	㑣 (앙)	仲	(으아아)	林 (서)	林-仲 (벼어)	㑣 (소)	
16	黃 (싸암)	黃-林 (이이)	㑖-㑣			仲-太 (엉)	黃-林 (얼)	=㑖	

정가

여창계면조

평롱

一:五○

北斗七星(북두칠성) 하나 둘
셋 넷 다섯 여섯
일곱분께 憫忙(민망)한
발괄 燁紙(엽지) 한장
아뢰나이다 그리던

대여음

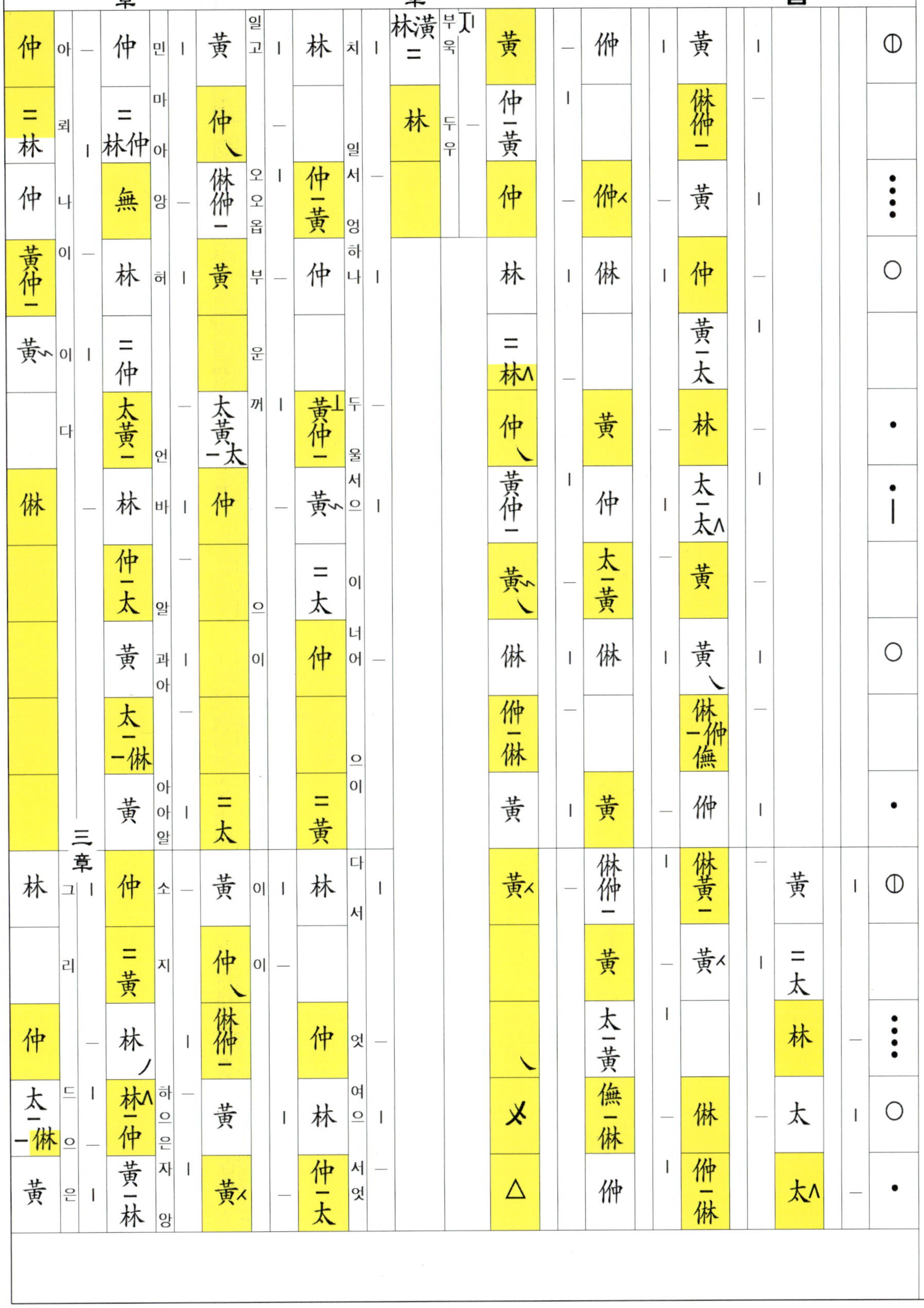

北斗七星(북두칠성) 하나 둘 셋 넷

정가

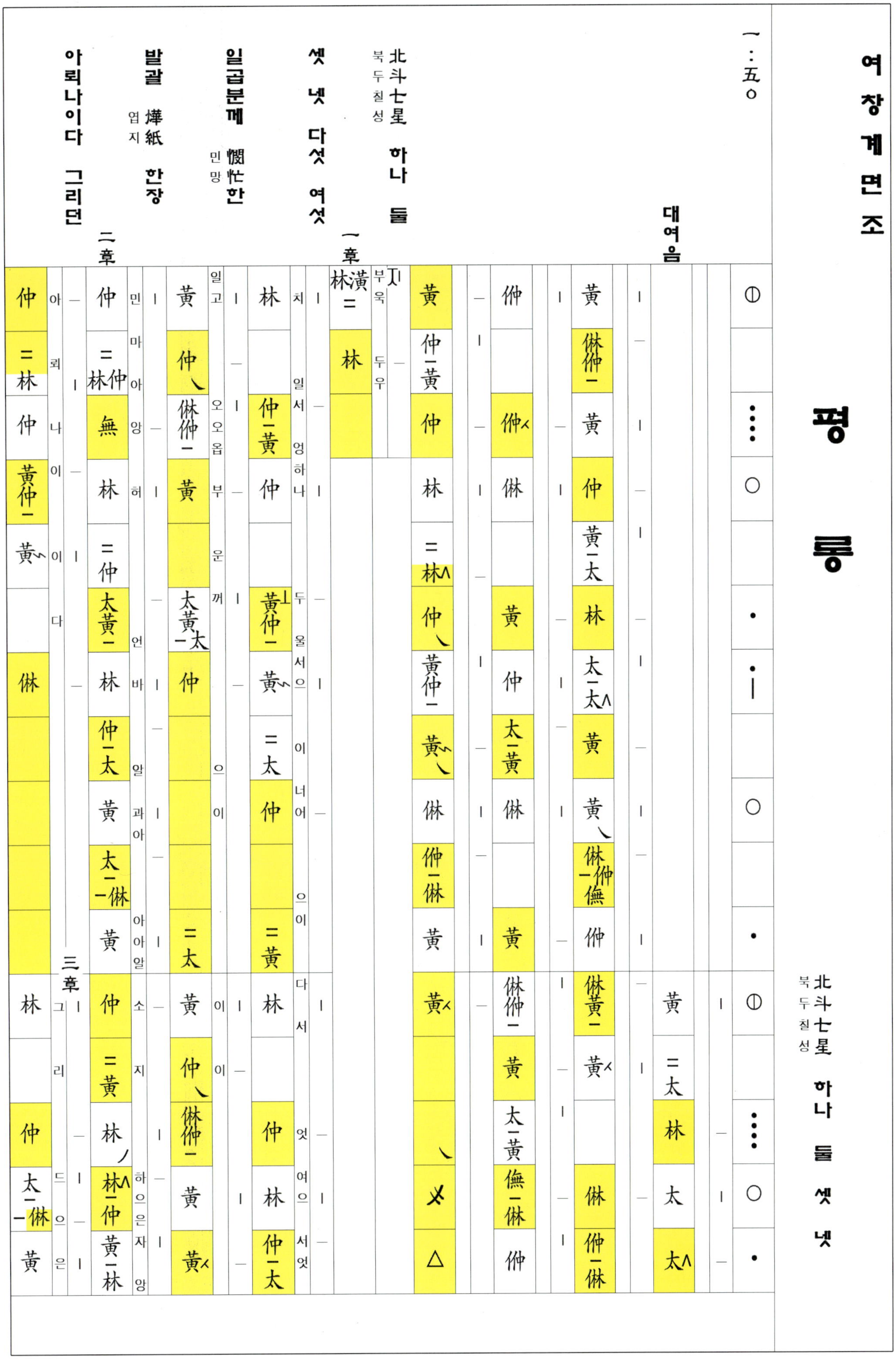

정가

나도 절로절로

중여음

우리도

四章

절로절로

자란 몸이니 늙기도

절로절로 늙으리라

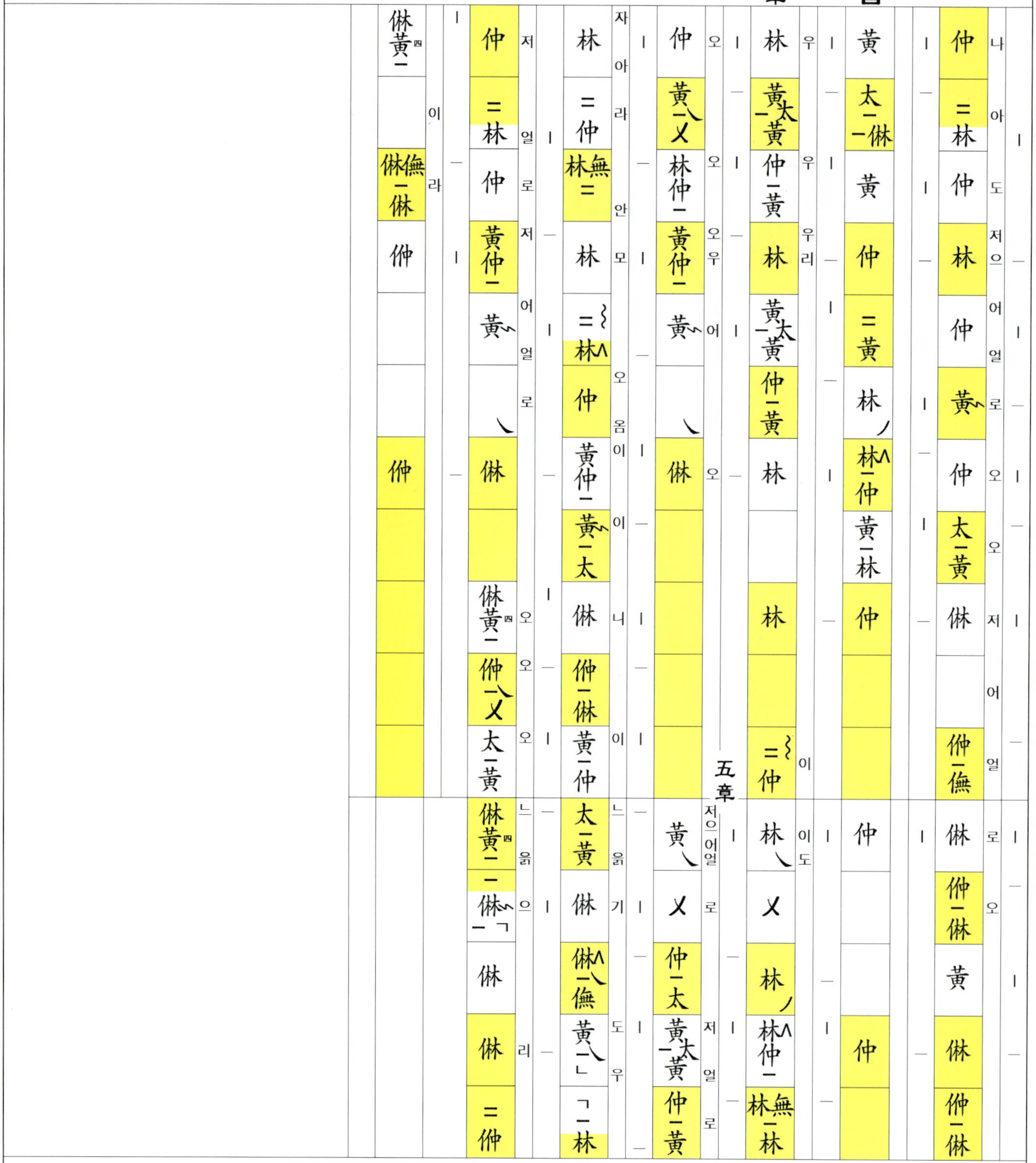

여창계면조

계락

青山도 절로절로

一:五五
대여음
一章
青山도
절로절로
綠水라도 절로절로
二章
山 절로절로 水
절로절로 山水間에
三章

정가

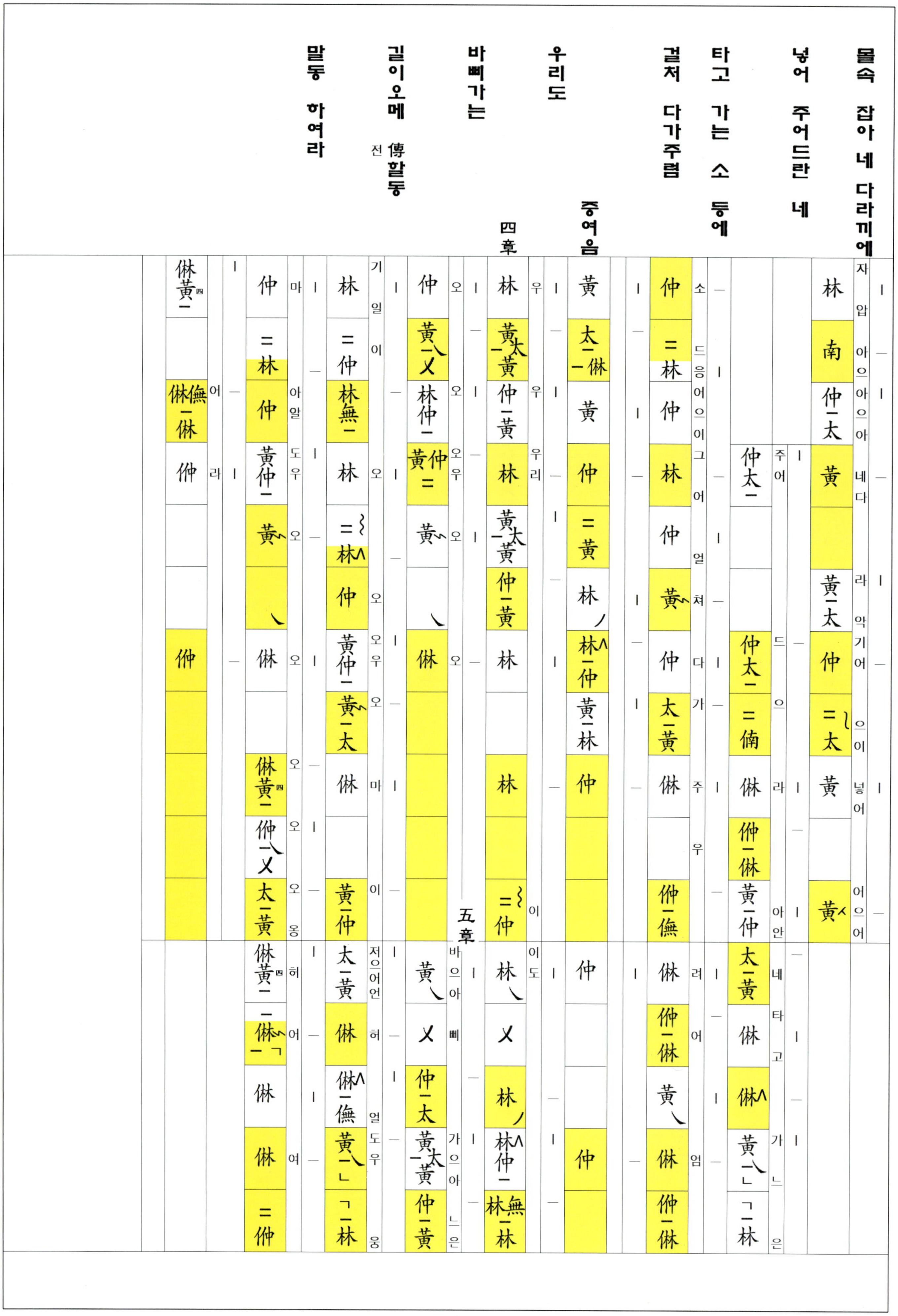
물속 잡아 네 다라끼에
넣어 주어드란 네
타고 가는 소 등에
걸처 다가주렴
우리도
중여음
바삐가는
四章
길이오메 傳할동
전
말동 하여라
五章

정가

여창평조 계면조

환계락

앞내나 뒷내나 중에

一:五五

대여음

앞내나 뒷내나

中에 (중)

소먹이는 아희놈

들아 앞내 옛고기와

뒷내 옛고기를 다

정가

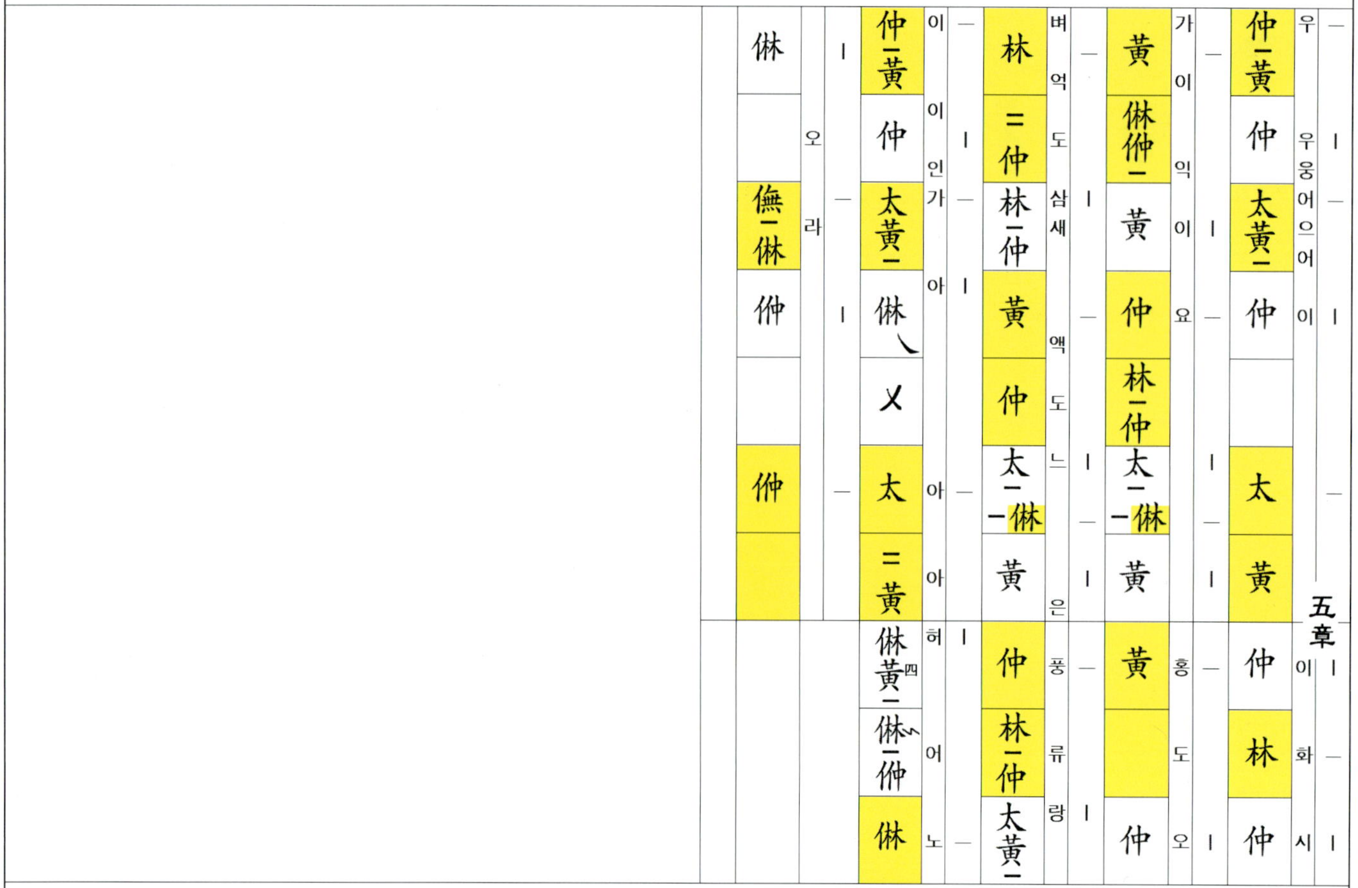

牡丹(모란)은 花中王(화중왕)이요
向日花(향일화)는 忠臣(충신)이로다
蓮花(연화)는 君子(군자)요 杏花小人(행화소인)이라
菊花(국화)는 隱逸士(은일사)요 梅花寒士(매화한사)로다
박꽃은 老人(노인)이요 石竹花(석죽화)는 少年(소년)이라
葵花巫堂(규화무당)이요 海棠花(해당화)는 娼女(창녀)이로다
이 中(중)에
李花詩客(이화시객)이요 紅排碧排(홍패벽패) 三色排(삼색패)는
風流郎(풍류랑)인가 하노라

정가

여창계면조

편수대엽

모란 화중왕
牡丹은 花中王이요

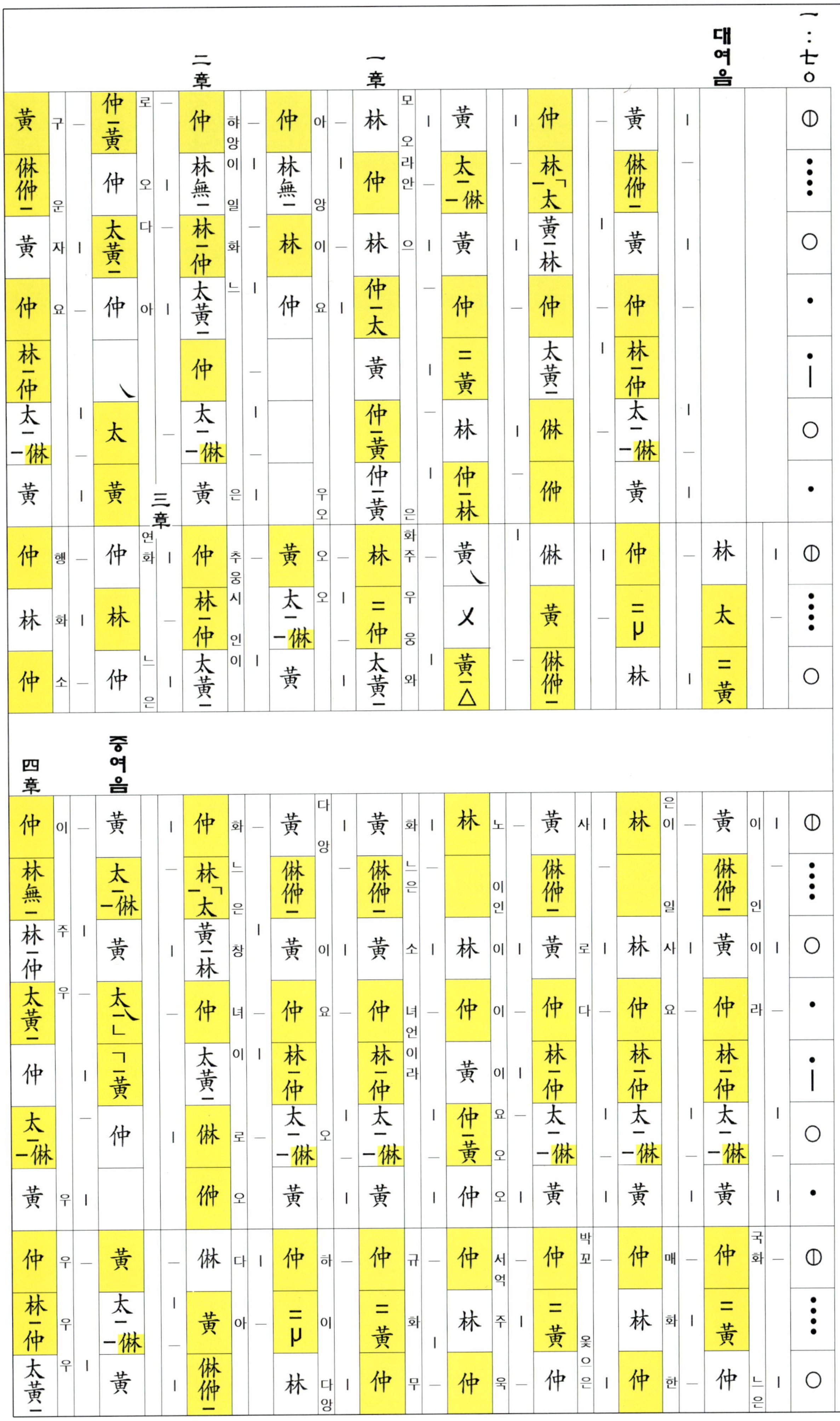

정가

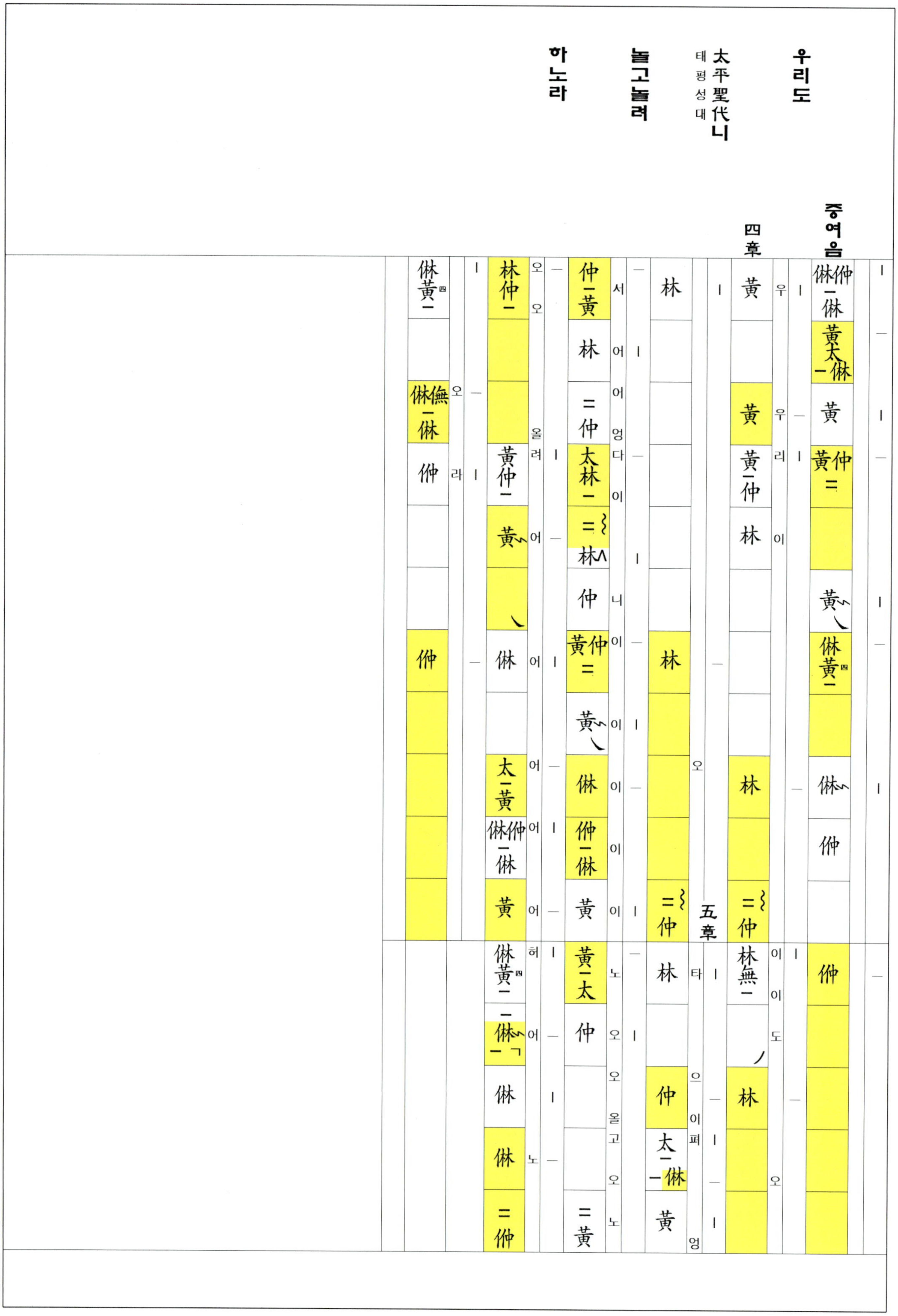
우리도
太平聖代니
태평성대
놀고놀려
하노라
중여음
四章
五章

정가

여창계면조

태평가

이랴도 太平聖代(태평성대)

一:三〇

계면 다스름

이려도 太平(태평) 聖代(성대)

저랴도 聖代(성대)로다

堯之日月(요지일월)이요

舞之乾坤(무지건곤)

이로다

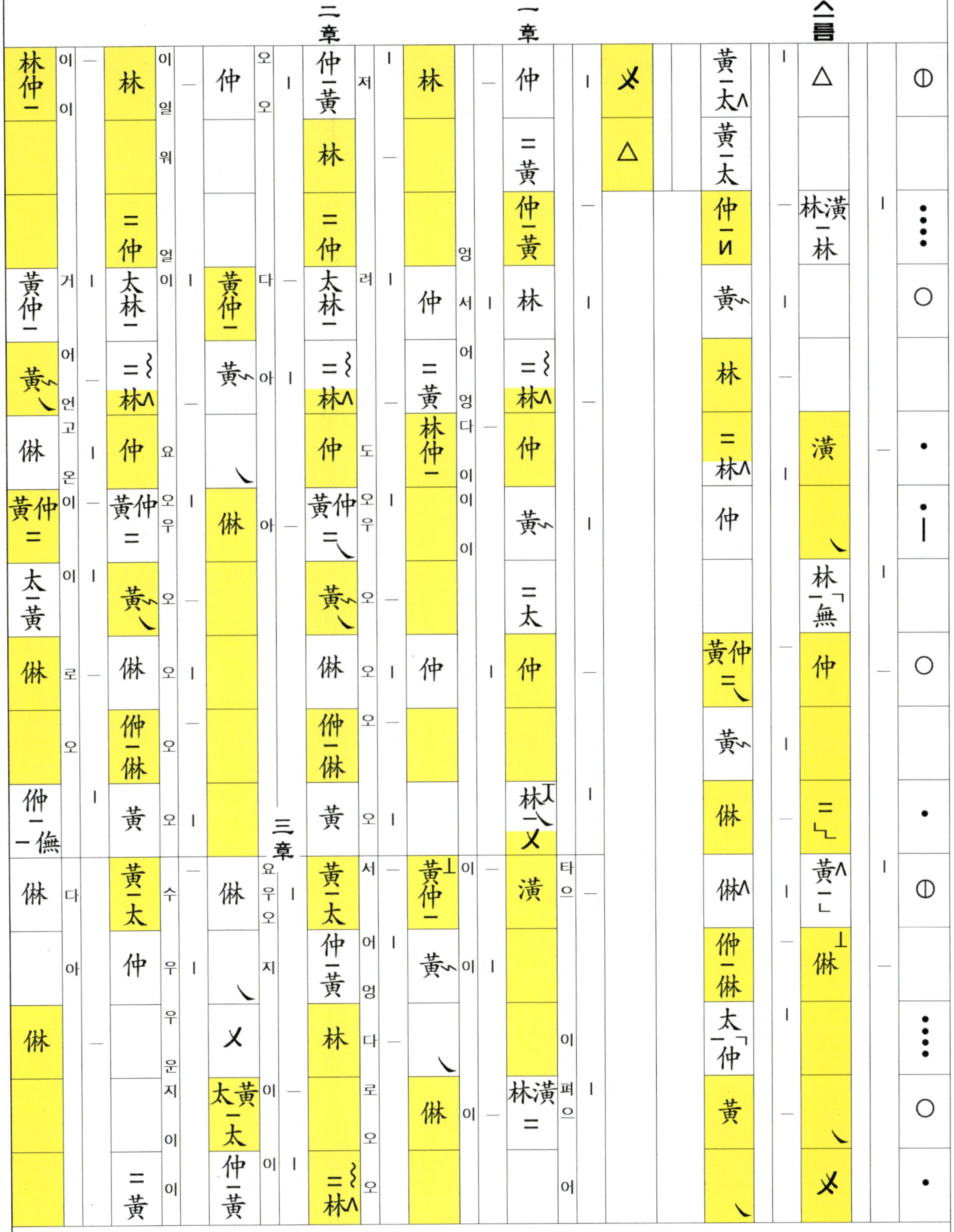

望月懷遠(망월회원) 35x69

素河 金瑩埱

달을 보며

멀리있는 사람을 그리워 하다

正樂正樂正樂正樂正樂
樂正樂正樂正樂正樂正
正樂正樂正樂正樂正樂
樂正樂正樂正樂正樂正
正樂正樂正樂正樂正樂
樂正樂正樂正樂正樂正
正樂正樂正樂正樂正樂
樂正樂正樂正樂正樂正
正樂正樂正樂正樂正樂
樂正樂正樂正樂正樂正
正樂正樂正樂正樂正樂
樂正樂正樂正樂正樂正

정악

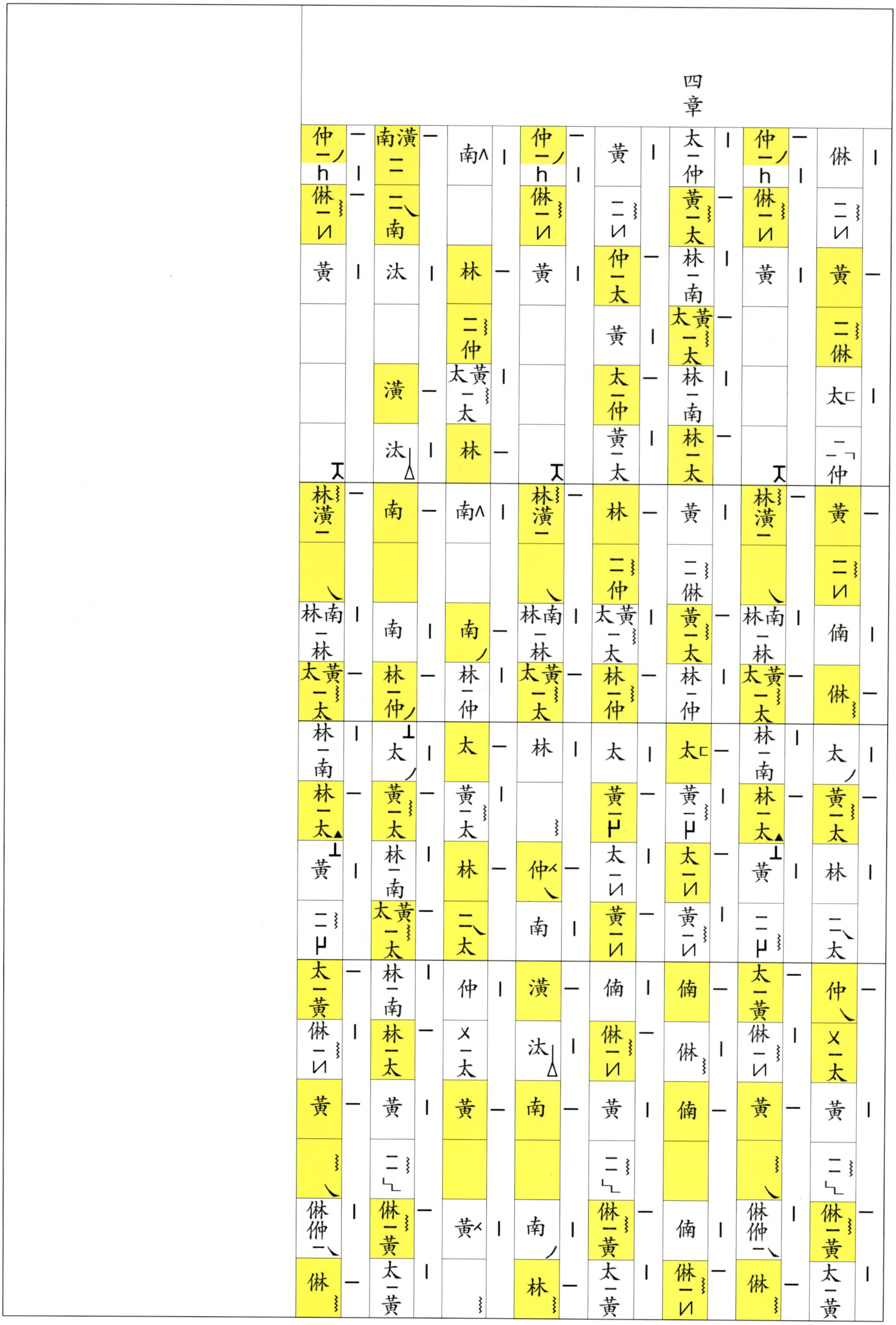

상령산 上靈山

柳初新之曲

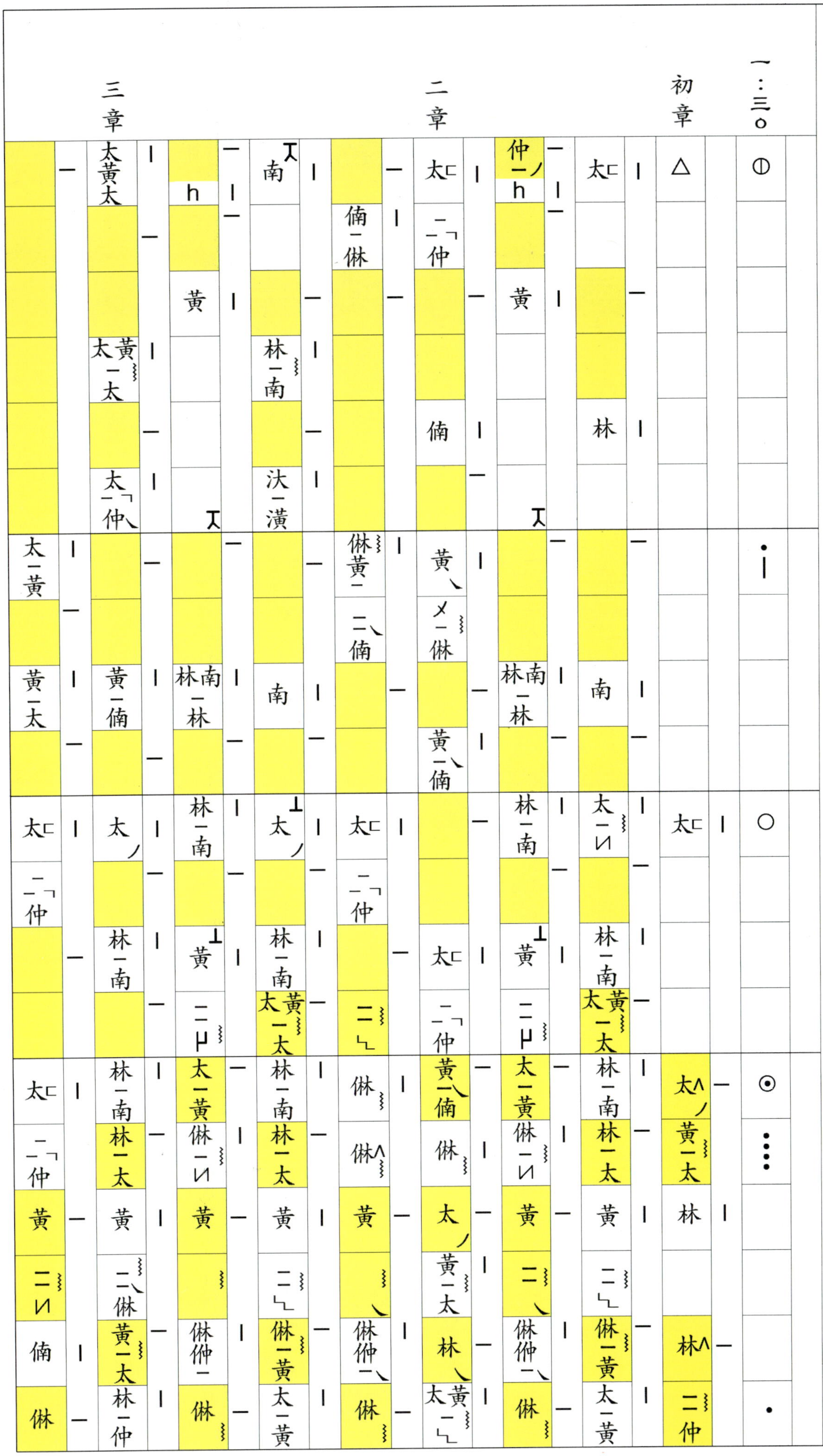

정악

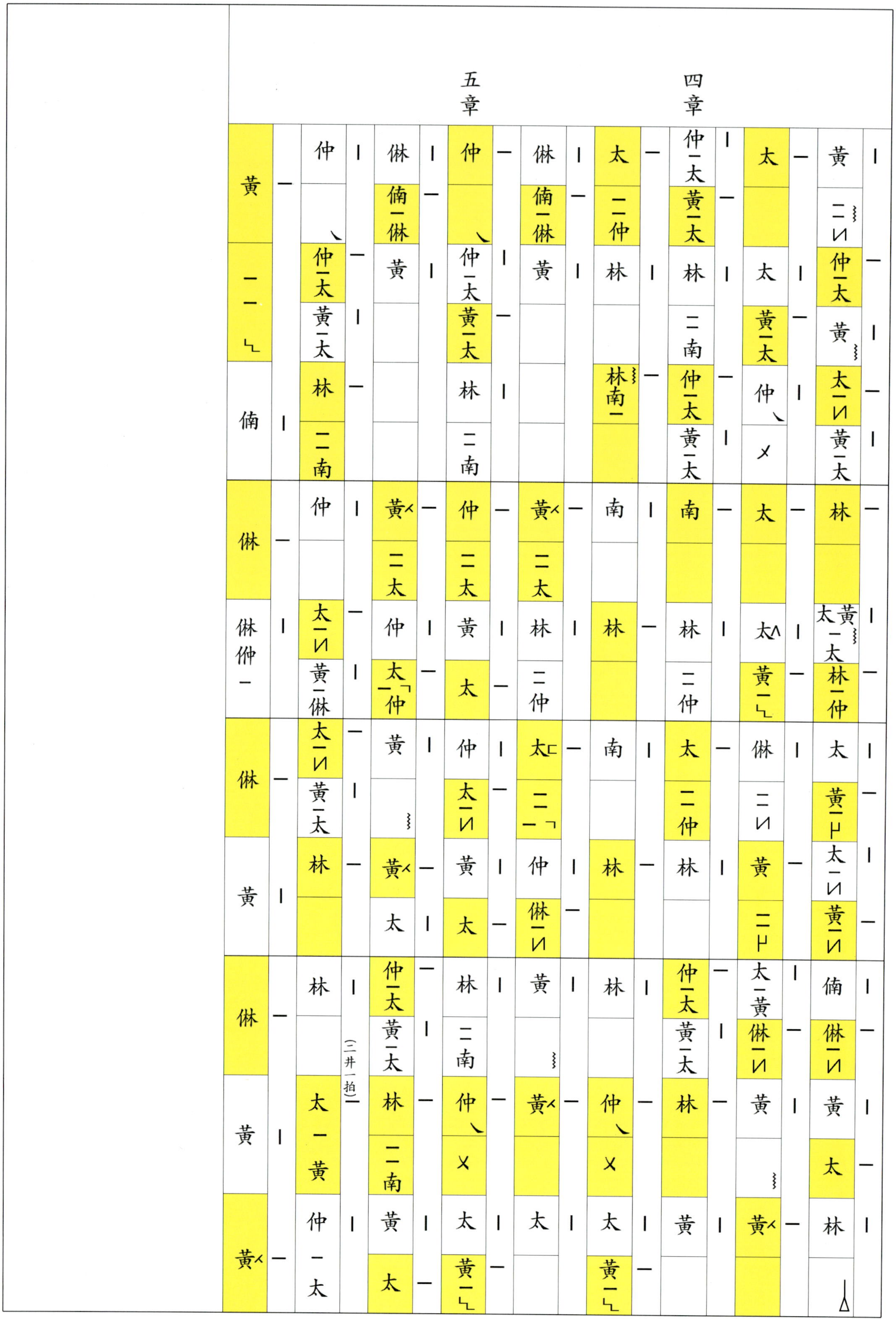

중령산 中靈山

柳初新之曲

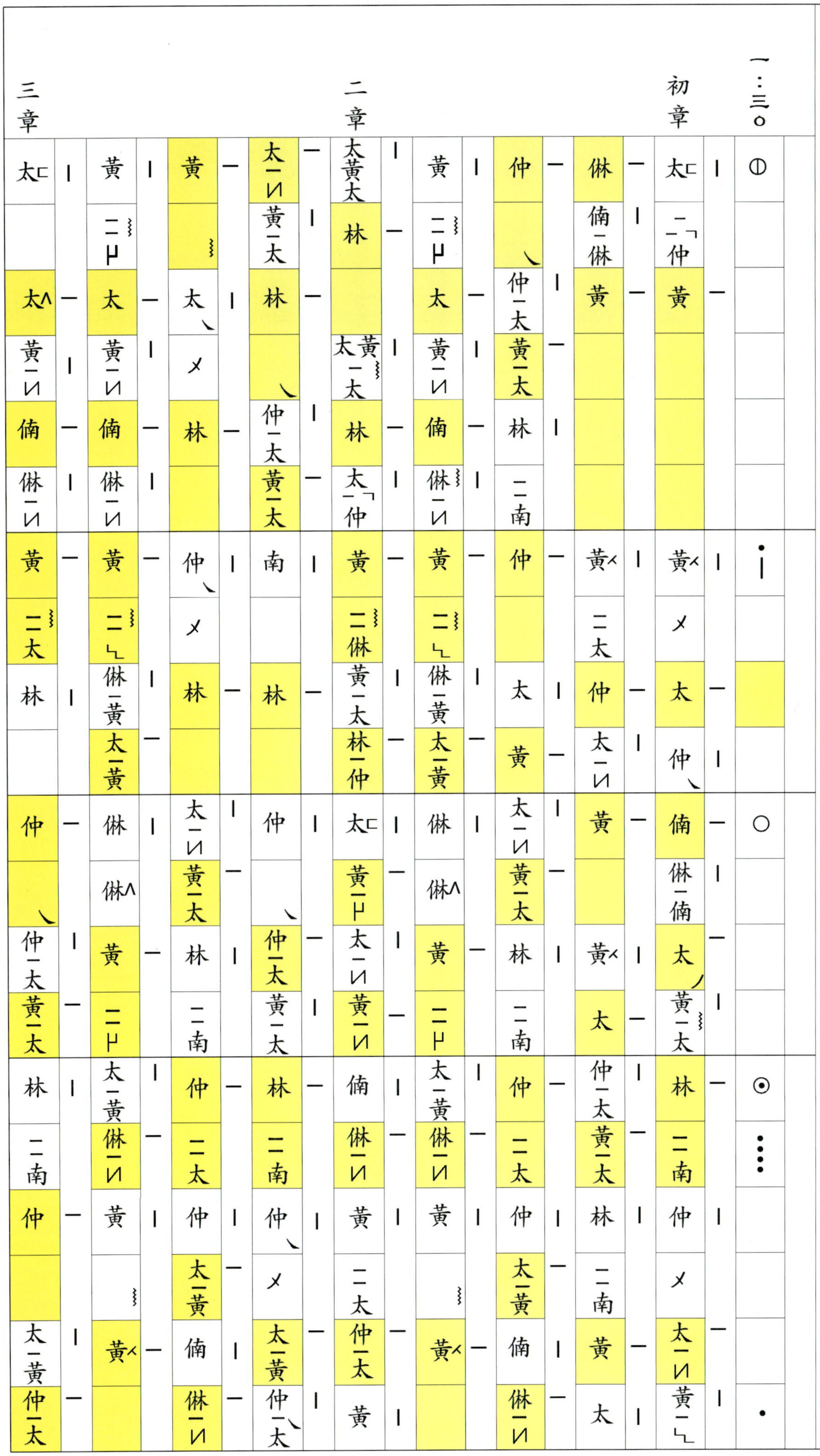

정악

柳初新之曲

가락덜이 加樂除只

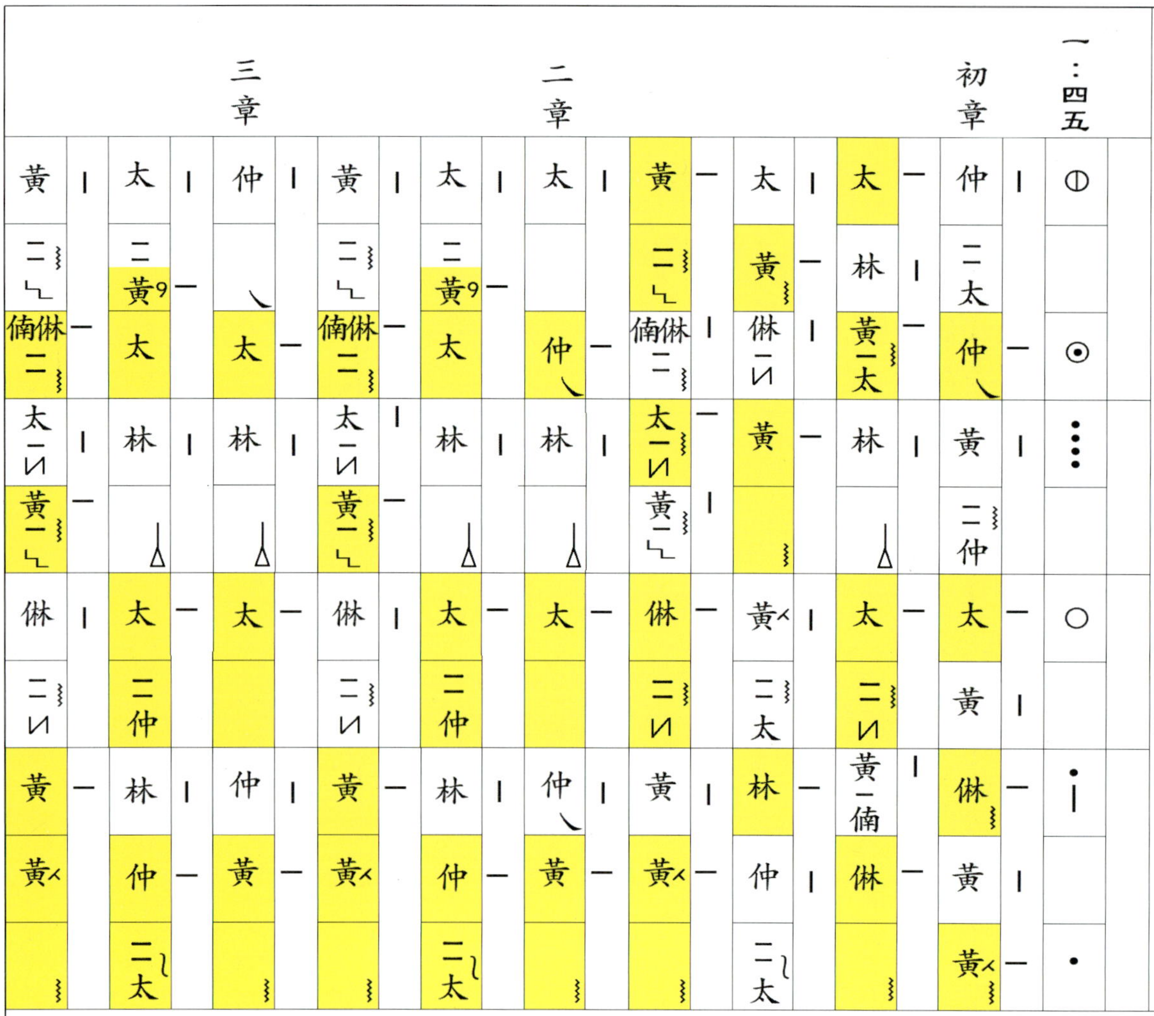

柳初新之曲

細靈山

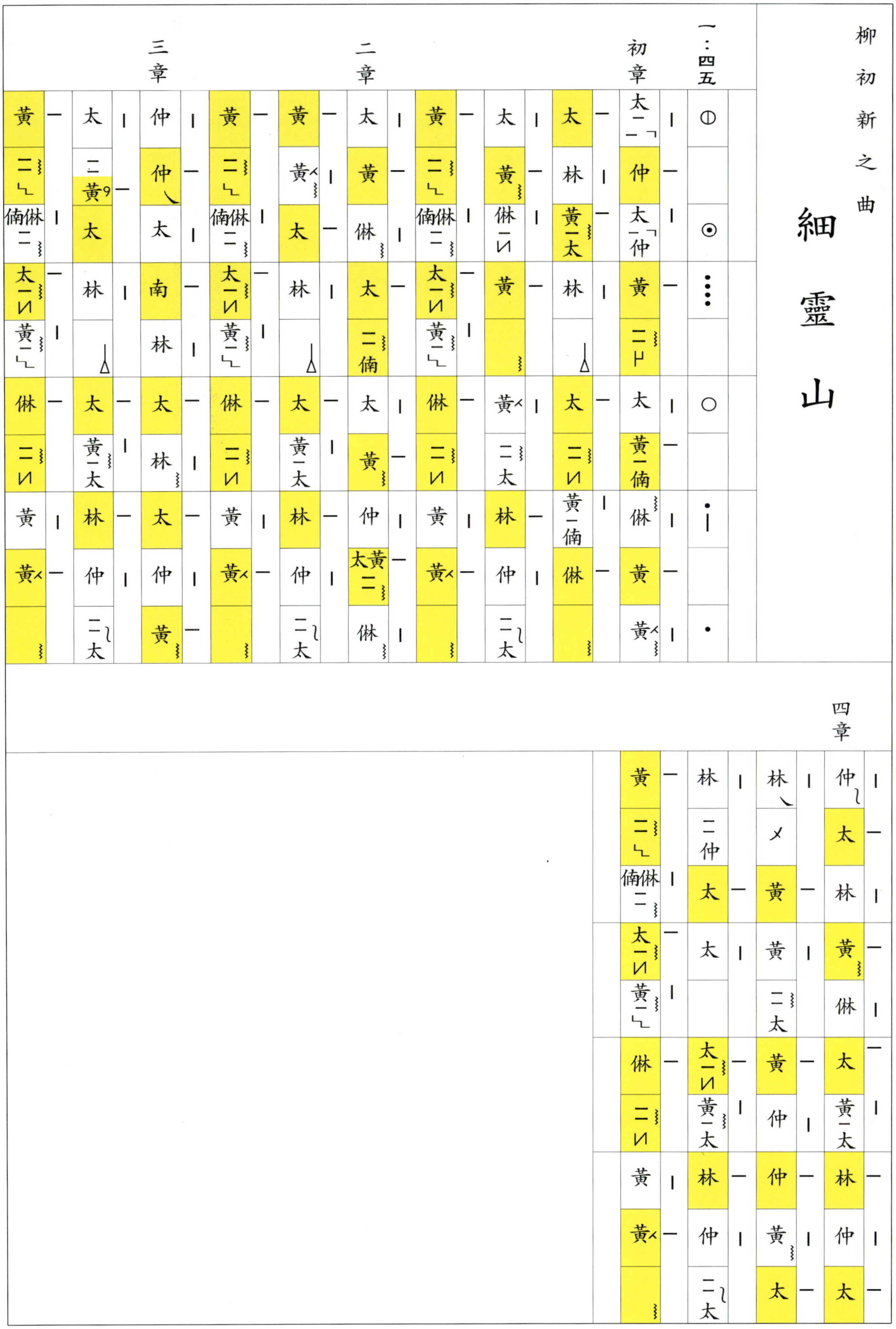

정악

정

악

樂出處(악출처) 68x35

素河 金瑩埱

樂出處 蒸成菌 (악출처 증성균)

(莊子)

음악이 빈 공간에서 나오고

습기가 버섯을 자라게 한다.

정악

柳初新之曲

상현도드리 上絃還入

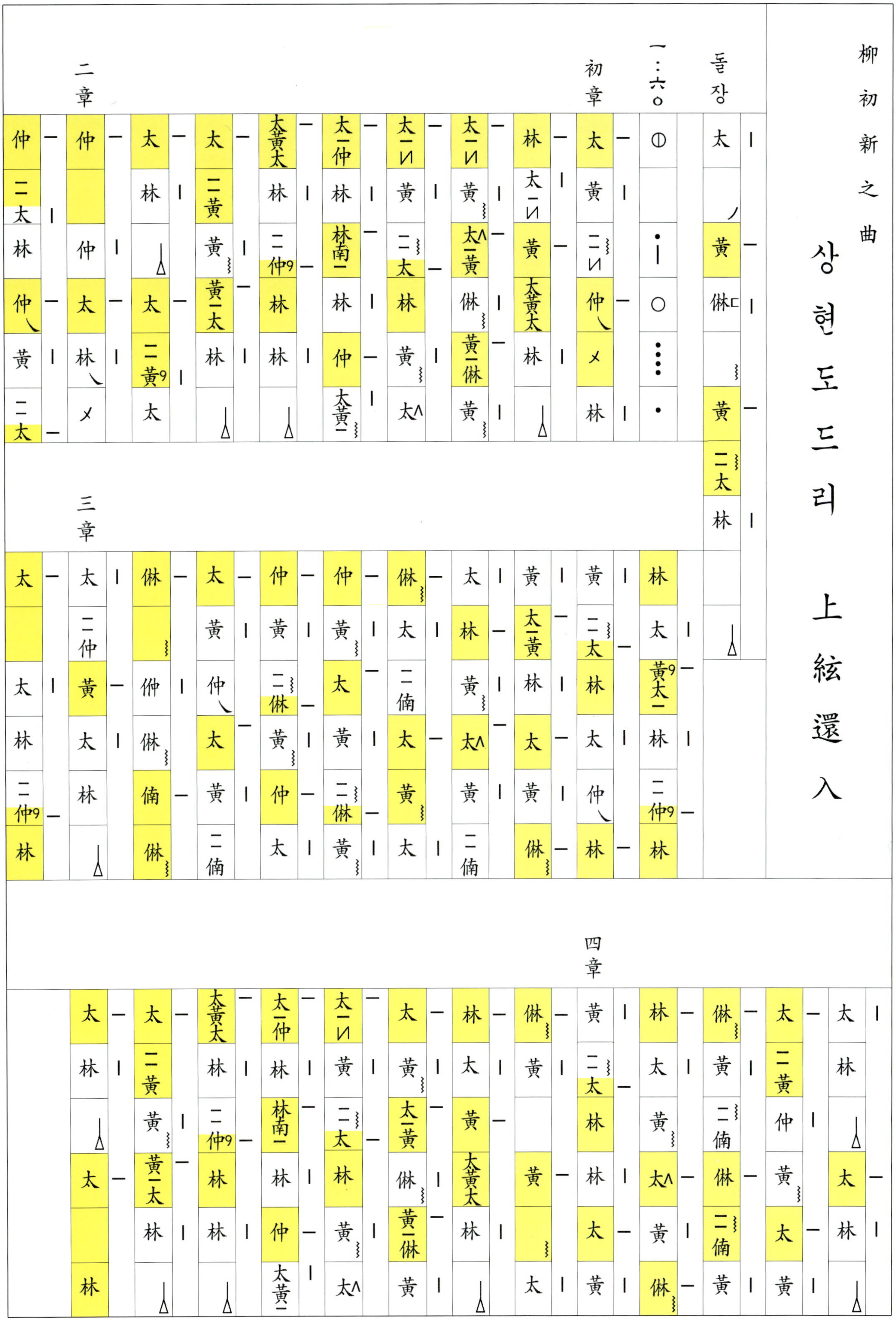

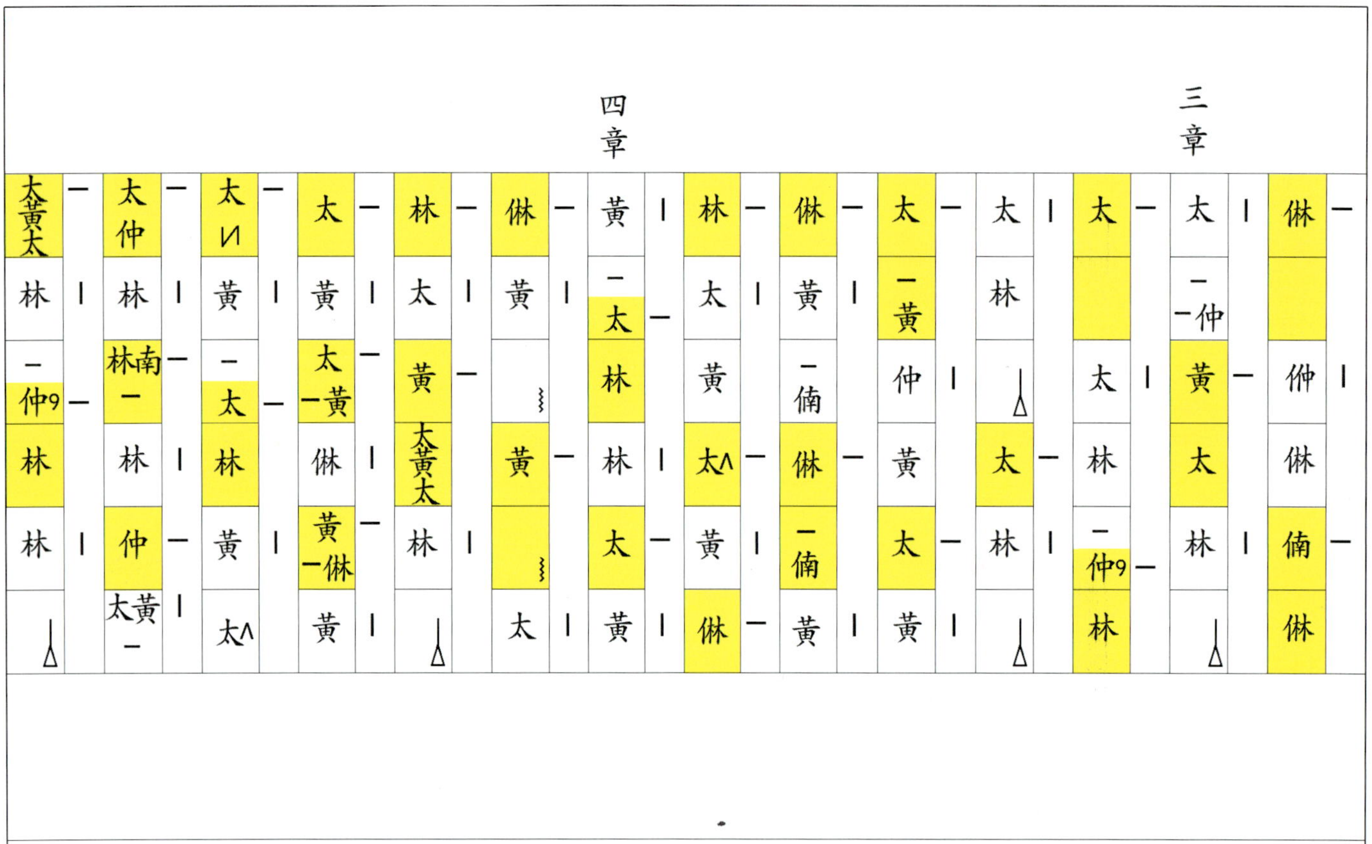

虛心高節(허심고절) 35x56

素河 金瑩琡

마음은 비었으되 절개는 높다

柳初新之曲 염불도드리 念佛還入

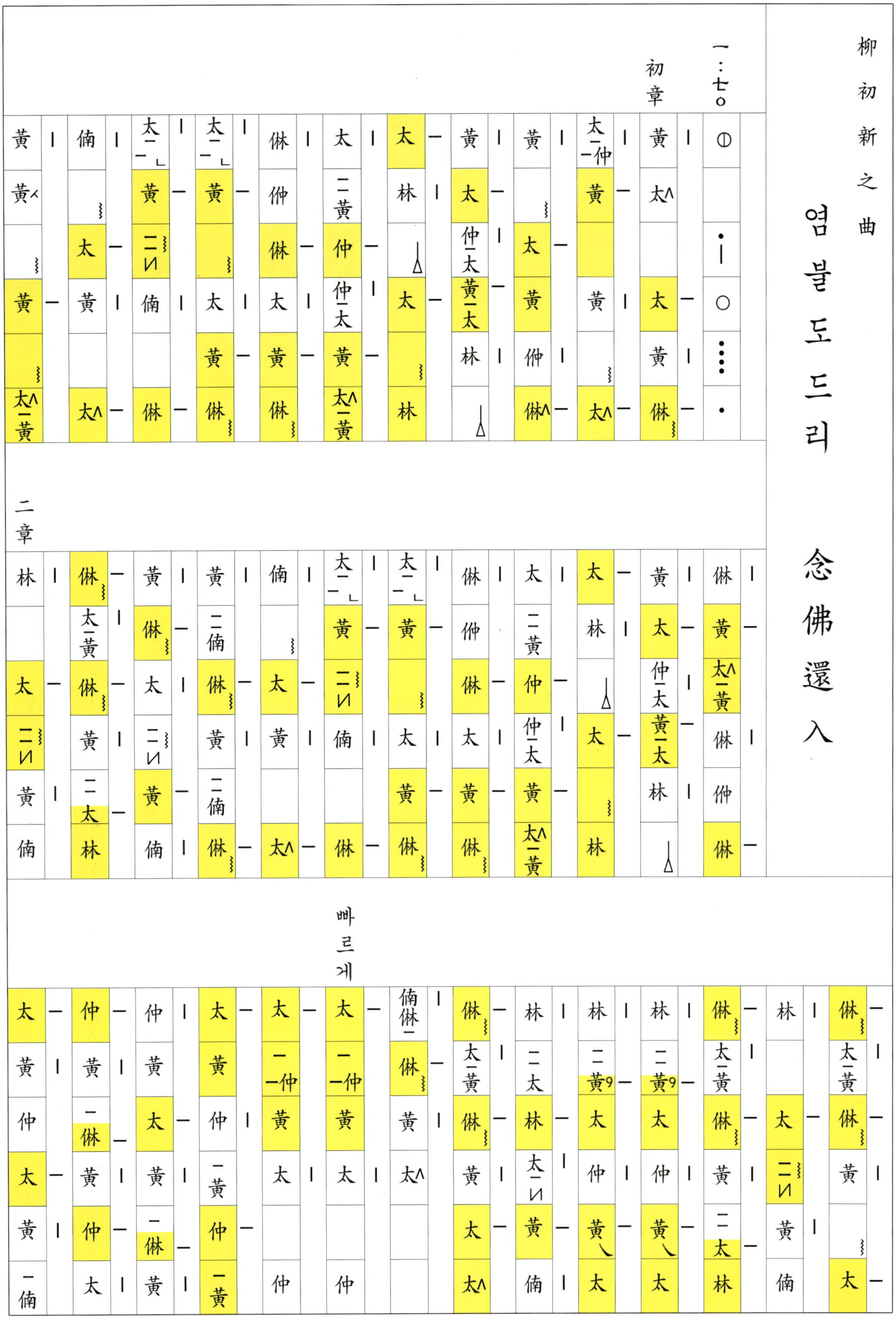

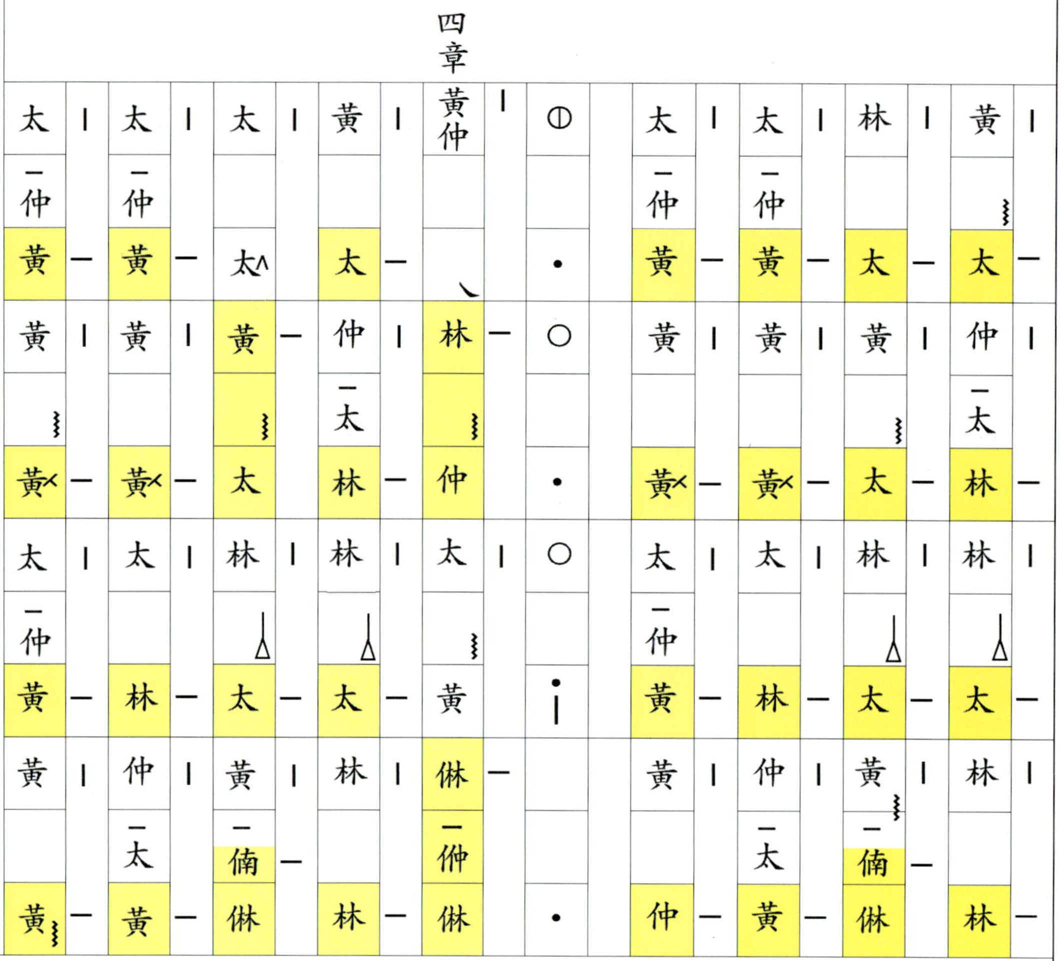
四章

柳初新之曲 打令

정악

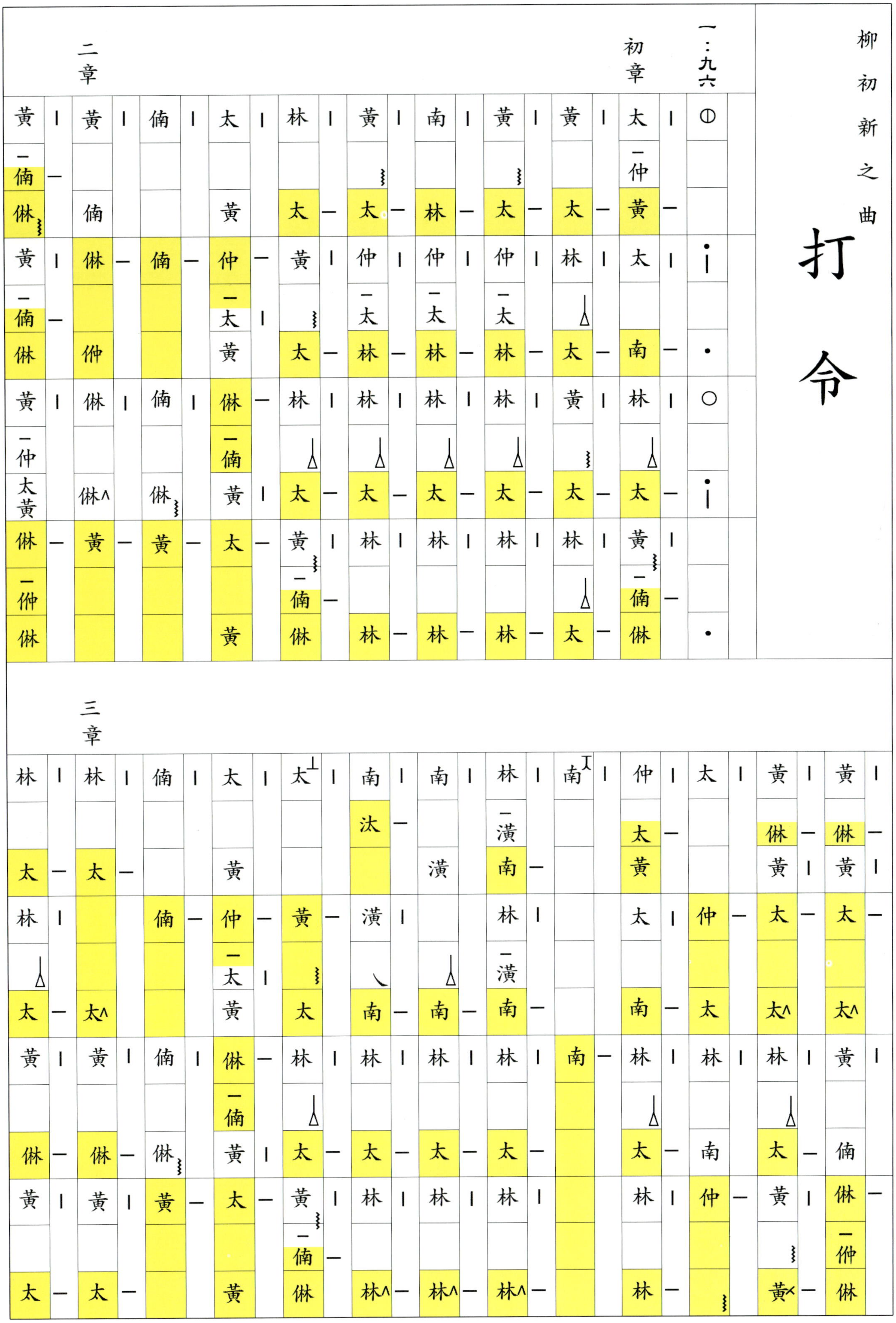

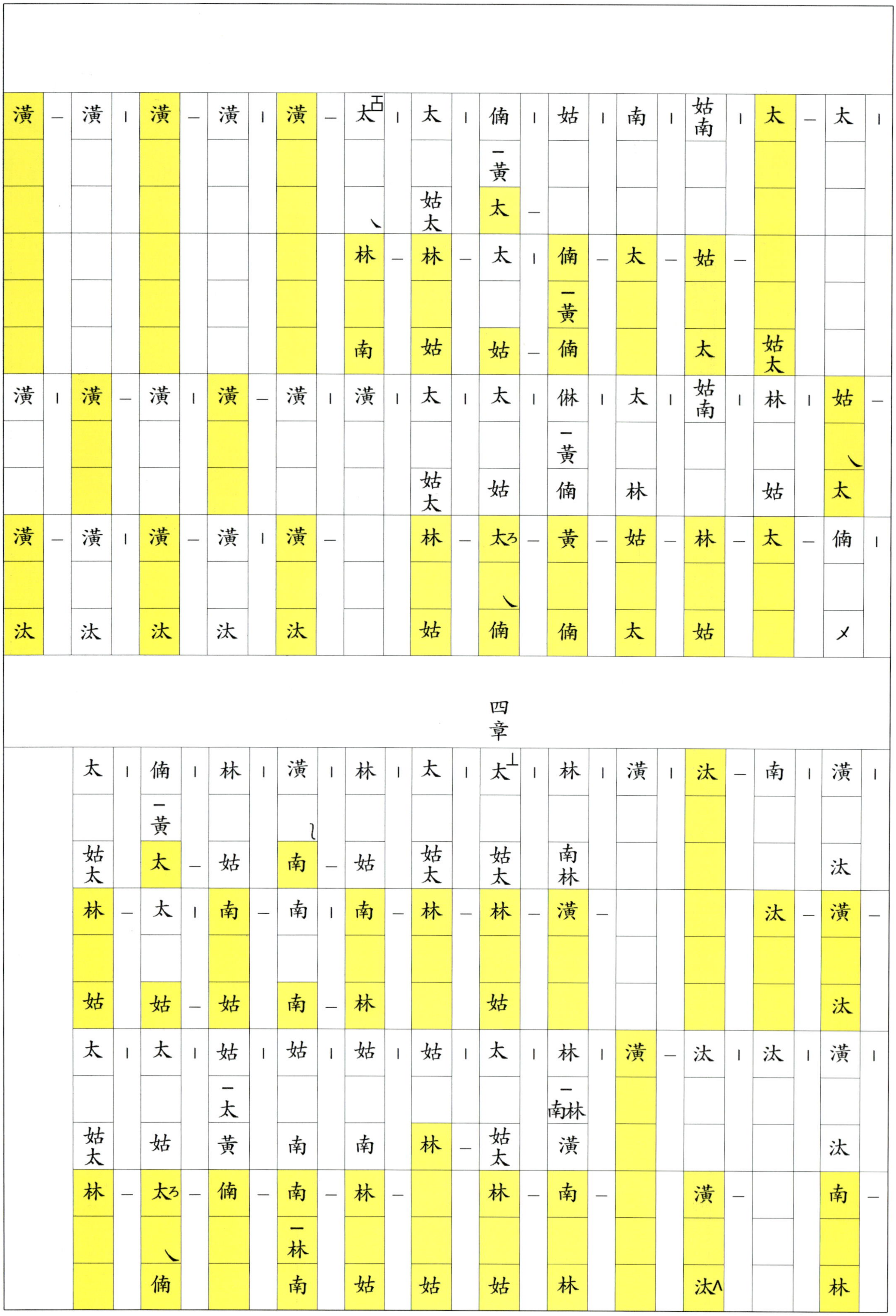
四章

柳初新之曲

軍樂

初章 （ ‥ ） 二〇 ①

太	ǀ	俙	ǀ	林	ǀ	潢	ǀ	林	ǀ	太	ǀ	太	ǀ	俙	ǀ	太	ǀ	黃	ǀ	①
姑太		⌐黃▼ 太	–	姑		南	–	姑		姑太		姑太		太	–	⌐黃 俙		仲太黃		
林	–	太	ǀ	南	–	南	ǀ	南	–	林	–	林	–	太	ǀ	佽	–	仲	–	⋮
		姑	–	姑		南	–	林				姑		姑	–	佽∧		太		·
太	ǀ	太	ǀ	姑	ǀ	姑	ǀ	姑	ǀ	姑	ǀ	太	ǀ	太	ǀ	黃	ǀ	黃	ǀ	○
姑太		姑		⌐太黃		南		南		林	–	姑太		姑						⋮
林	–	太ろ	–	俙	–	南	–	林	–			林	–	太ろ	–	黃＼	–	黃＼	–	
		＼ 俙				⌐林 南		姑		姑		姑		＼ 俙						·

三章

俙	ǀ	俙	ǀ	林南	ǀ	姑	ǀ	太	ǀ	俙	ǀ	林	ǀ	潢	ǀ	林⊥		潢	ǀ
		⌐黃 俙				⌐林 姑				⌐黃 太	–			～		姑		林9 南	
黃▼		俙						姑太		太	–	姑		南				南	
太		佽	–	姑	–	黃	–	林	–	太	ǀ	南	–	南		南	–	潢	ǀ
		⌐黃 俙		⌐太 姑								姑		南		林		潢	–
太∧	–	黃	ǀ	黃	ǀ	姑	ǀ	林	ǀ	太	ǀ	姑	ǀ	姑	ǀ	姑	ǀ	南	ǀ
						⌐林						⌐太 黃							
		俙				姑		姑		姑太		南		南		潢	
		黃	–	姑	–	太	–	林南	–	林	–	俙	–	南	–	林	–
				⌐太 姑		姑						姑		⌐林 南		姑	

二章

潢	ǀ	潢	ǀ	潢	–	南占	ǀ
林9 南	–	林9 南					
潢	ǀ	潢				汰	–
潢	–	潢	–				
南	ǀ	潢	ǀ	潢	ǀ	潢	ǀ
		林9 南					
潢		林	–	潢	ǀ	潢	–
		潢	–				

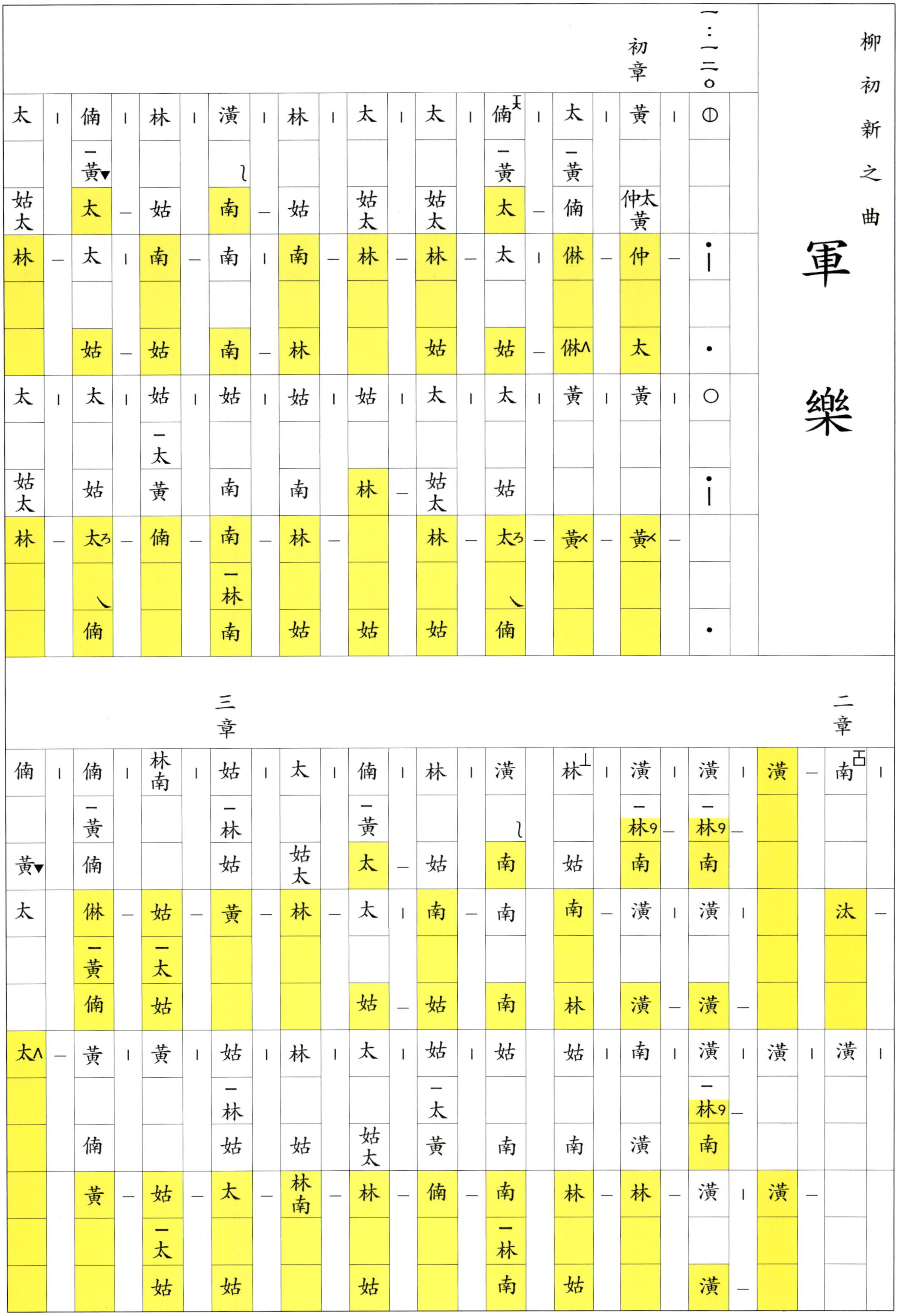

四章

黃 –	太仲 –	太^ |	黃 –	仲 |	淋 –	仲 –	黃 –
二太	二太	黃仲	二太		仲淋	黃	二
仲 |	林 |	黃 –	仲 |	林	黃 |	仲 |	仲 |
	二			仲	淋仲淋		二黃
	仲 –	淋 |		林	黃太黃太		林
	林仲 |	黃		仲林			仲無
仲 –	太 –	太 |	仲 –	黃	仲 –	仲 –	仲 |
二太			二太		二太	二太	二
黃 |	太^ |	太^ |	黃 |	林仲林 |	仲林 |	黃 |	太
淋仲淋 –	黃 |	黃 |	淋仲淋	黃	黃 –	淋仲淋	黃
黃太黃太 |	淋 |	黃	黃	林 |	林 |	黃太黃太	林 |
仲 –	仲淋 |	仲淋		仲	仲	仲 –	仲林
仲 –	黃 |	黃	黃^ –	林	林	仲 –	潕 –
二太	淋仲淋	二淋	太黃 |	仲 |	仲 |	二太	二林
淋無 |	黃太黃太 –	潕 –	仲 –	太淋 |	太淋 |	淋無 |	無 |
黃	黃太	淋 |	林仲	黃	黃	黃	林仲無
仲 –	仲 –	仲 –	太 –	仲 –	太^ –	仲 –	仲
二太	二太			二太		二太	
淋無 |	淋無 |	仲 |	太 |	淋無 |	太	淋無 |	黃
黃	黃		黃 –	黃	黃太	黃	林 |

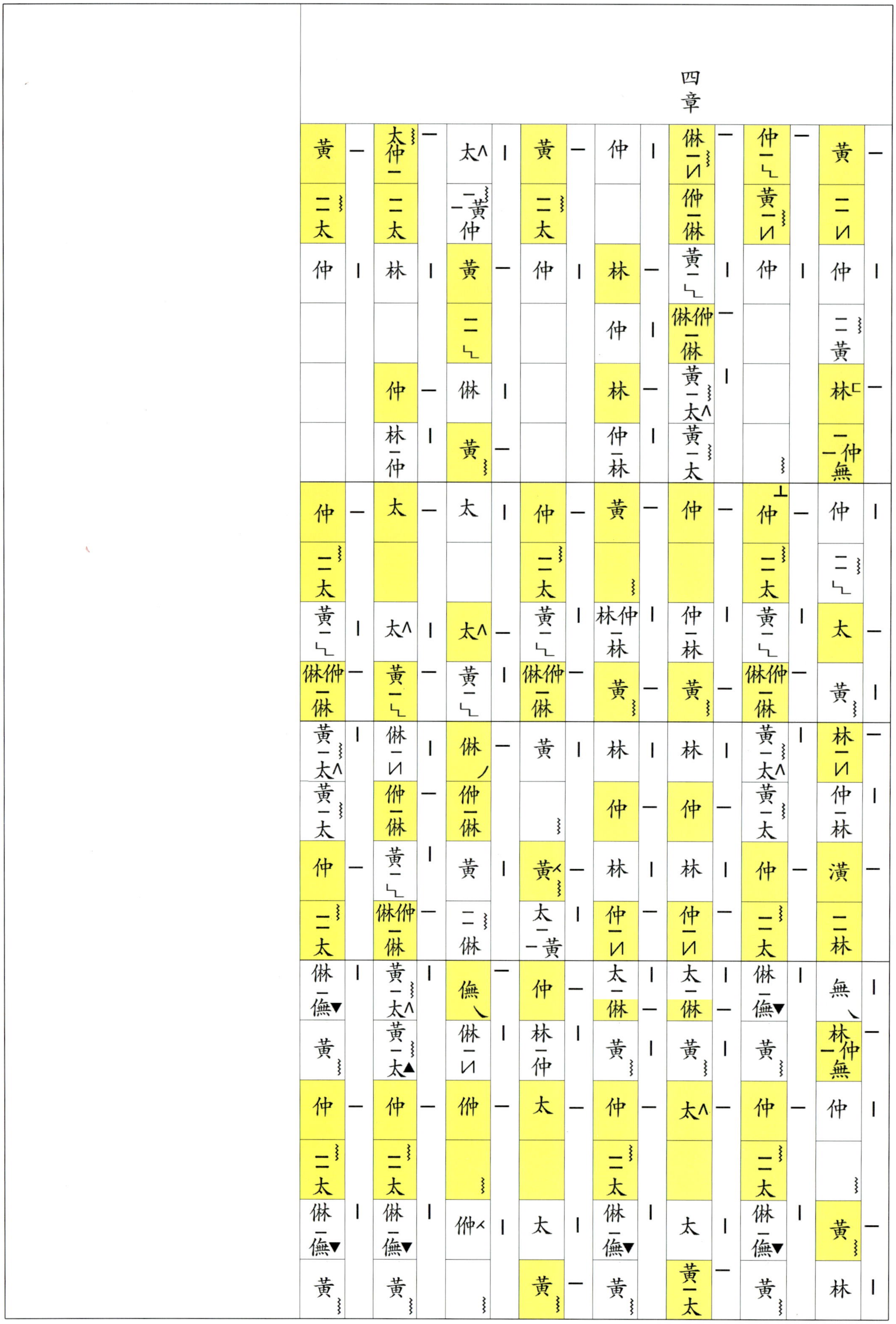

상령산 上靈山

重光之曲

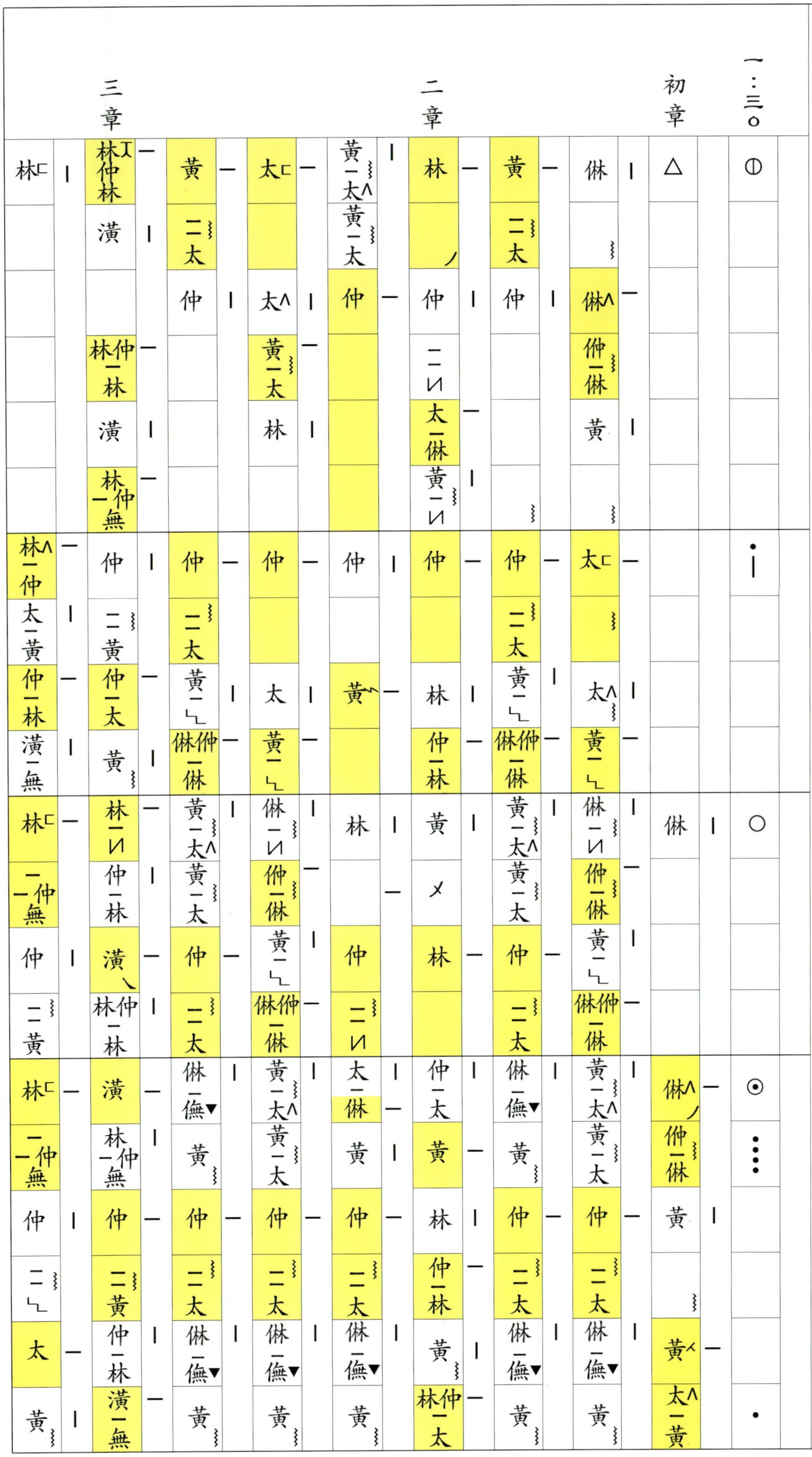

정악

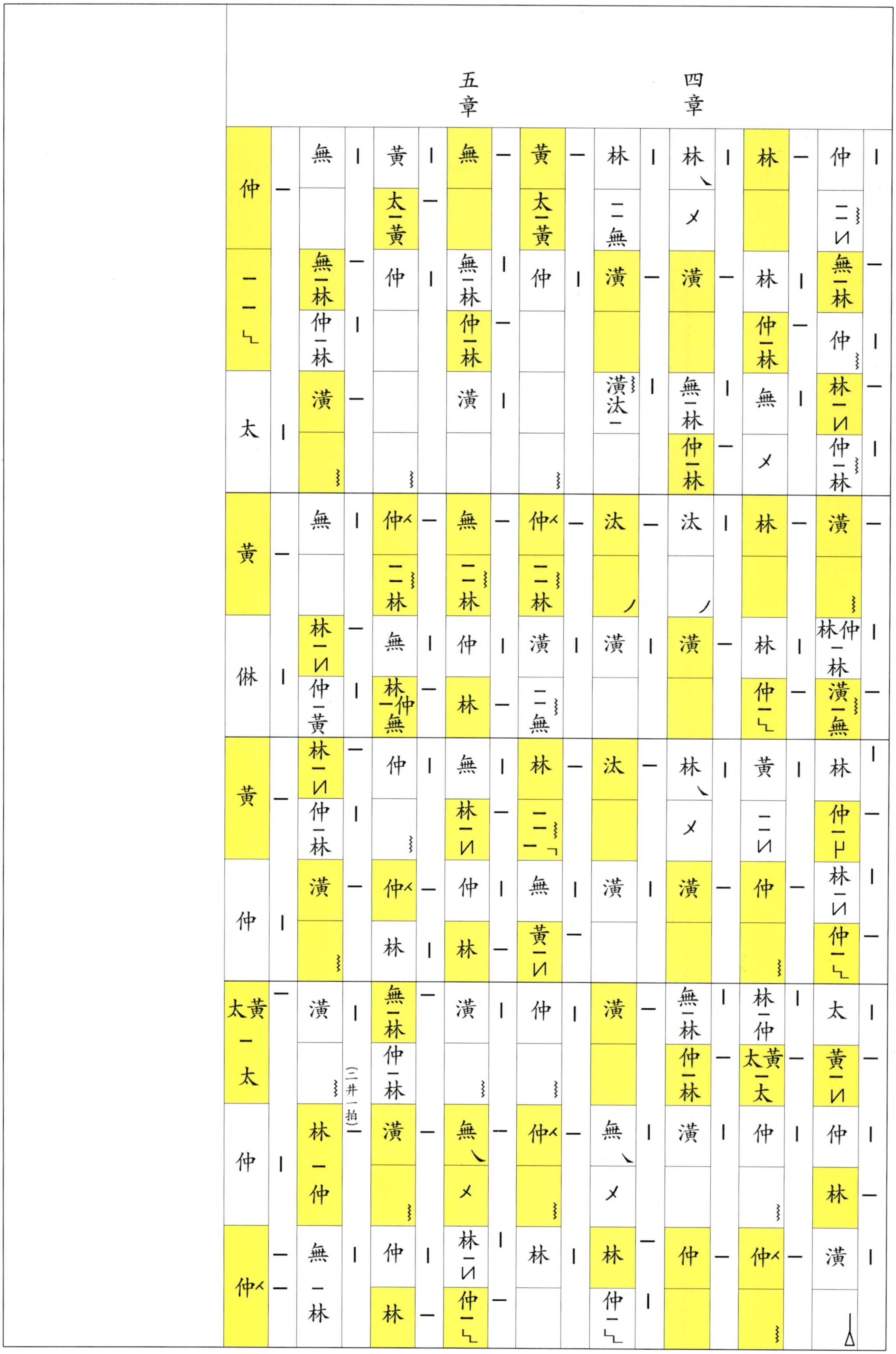

중령산 中靈山

重光之曲

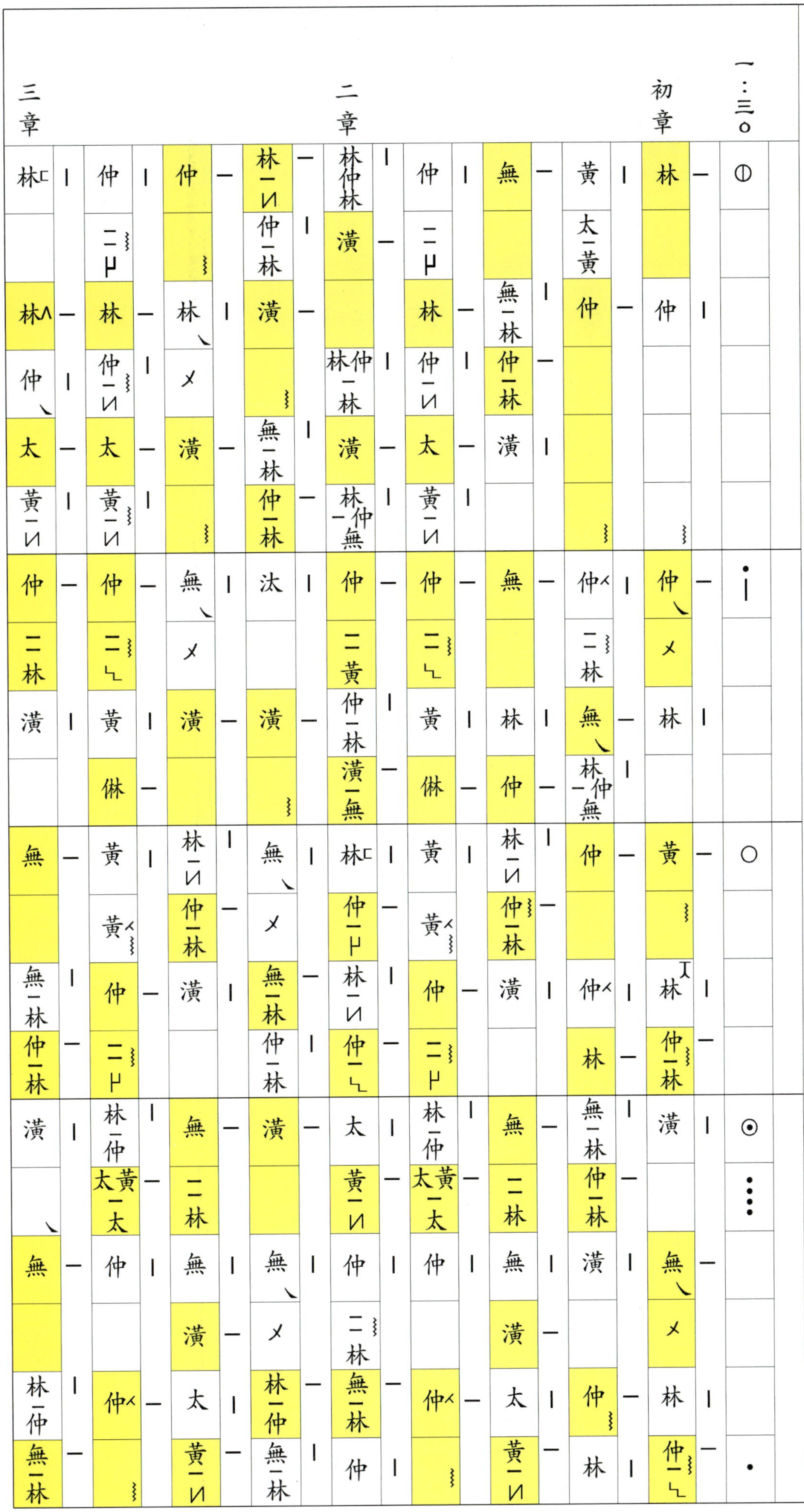

重光之曲

가락덜이 加樂除只

一‥四五

三章			二章			初章				一‥四五
仲	林	無	仲	林	林	仲	林	林	無	①
二ㄴ	仲9	林	二ㄴ	黃一ㄴ	仲9	二ㄴ	潢	黃一ㄴ	二林	
太黃二	林	潢	太黃二	仲	林	太黃二	仲一林	仲	無	◉
林一ㄴ	潢	[∆]	林一ㄴ	仲乀	潢	林一ㄴ	潢	仲乀	仲	⁝
仲一ㄴ	林	林	仲一ㄴ	二林	林	仲一ㄴ	[∆]	二林	二無	
黃	二無	無	黃	潢	二無	黃	林	潢	林	○
太一黃	潢	仲	二ㄴ	無	潢	二ㄴ	仲一太	無	仲	
仲	無		仲	二ノ林	無	仲	黃	二ノ林	黃	ᅵ
仲乀	二ノ林		仲乀		二ノ林	仲乀	仲		仲	
									仲乀	•

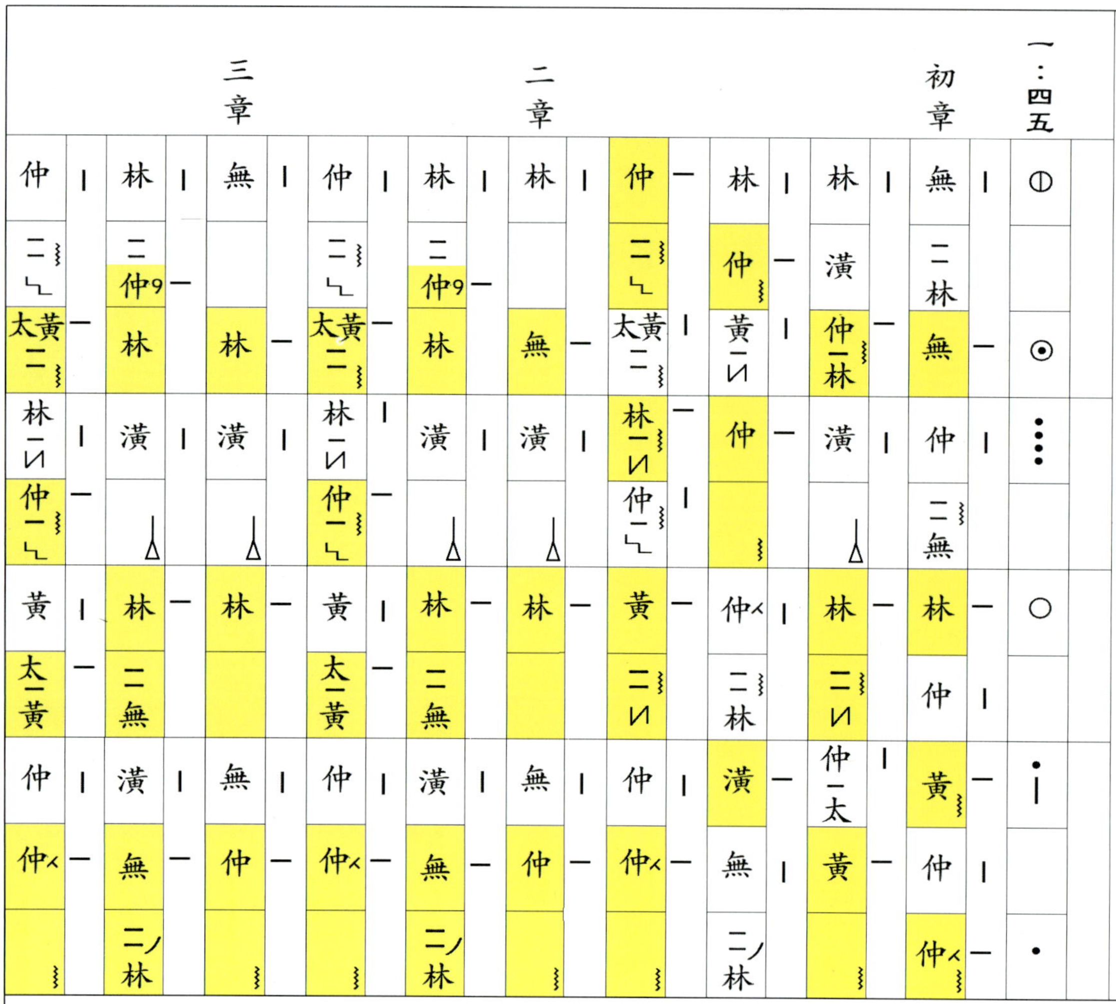

정악

정악

重光之曲

하현도드리 下絃還入

정악

重光之曲 상현도드리 上絃還入

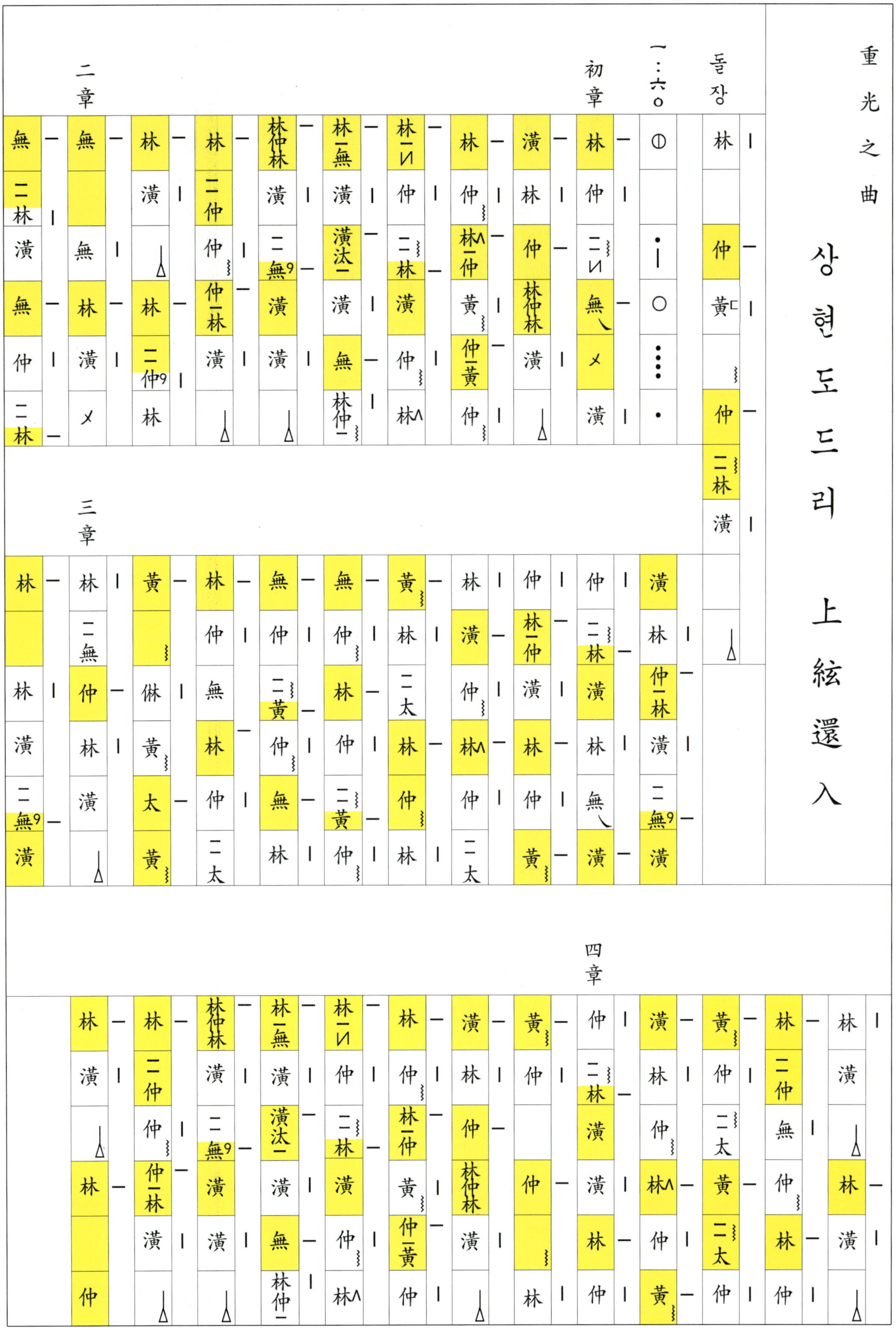

정악

												四章												三章			
林仲林	—	林−無	—	林−ㄲ	—	林	—	潢	—	黃	—	仲	丨	潢	—	黃	—	林	—	林	丨	林	—	林	丨	黃	—
潢	丨	潢	丨	仲	丨	仲	丨	林	丨	仲	丨	−林	—	林	丨	仲	丨	−仲		潢				−−ㄴ		⸾	
−無9	—	潢汰−	—	−林	—	林∧仲	—	仲	—	⸾		潢		仲		−太		無	丨	△		林	丨	仲	—	㑣	丨
潢		潢	丨	潢		黃	丨	林仲林		仲	—	潢	丨	林∧	—	黃	—	仲		林	—	潢		林		黃	
潢	丨	無	—	仲	丨	仲黃	—	潢	丨	⸾		林	—	仲	丨	−太		林	—	潢	丨	−無9	—	潢	丨	太	—
△		林仲−	丨	林∧		仲	丨	△		林	丨	仲	丨	黃	—	仲	丨	仲	丨	△		潢		△		黃	

孤芳獨茂(고방독무) 35x56

素河 金瑩瑕

홀로 피고 홀로 무성하다

重光之曲 염불도드리 念佛還入

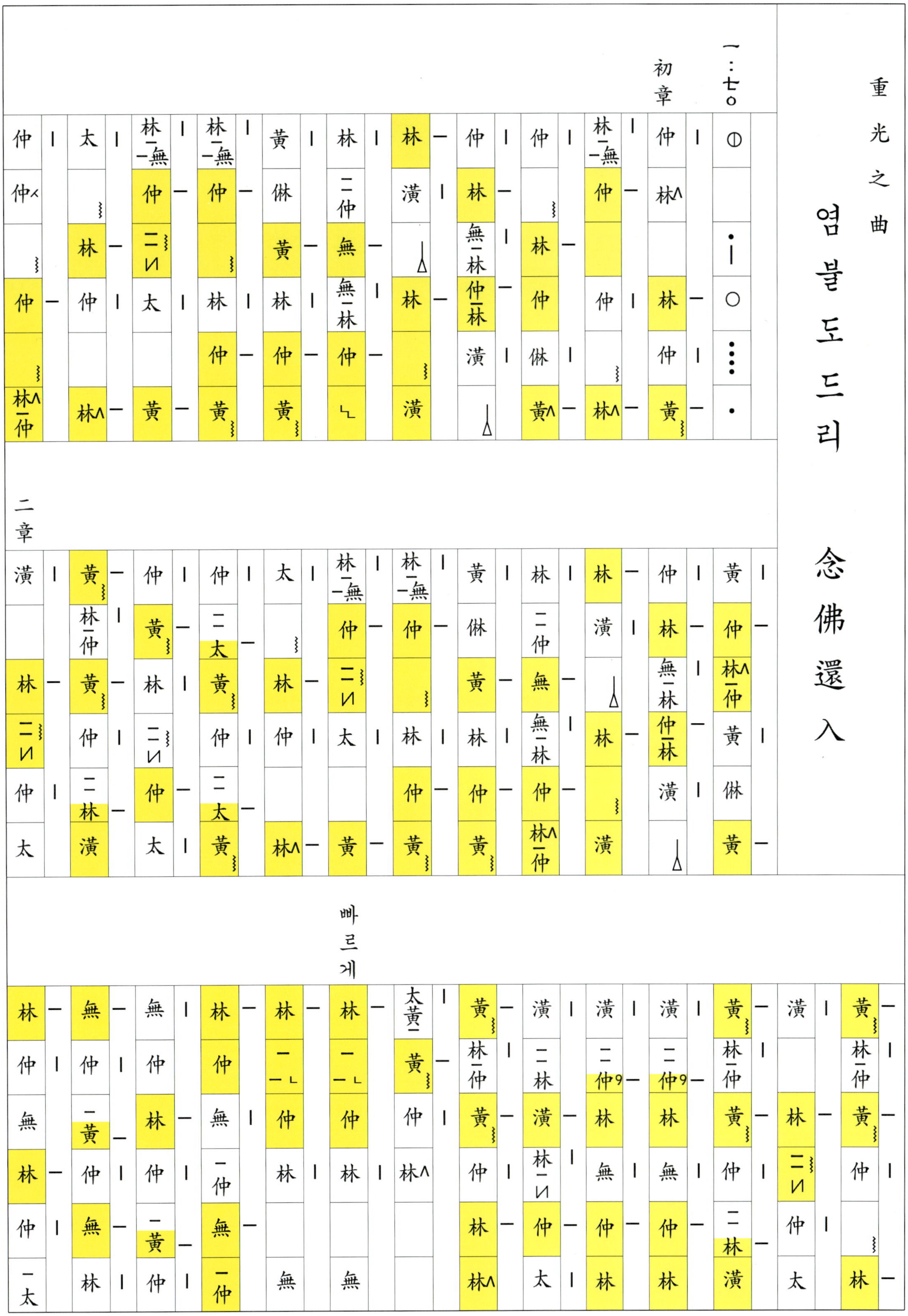

四장

	1	2	3	4	5 (四장)	장단	7	8	9	10
1	林 一無 仲	林 一無 仲	林 林∧ 仲	仲 林	仲無 ＼	◑ •	林 一無 仲	林 一無 仲	潢 林	仲 〰 林
2	仲 〰 仲〵	仲 仲〵	〰 林	無 一林 潢	潢 〰 無	○ •	仲 仲〵	仲 仲〵	仲 〰 林	無 一林 潢
3	林 一無 仲	林 潢	潢 △ 林	潢 △ 林	林 〰 仲	○ ●	林 一無 仲	林 潢	潢 △ 林	潢 △ 林
4	仲 仲〰	無 一林 仲	仲 一太 黃	潢 潢	黃 一俠 黃	•	仲 無	無 一林 仲	仲〰 一太 黃	潢 潢

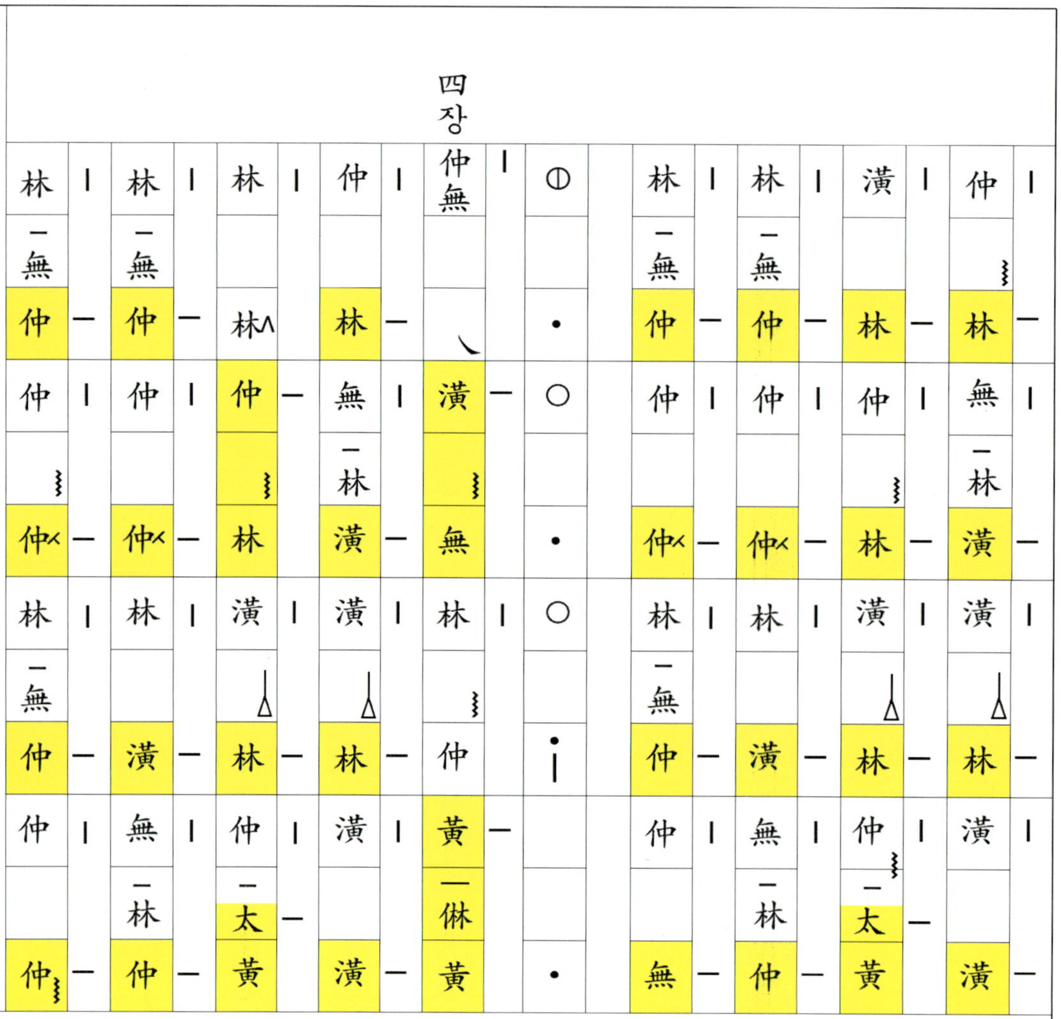

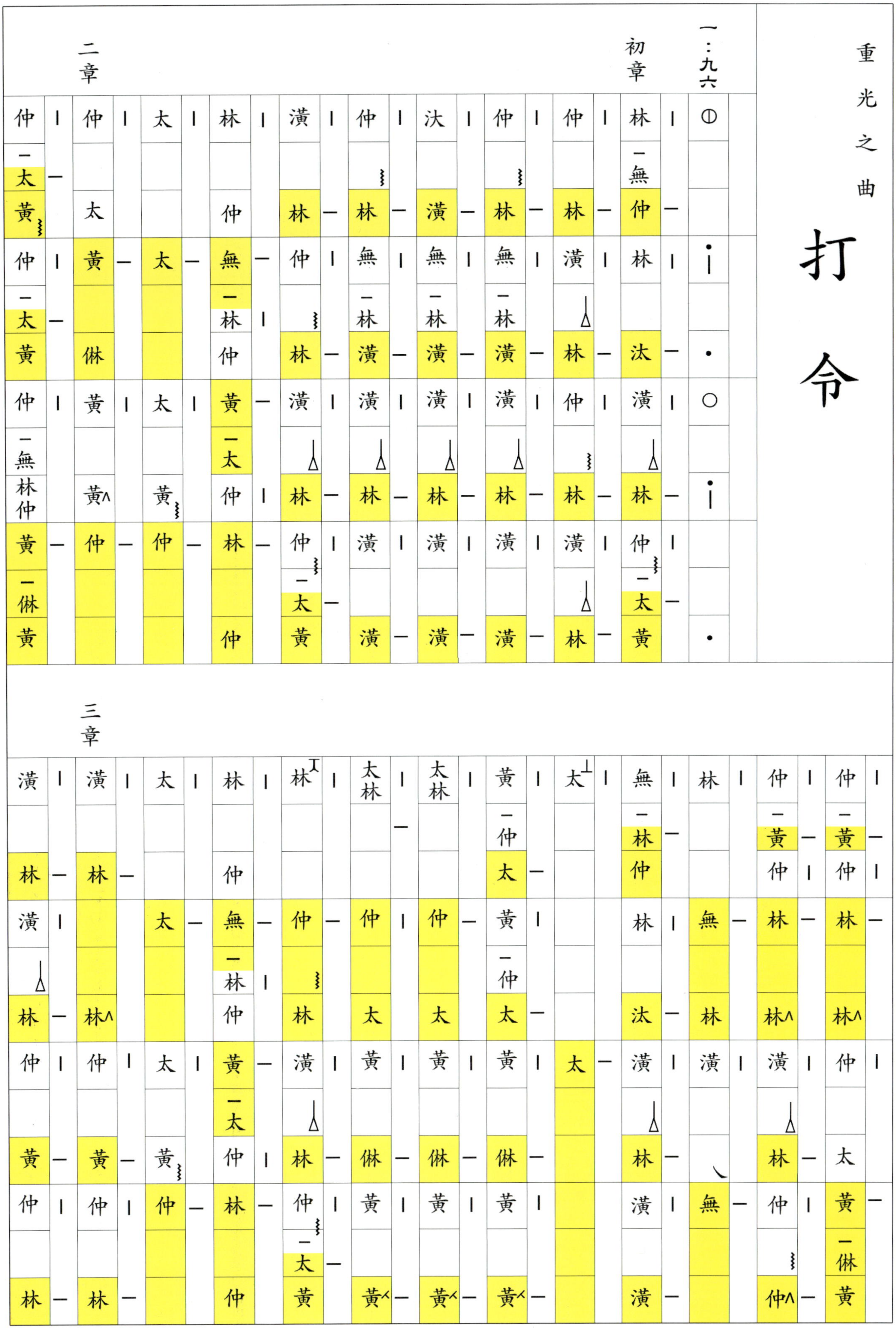
重光之曲
打令
一:九六
初章
二章
三章

정악

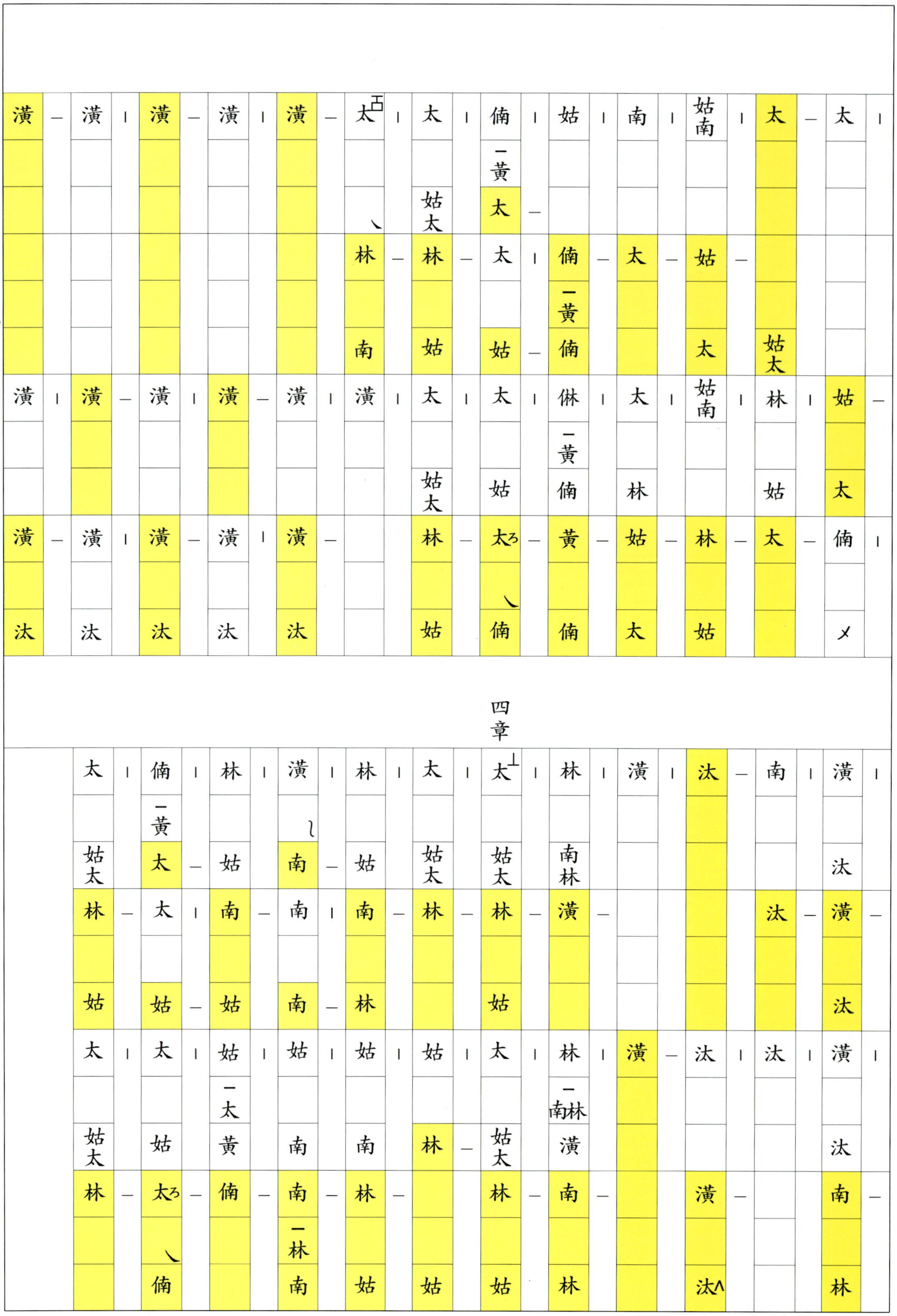

정
악

정악

壽延長之曲

尾還入

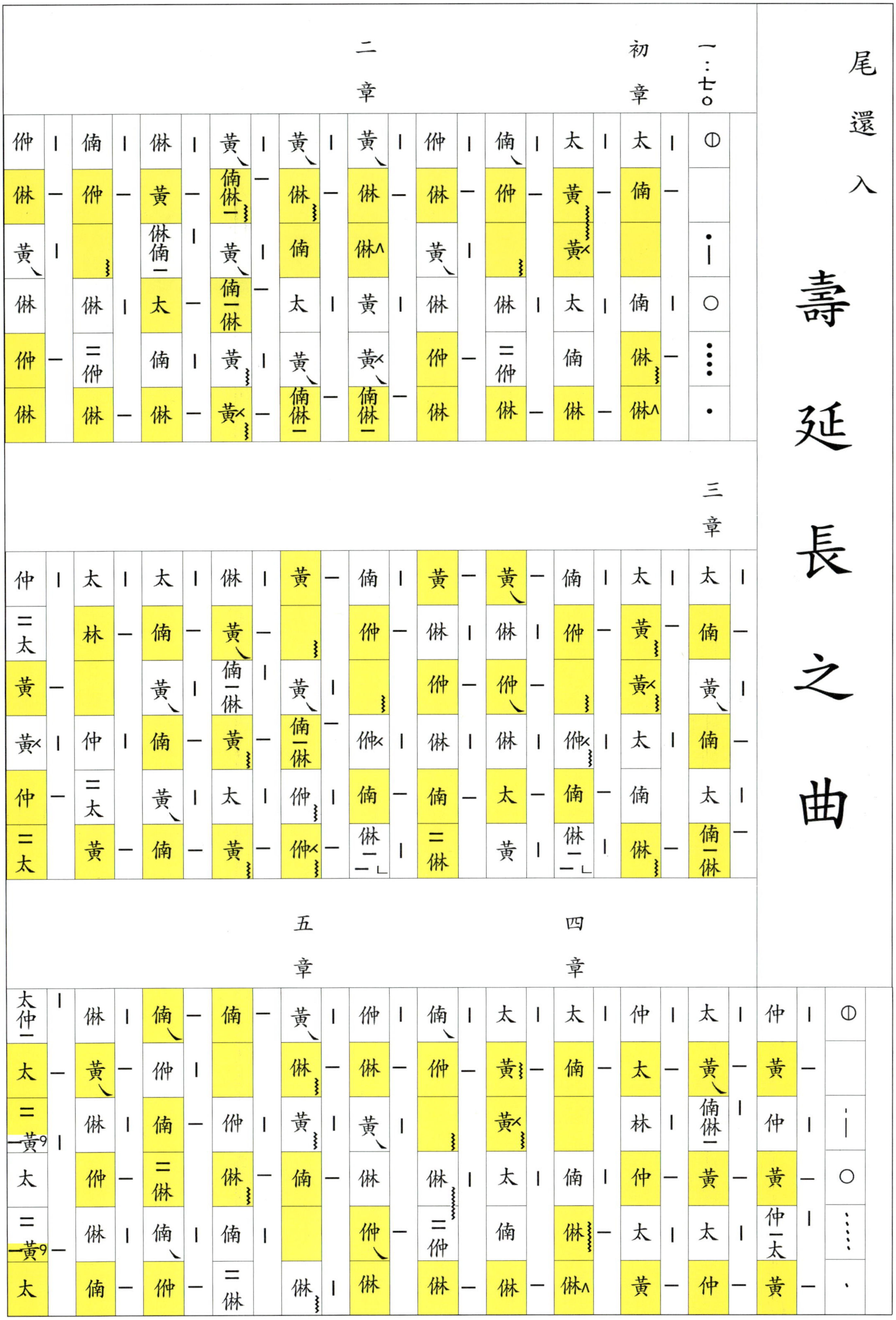

六章

仲	=太	黃	黃ㅅ	仲	太
仲	黃	太	林	仲ㄴ	太
仲	=太	仲	黃	太	
仲		林	潢	林	林∧
仲ㄴ	太	林	仲	黃ㄨ	太
林	南	=林	潢ㄴ	南	林
南	=林	仲	林	南	林
太	仲	=太	林	仲ㄴ	太黃-
林-南	潢		潢		潢
林-南	潢	ㄨ	南	汰	
南					
潢ㄴ	南	潢ㄴ	南	潢ㄴ	南
潢ㄴ	南	仲	南	汰	潢

七章

潢ㄴ	林	仲	林	汰	潢
潢ㄴ	南	潢	林	潢	潢
林	潢	林南-	汰	南	林
南ㄴ	仲		仲ㅅ	南	林
南ㄴ	仲		仲ㅅ	南	林
仲	南	林	仲	南	
潢	汰		南		林
黃	㑣ㄴ	黃	黃ㅅ	太	
仲		林	潢	林	林∧
仲ㄴ	太	林	仲	黃ㄨ	太
林	南	=林	潢ㄴ	南	林
南	=林	仲	林	南	林
南	仲	南	=林	南-林	仲

南	仲	仲ㅅ	南	林-南	林仲-
太	林	仲ㄴ	太	=-黃9	太
仲		太黃-	仲		林∧-仲
林	林	潢ㄴ	南		
林	林	潢ㄴ	南	潢ㄴ	南
汰	南	=林	仲	林	仲
太	=-黃9	太	林	潢	林
潢	黃		黃	仲	
仲	黃	太	林	仲ㄴ	太
仲	=太	仲-太	黃ㄴ	㑲	㑣

정악

細還入
頌九如之曲

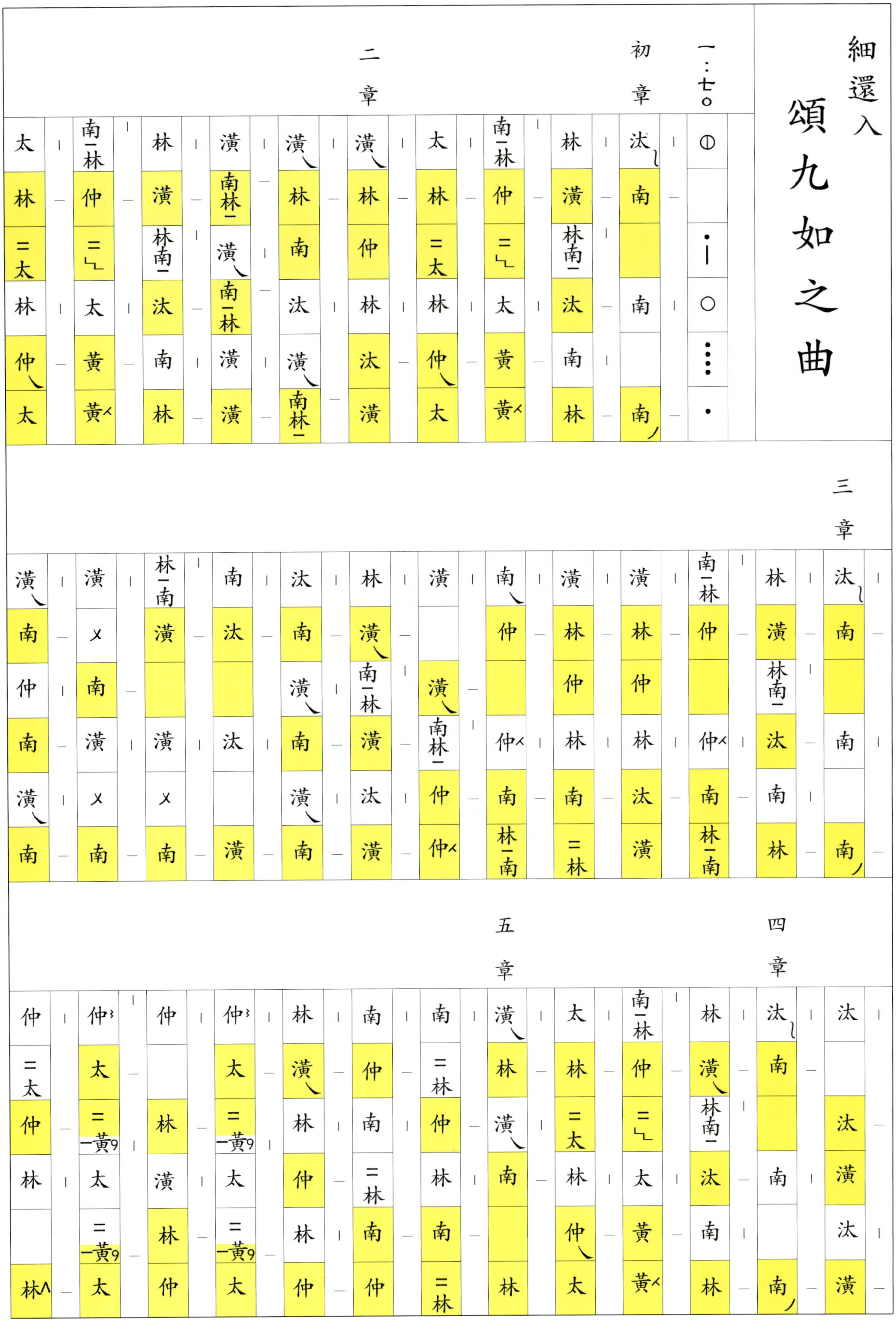

정 악

潢｜	潢｜	仲｜	林｜	林｜	潢｜	林｜	黃｜	林^｜	林｜	林｜	仲｜	仲｜
	△	黃－	潢	仲								
潢－	林－	仲｜			無－	仲－	林－	仲－	仲－	潢－	林－	黃－
	仲	林－	△		林		仲				仲	侎

汰｜	林｜	仲｜	林－	仲｜	林^｜	林｜	林^｜	黃｜	林｜	林｜	黃｜	黃－
	無	無▼	仲	無▼			仲	仲				仲
潢－	潢－	仲－	太｜	林－	仲－	無－	黃－	林－	仲－	潢－	黃－	太－
			黃－	仲		林		仲				黃

林^｜	林｜	林｜	林－	林｜	潢｜
	仲	仲	仲	仲	、
	林－	林－	潢｜	潢－	潢－
	仲	仲	潢－	潢｜	

林^－	林｜	林｜	林｜	林－	汰｜
	一仲	一仲			
	無▼	無▼	汰－	汰｜	
	林－	林－	潢｜	潢－	潢－
	仲	仲	潢－	潢｜	

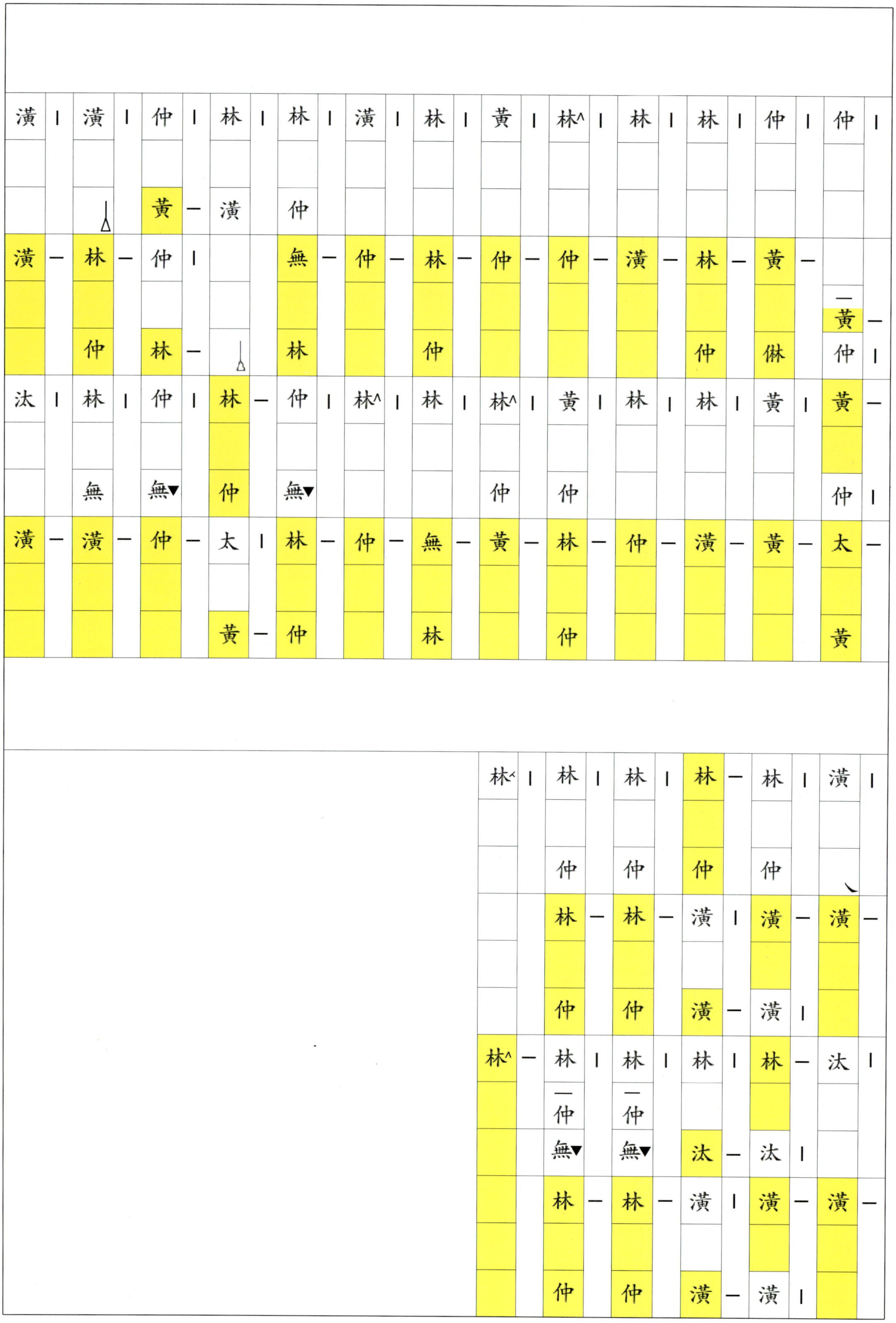

千年萬歲

界面加樂還入

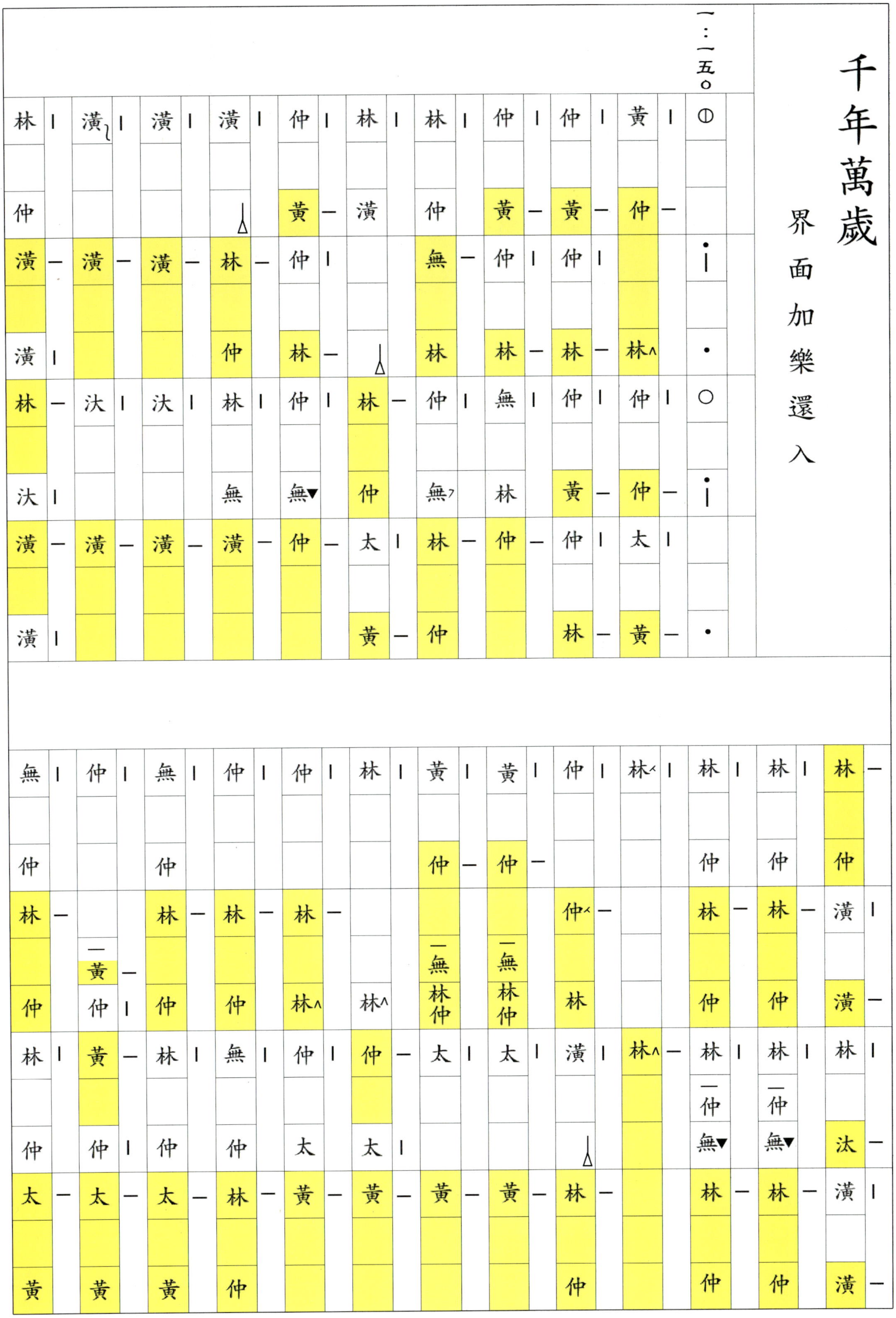

정악

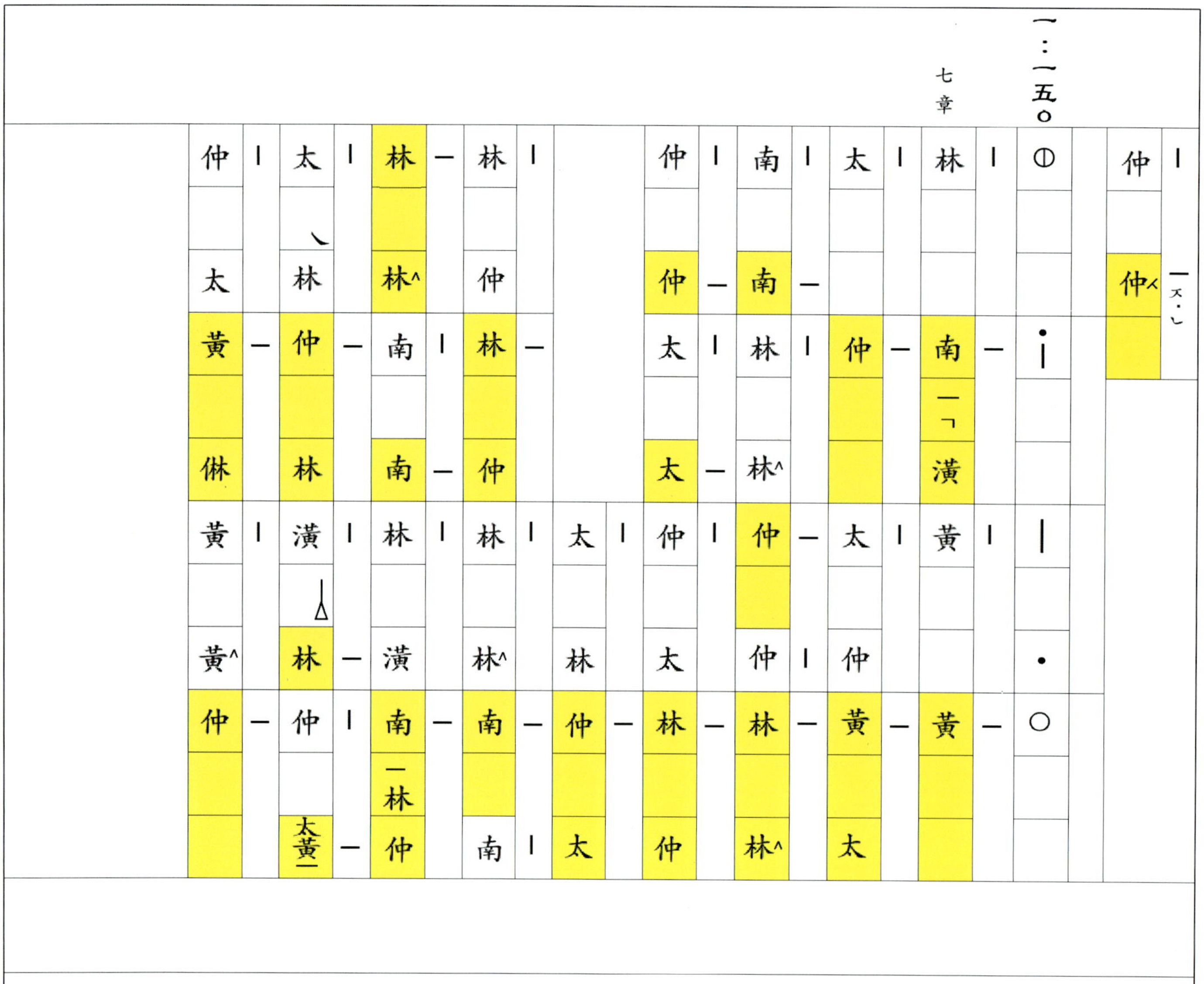

千年萬歲

兩淸還入 양청도드리

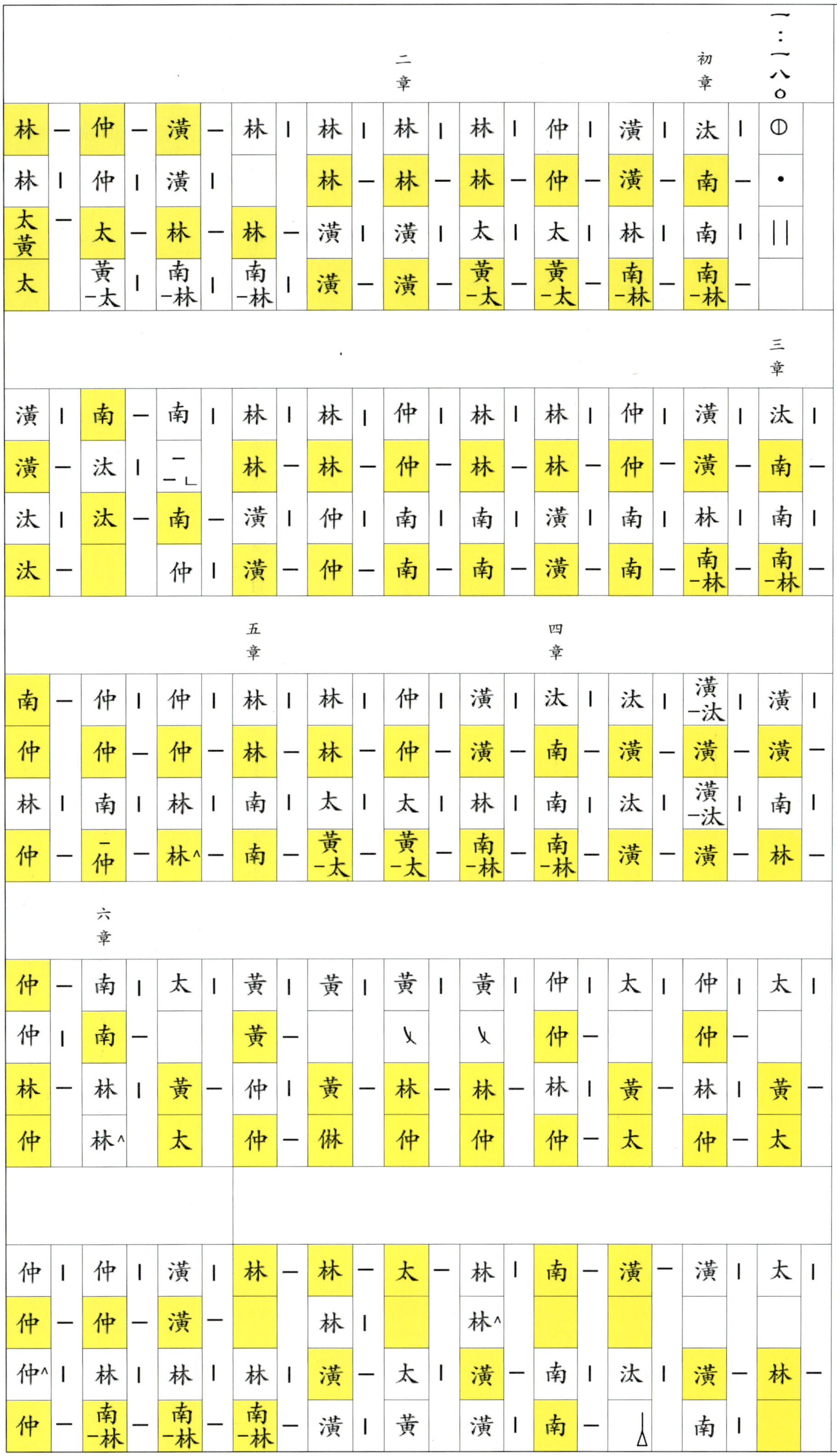

정악

정악

七章

仲 ㅣ	太 ㅣ	林 —	林 ㅣ	仲 ㅣ	仲 ㅣ	太 ㅣ	黃 ㅣ	仲 ㅣ	仲 —	林^ —	林 ㅣ	南 ㅣ
太	林 —	林^	仲	太				黃				
黃 —	仲 ㅣ	南 ㅣ	林 —	林 —	仲 —	太 —	黃 —	仲 —	仲 ㅣ	林^ ㅣ	仲 —	南 —
㑣	林 —	南 —	仲	仲	林^	黃		仲<	林^			
黃 ㅣ	潢 ㅣ	林 ㅣ	林 ㅣ	太 ㅣ	仲 ㅣ	太 ㅣ	太 ㅣ	林 ㅣ	仲 —	林^ —	林^ ㅣ	林 ㅣ
黃^	林 —	潢	林^	林	太	林 —	黃	潢	太 ㅣ	潢		
仲 —	仲 ㅣ	南 —	南 —	仲 —	黃 —	仲 ㅣ	仲 —	南 —	黃 —	南 ㅣ		南^ —
	—太	—林										
	太黃 —	仲	南 ㅣ	太		太 —		林		林		

千年萬歲

羽調加樂還入

一‥一五〇

정
악

初章 · 二章 · 三章 (columns read right→left; rightmost column is the 장단/rhythm column)

1	2	3	4	5	6	7	8	9	10	장단
南	林	林	仲	南	仲	林	林	仲	南	①
			太	汰	太	潢	仲	太	汰	
南	林	南	仲	潢	黄	林	林	黄	潢	⋮
林		林	南	南	太	南	仲	太	南	•
南	南	仲	林	汰	林	汰	林	林	汰	○
汰	林	太		△	仲	△	林	仲	△	⋮
潢	仲	仲	林	南	太	南	潢	太	南	
南		南	南	林	黄	林	潢	黄	林	•

四章 · 五章 · 六章 (columns read right→left)

1	2	3	4	5	6	7	8	9	10	11	12	13
潢	仲	太	仲		太	黄	仲	林	仲	南	潢	潢
林			太				黄	仲	太	汰	林	
潢	仲	太	黄		太	黄	仲	林	黄	潢	潢	潢
	林^	黄	㑣		黄		仲^	仲	太	南		
汰	仲	太	黄	潢	太	太	林	林	林	汰	汰	潢
	太	林	黄^	林	林	黄	潢	潢	仲	△		
汰	黄	仲	仲	仲	仲	仲	南	南	太	南	汰	林
潢		太		太	林		林	林	黄	林	潢	南

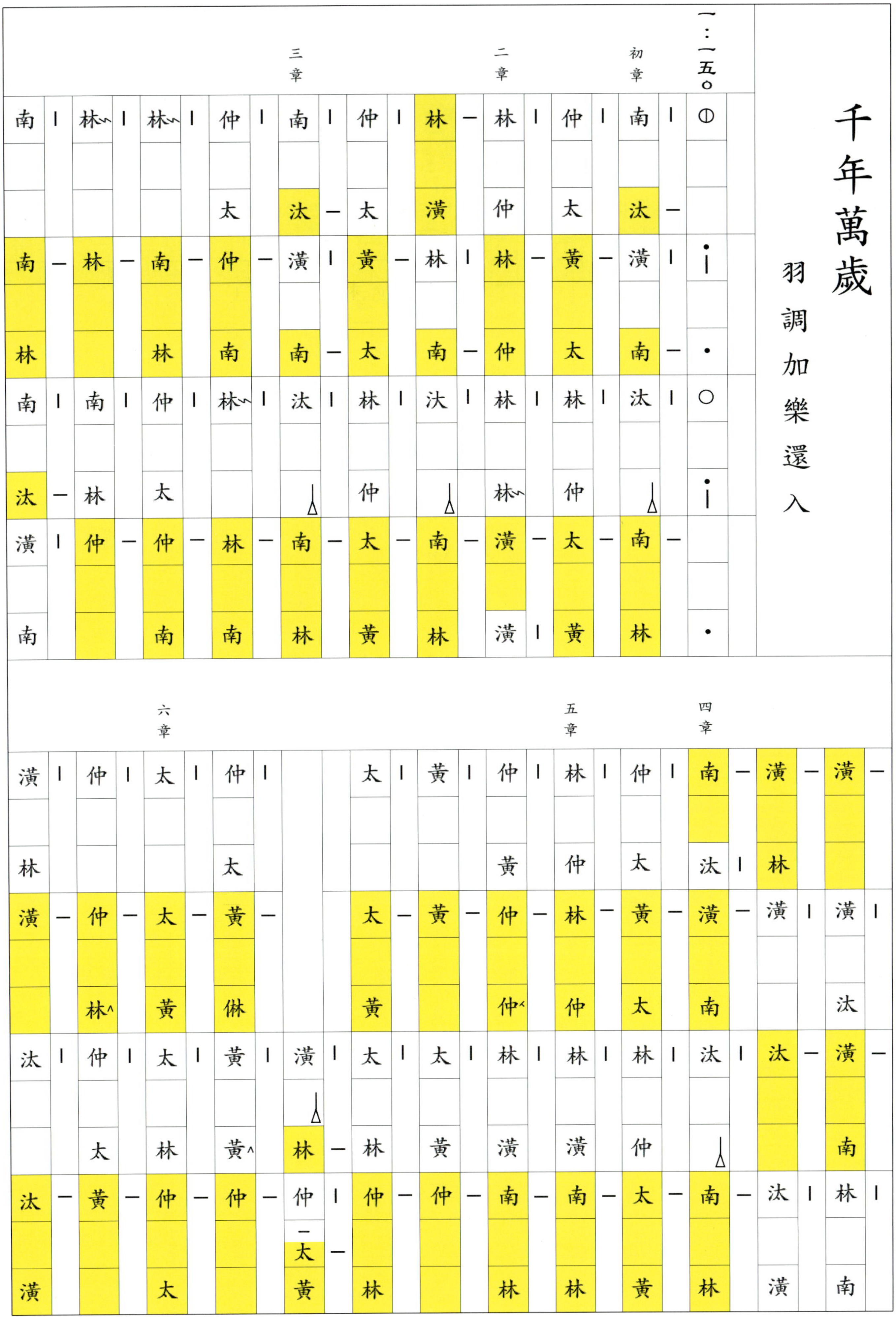

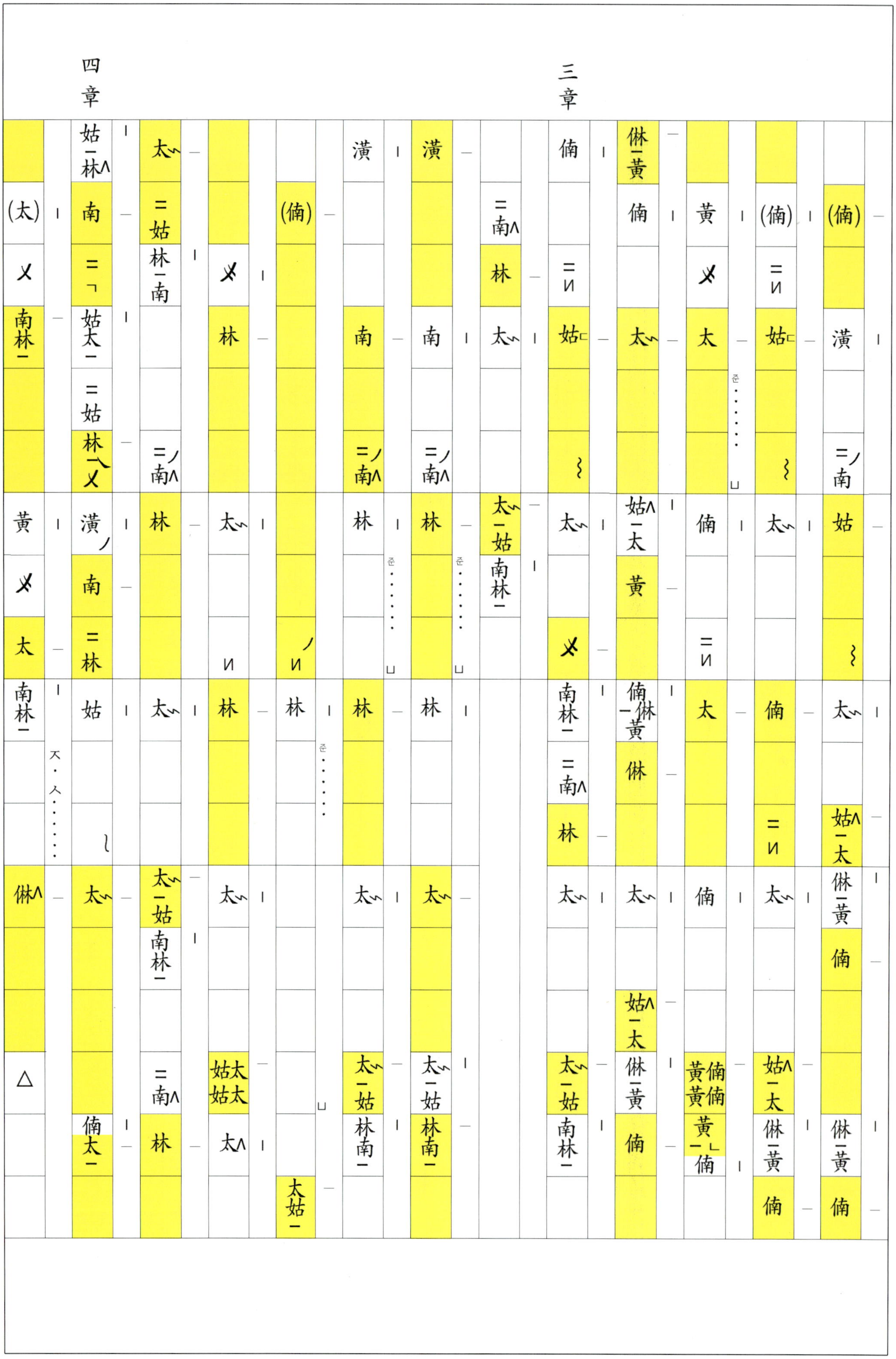
四章
三章

빗가락井邑 수제천 壽齊天

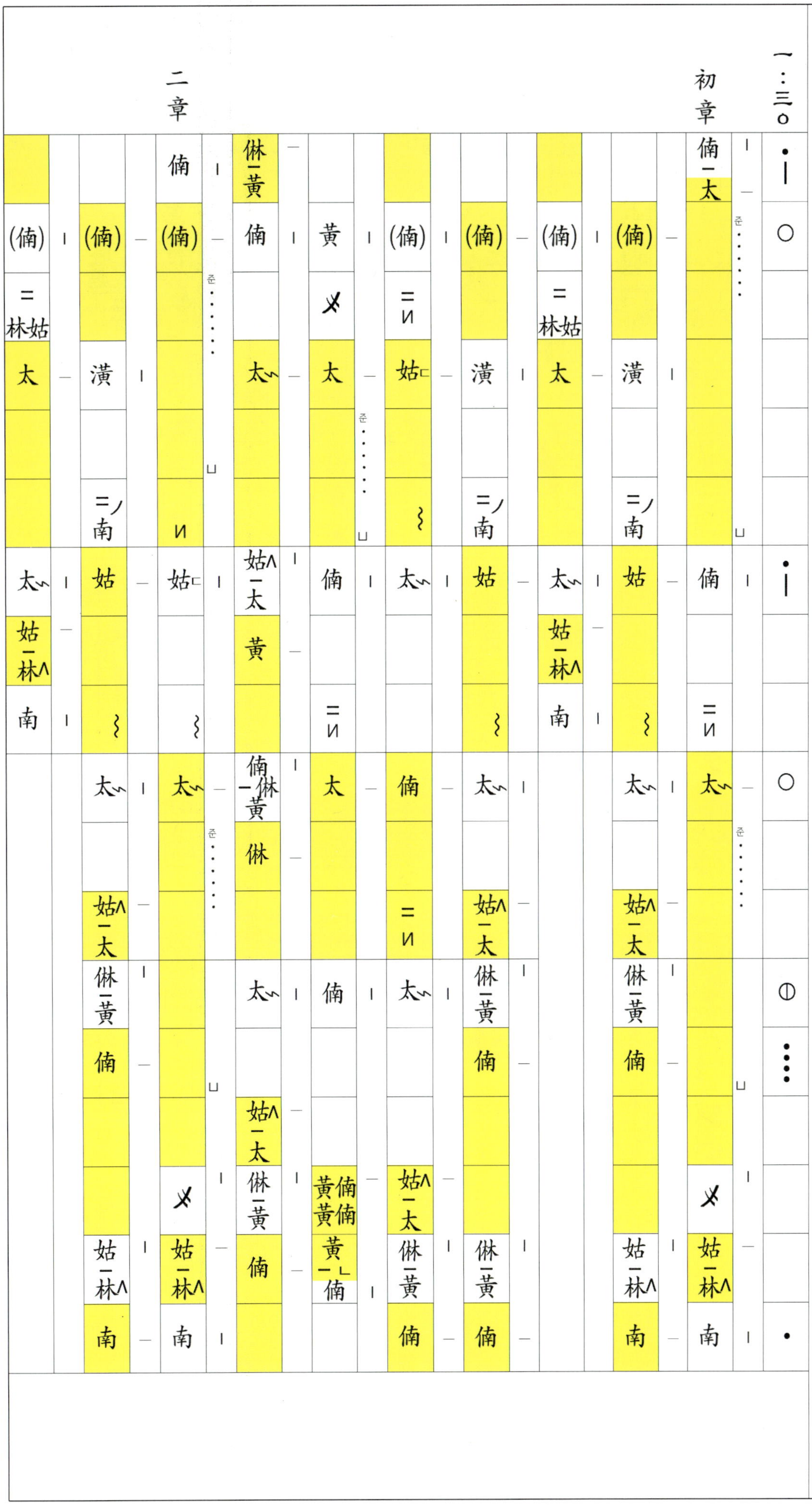

源達之水(원달지수) 70x35

素河 金瑩琡

根深之木(근심지목) 風亦不扤(풍역불올)

有灼其華(유작기화) 有蕡其實(유분기실)

源遠之水(원원지수) 旱亦不竭(한역불갈)

有斯爲川(유사위천) 于海必達(우해필달)

뿌리 깊은 나무는 바람에 아니 흔들리므로 꽃 좋고 열매 많나니

샘이 깊은 물은 가뭄에 아니 그치므로 내를 이뤄 바다에 가나니

(용비어천가중)

세가락井邑

동동動動

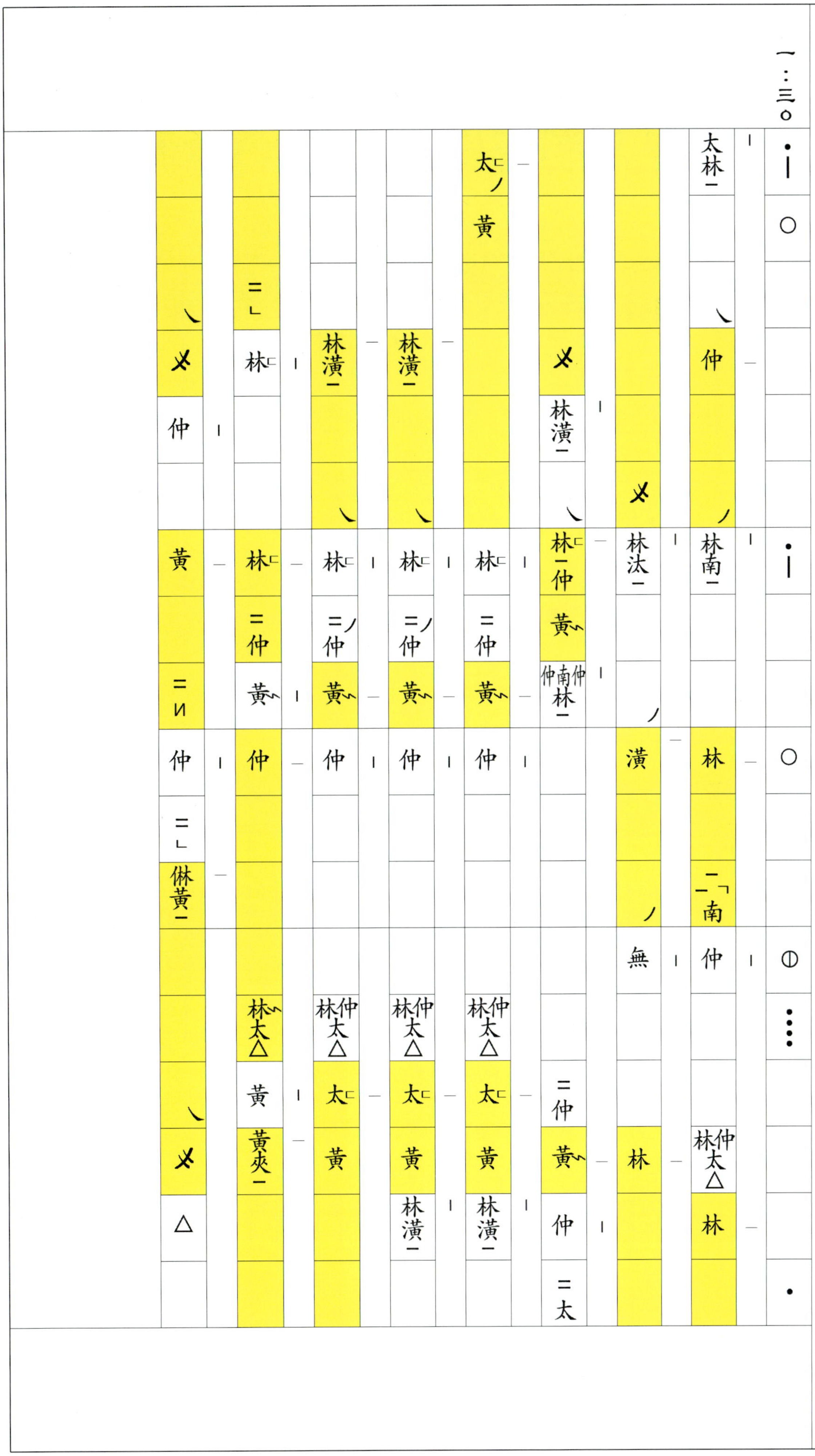

정악

七章

		㑲-㑲^	|	㑲	—	黃	—
		㑣-㑲^	—	㑲-㑣	|		
		太	|	㑲⌝-㑲	—	黃-太	|
		㑲-㑲^	—	黃\-㑲	|	姑-太	—
太	|	㑣	|	黃	—	㑲	|
		ニИ					
太\	—	黃\-㑲	—	姑-太	|	㑲	—
㑲㑣-㑲		㑣	|	黃\-㑲	—	黃\-㑲	|
太	|	㑲	—	太	|	黃	—
姑	—	㑲-㑣	|				
林南-林	|	㑲-黃	—	太	—	姑-太	|
姑-太	—	㑣	|	姑-太	|	黃\-㑲	—

吹打 만파정식지곡 萬波停息之曲

정악

初章
二章
三章
四章
五章
六章

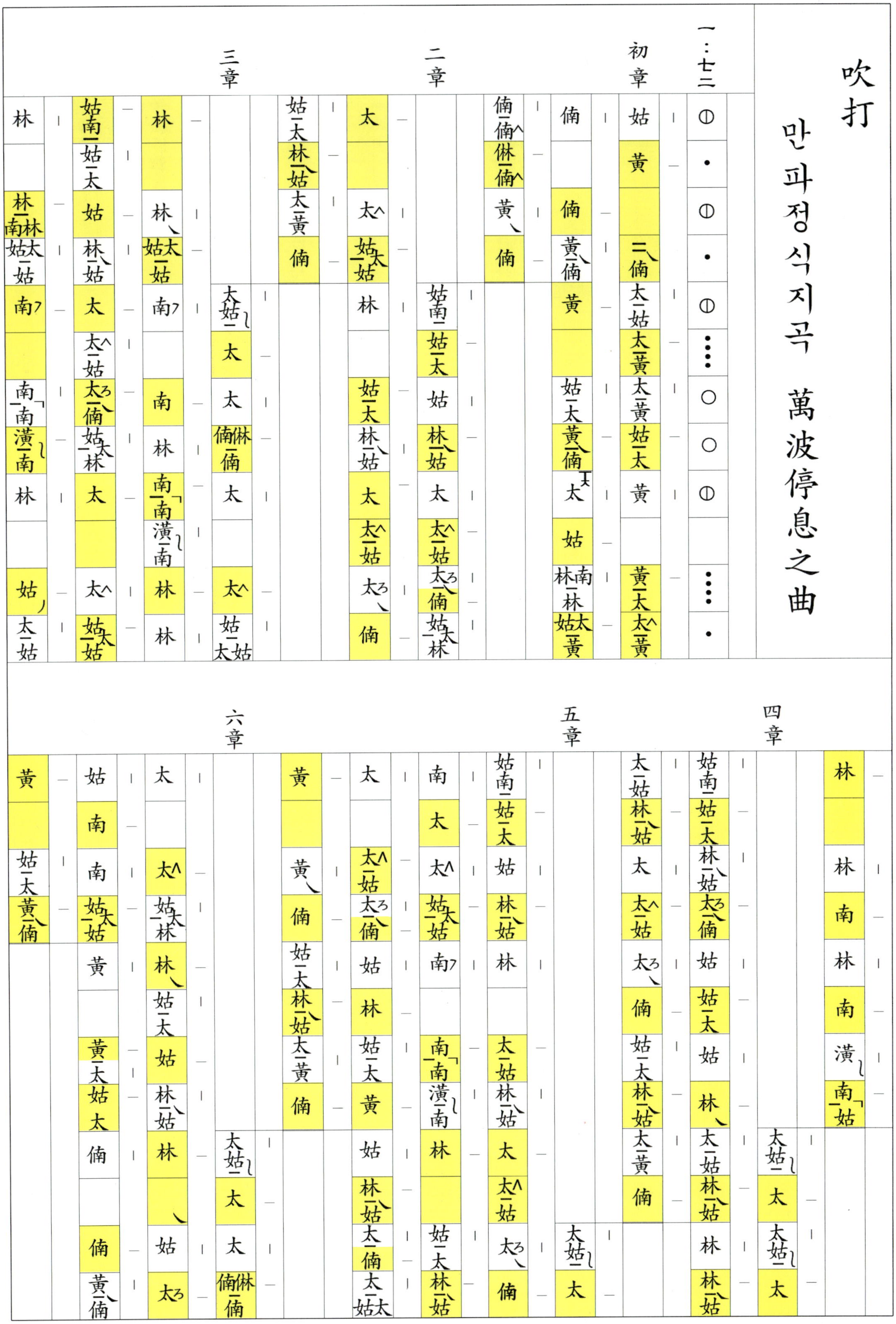

四章

						鼓												
林	一	仲一無	一	林	一	⊘	姑	一	姑林乀	一	姑	一	林	一	姑	一	姑	一
仲黃仲	一	仲一林	一	仲黃仲	一	⁞	林一姑	一	乂一姑	一	南	一	林一姑	一	南	一	南	一
林	一	潢△	一	林	一	○	林	一	太	一	林乀	一	南	一	南	一	姑	一
仲黃仲	一	林一仲	一	仲黃仲	一	·|	ろ太	一	姑	一	姑太一姑	一	姑	一	太	一	太一姑	一
林一林∧	一	林一林∧	一	林一林∧	一	⊘			林南一林	一	林	一	太	一	姑	一	林	一
仲	一	仲一ㄴ	一	仲	一	⁞			姑太一姑	一	林	一	姑太一姑	一	太一姑	一	二姑太	一
林∧一仲	一	太	一	林∧一仲	一	○			黃	一	南一潢	一	林乀	一	林乀	一	姑	一
黃∧	一	黃	一	黃∧	一	·|			侏	一	南一林	一	太ろ	一	太ろ	一	太ろ	一

折花 절화

길군악

林	–	林	–	林	ǀ	仲ㄱ	ǀ	仲無	ǀ	◐
仲ᐟ	ǀ	仲ᐟ	ǀ	潢	–	林	–	丶		•
仲	–	仲	–	林	ǀ	潢	ǀ	潢	–	○
				仲9	–					
仲ᐟ	ǀ	仲ᐟ	ǀ	林		潢	–	無		•
林	–	林	–	潢	ǀ	無	ǀ	林	ǀ	○
						仲9	–			
仲ᐟ	ǀ	潢	ǀ			林		仲		ǂ
仲	–	無	–	無	–	潢	ǀ	黃	–	
		林	ǀ	林	ǀ			休		
		仲		仲		潢	–	黃		•

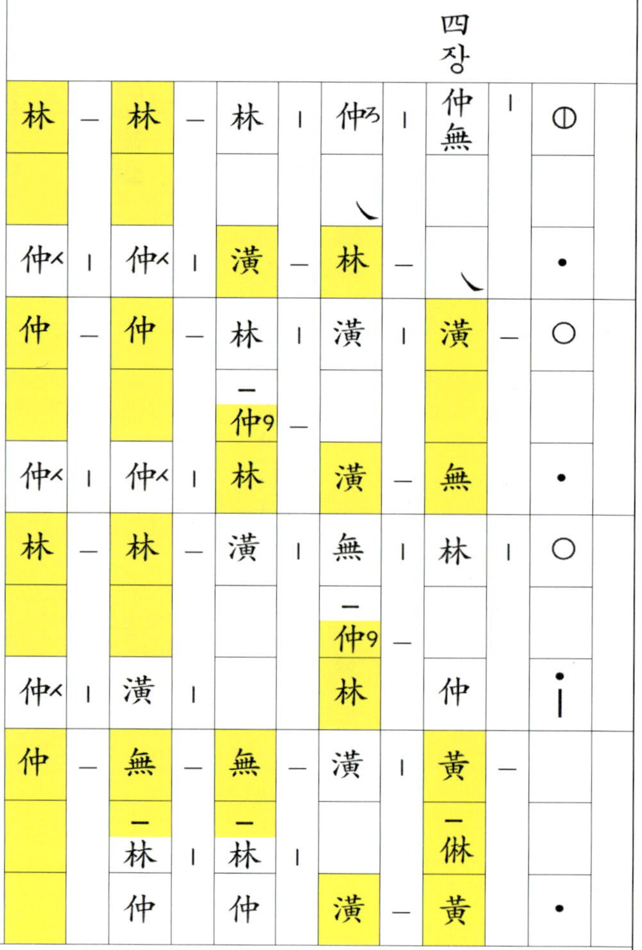

一昇月恒 일승월항

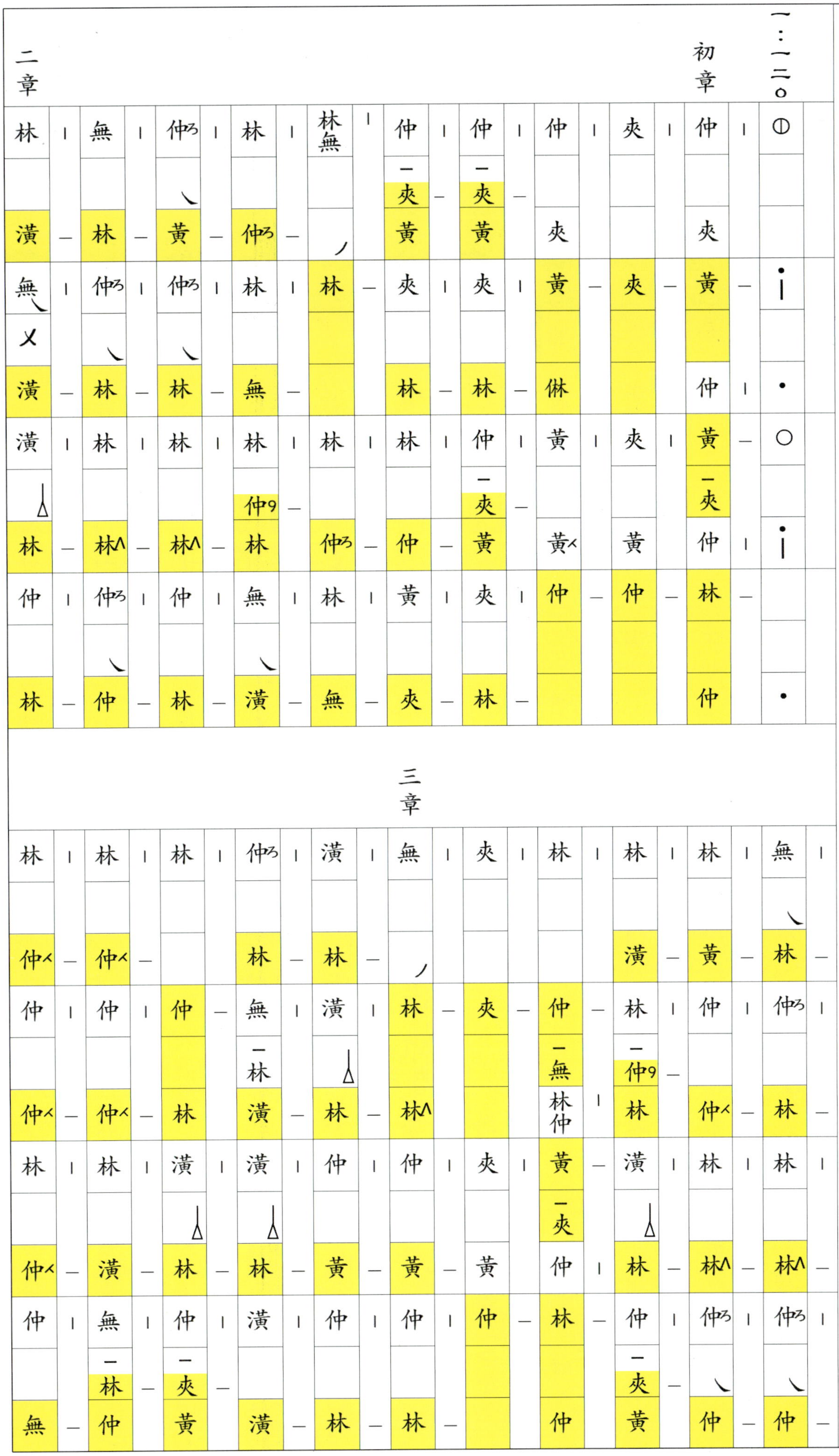

길타령

四장						三章						
太	黃	黃	㳞/一俌	㳞/一俌	太	黃	林	林	俌	黃	無/丿	無/丿
仲	太∧	太∧	黃	黃	仲	太∧	太	太		太	林	林
太/一黃9	林	黃	黃	黃	太/一黃9	林	仲		俌	太∧	林	林
太		太∧	太∧	黃ˋ	太	仲/丶	太	太∧	俌	黃	林	林
林	仲	黃	㳞/一俌	太	林	仲	黃	黃	俌	㳞/一俌	無/丿	無/丿
無	太	俌	黃	林	無	太	㳞	㳞	㳞∧	黃	林	林
仲/一ノ太黃	林	㳞/一仲	黃	仲/一ノ太	仲/一ノ太	林	黃	黃	黃	太	黃	太
黃		㳞	太∧	黃	黃	太	太	太	黃	㳞	林	

三章 (이어서)	
㳞/一俌	㳞/一俌
黃	黃
黃	黃
黃ˋ	黃ˋ
黃	太
一仲	
太黃	林
仲	仲
	一ノ太
太	黃

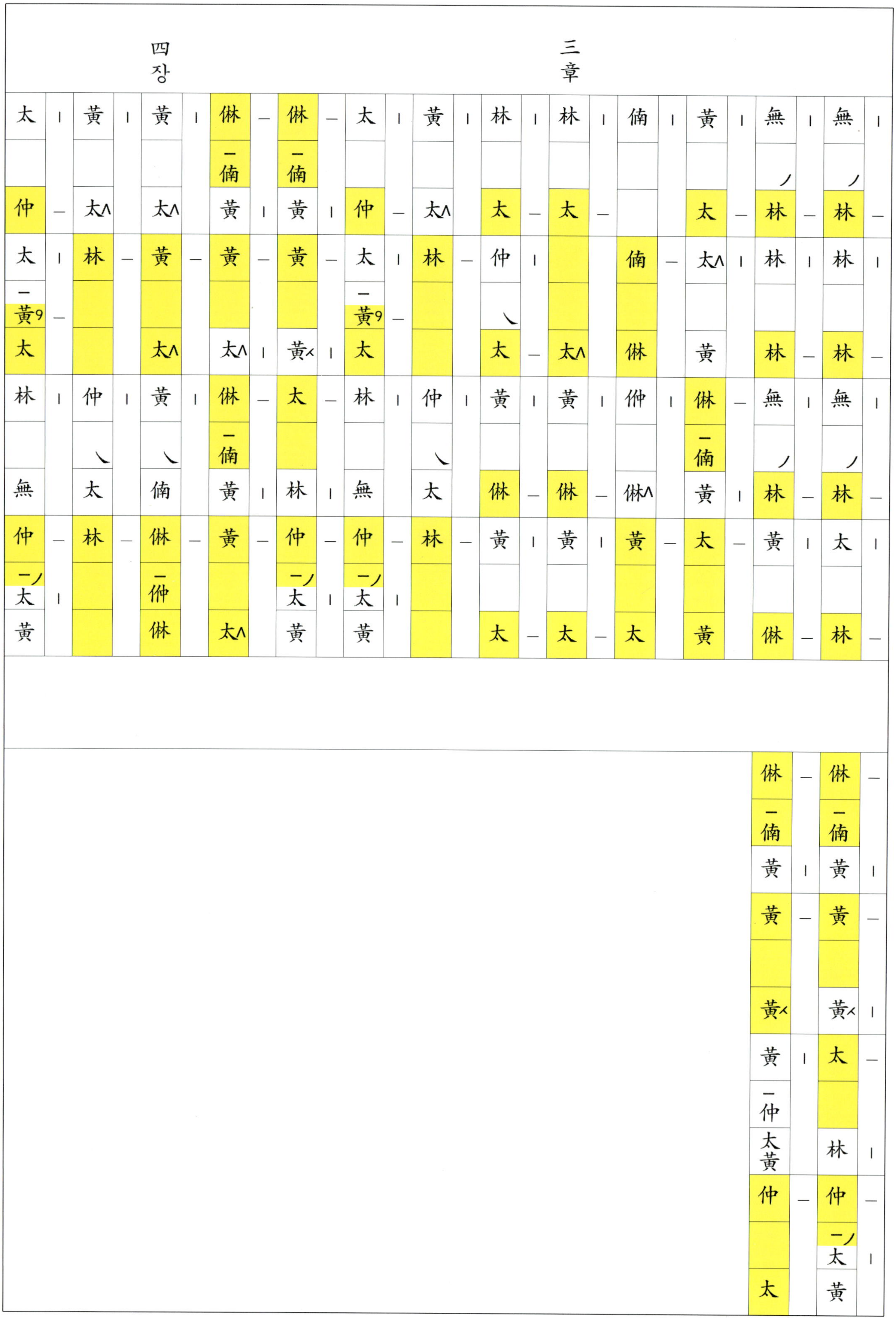

金殿樂 금전악

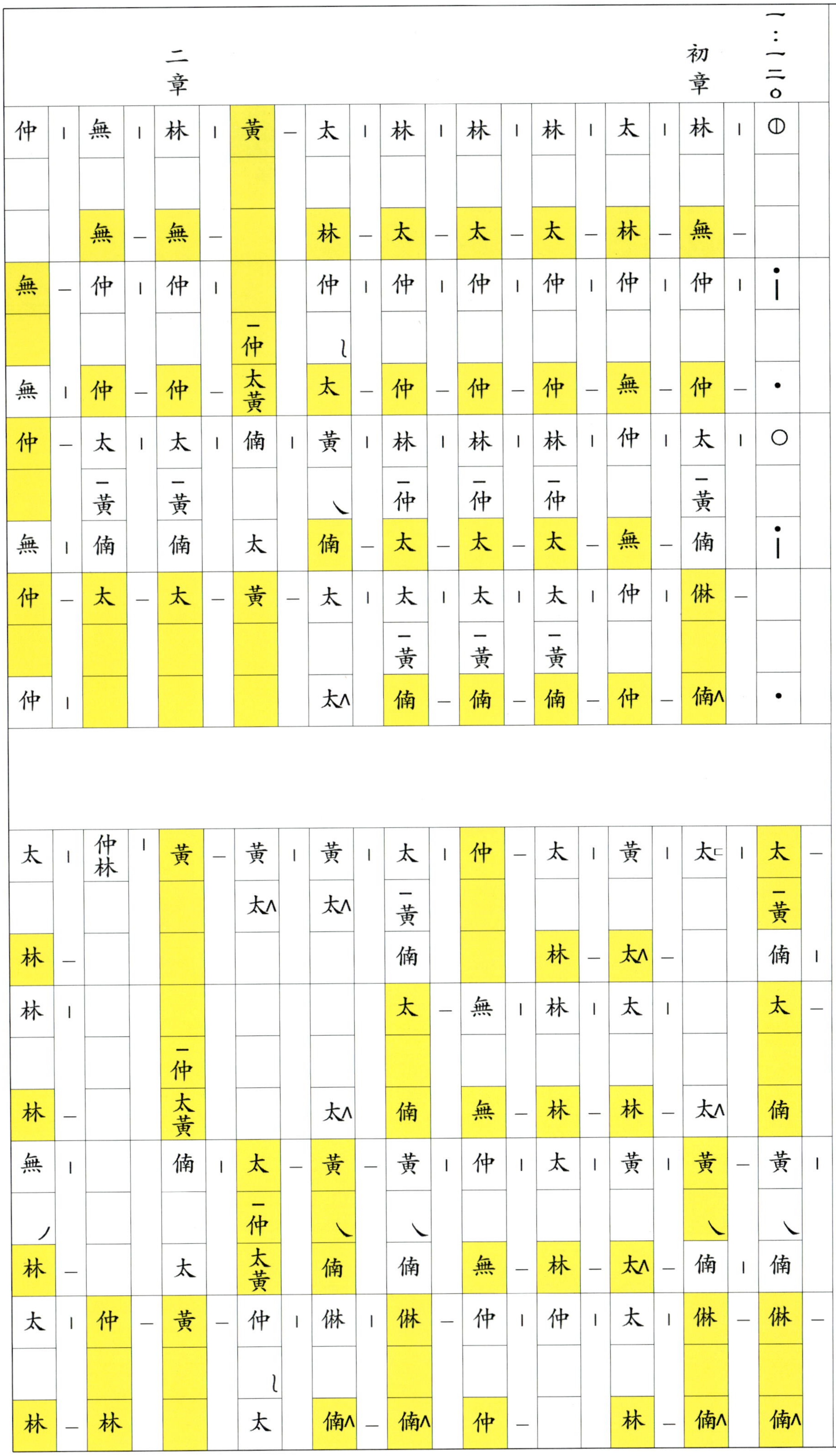

별우조타령

정악

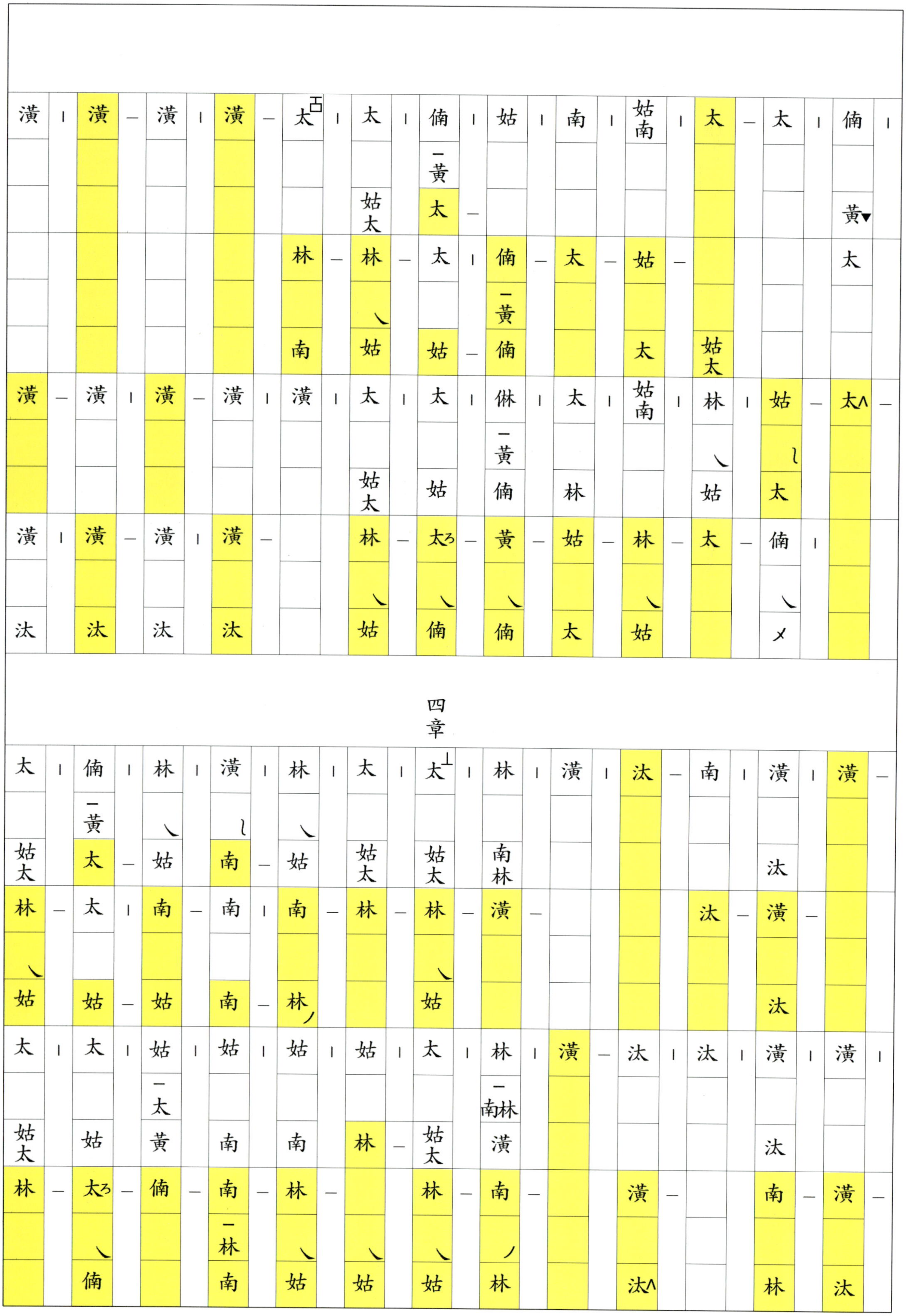

吹打 軍樂

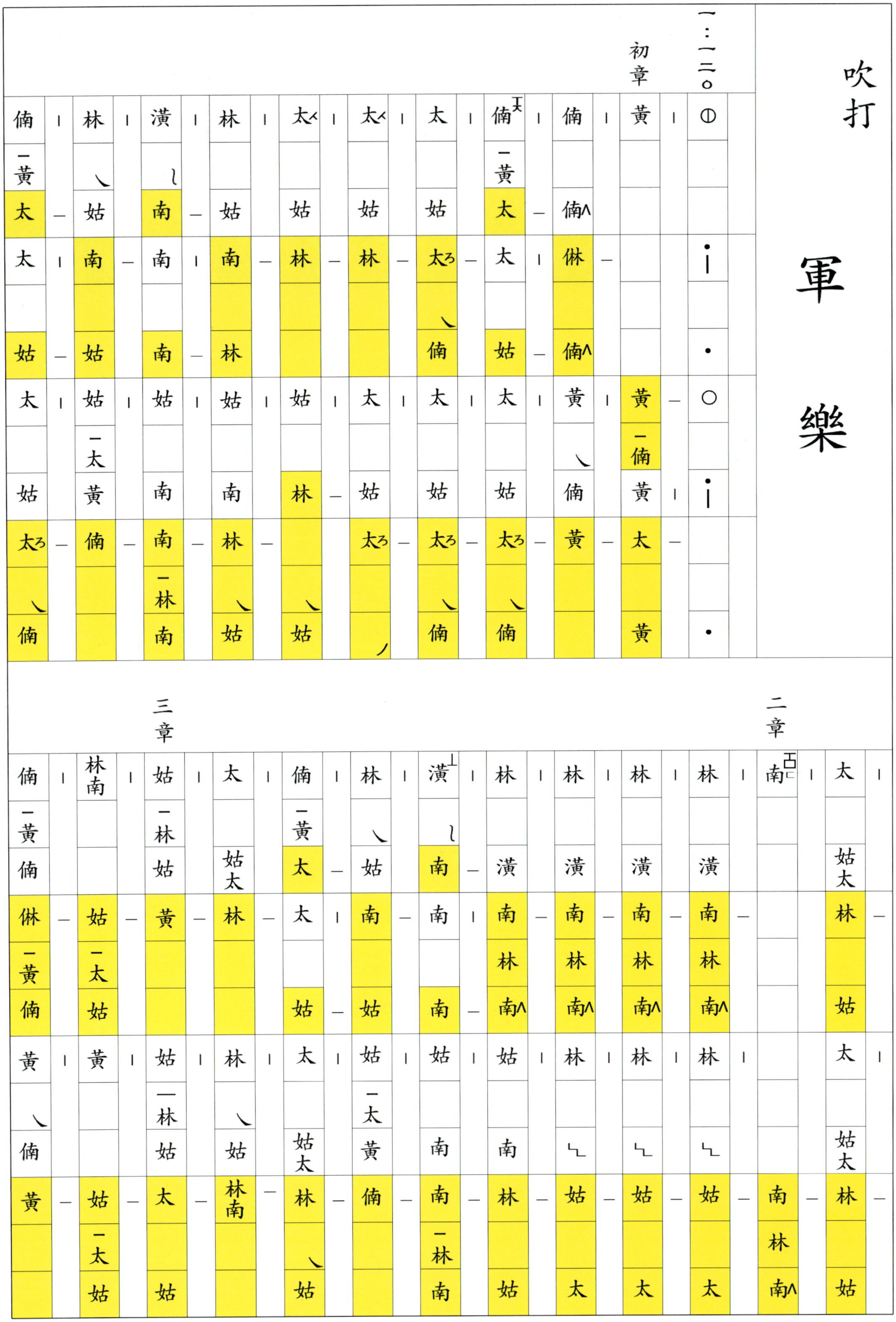

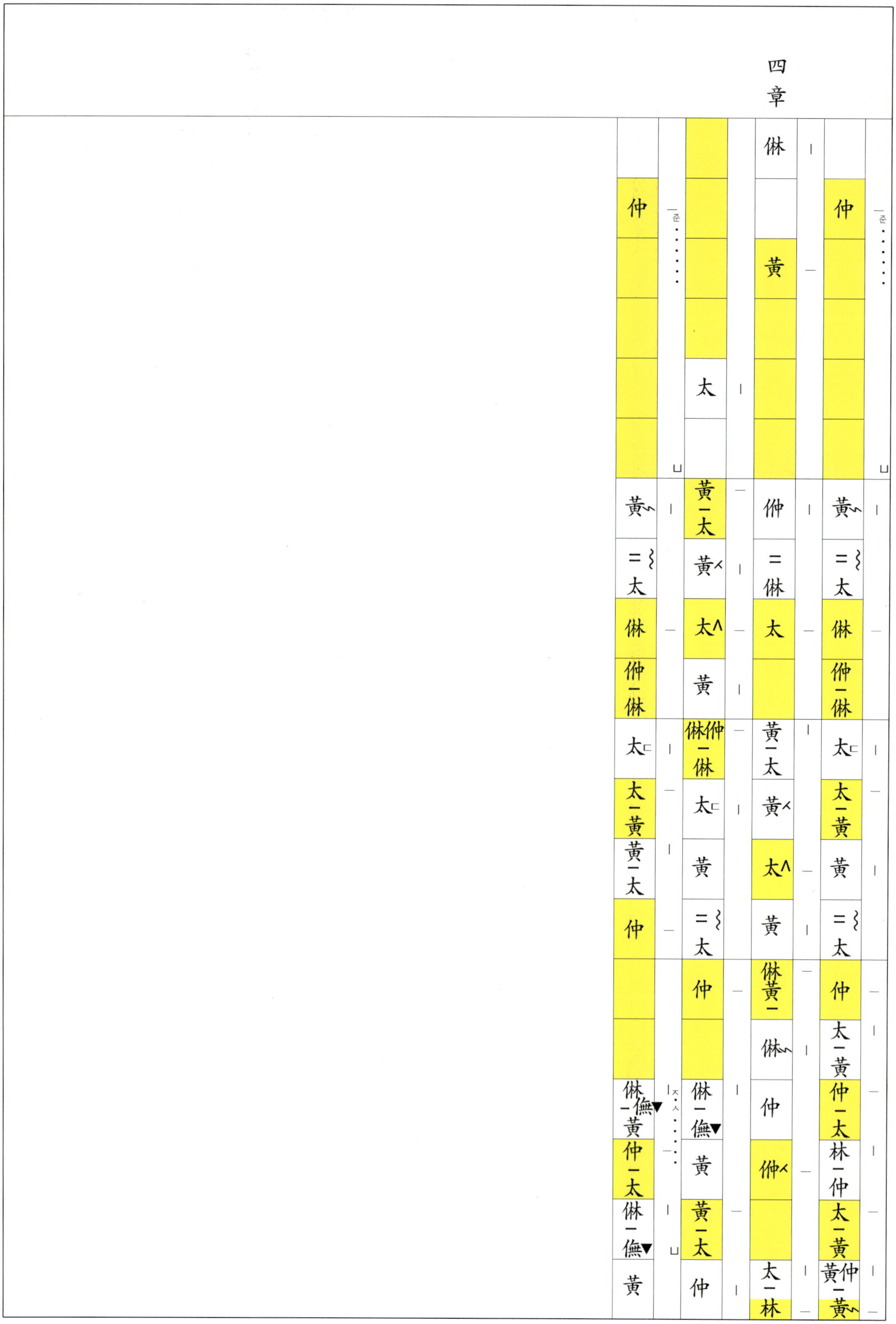
四章

表正萬方之曲

상령산 上靈山

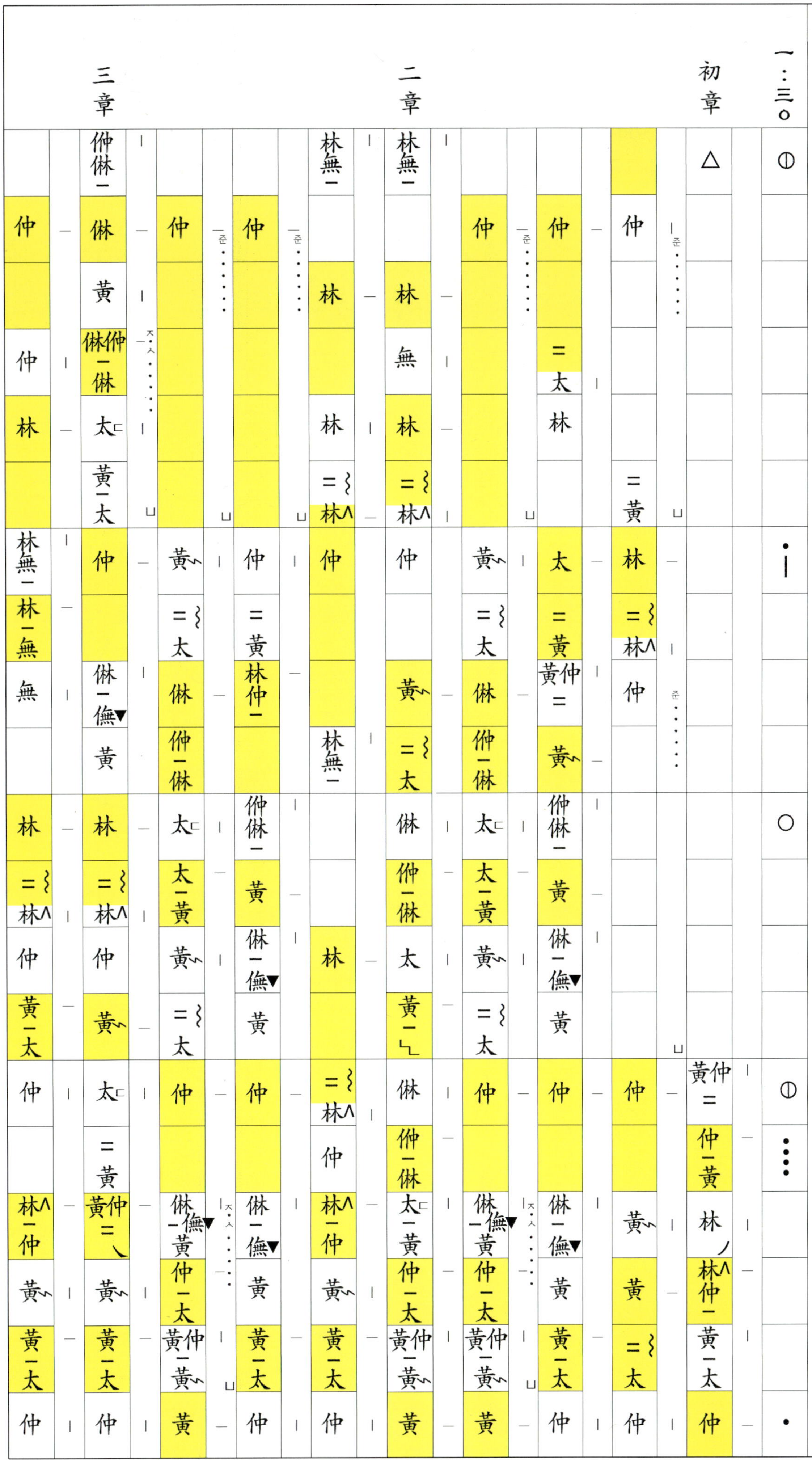

정악

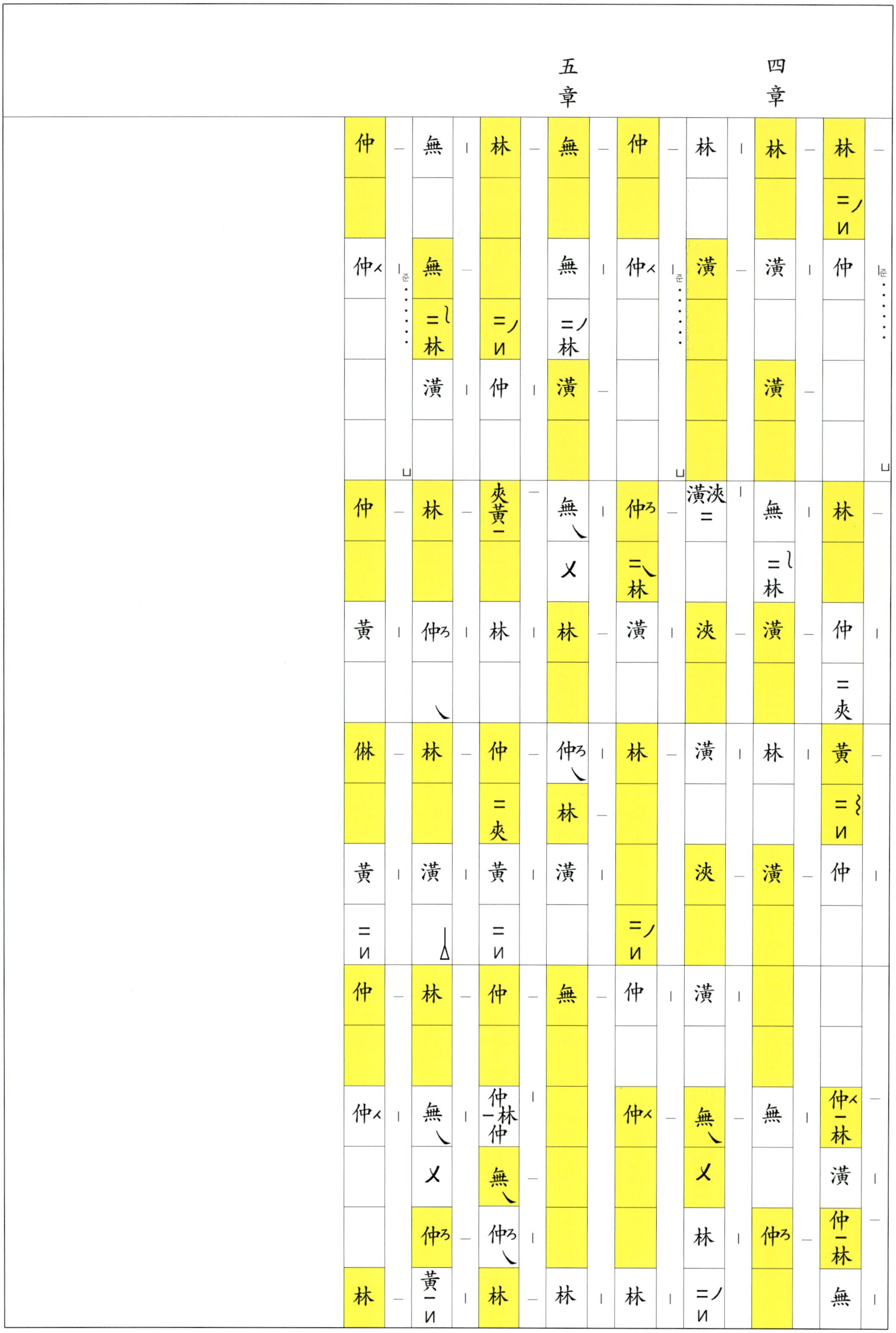

表正萬方之曲

중령산 中靈山

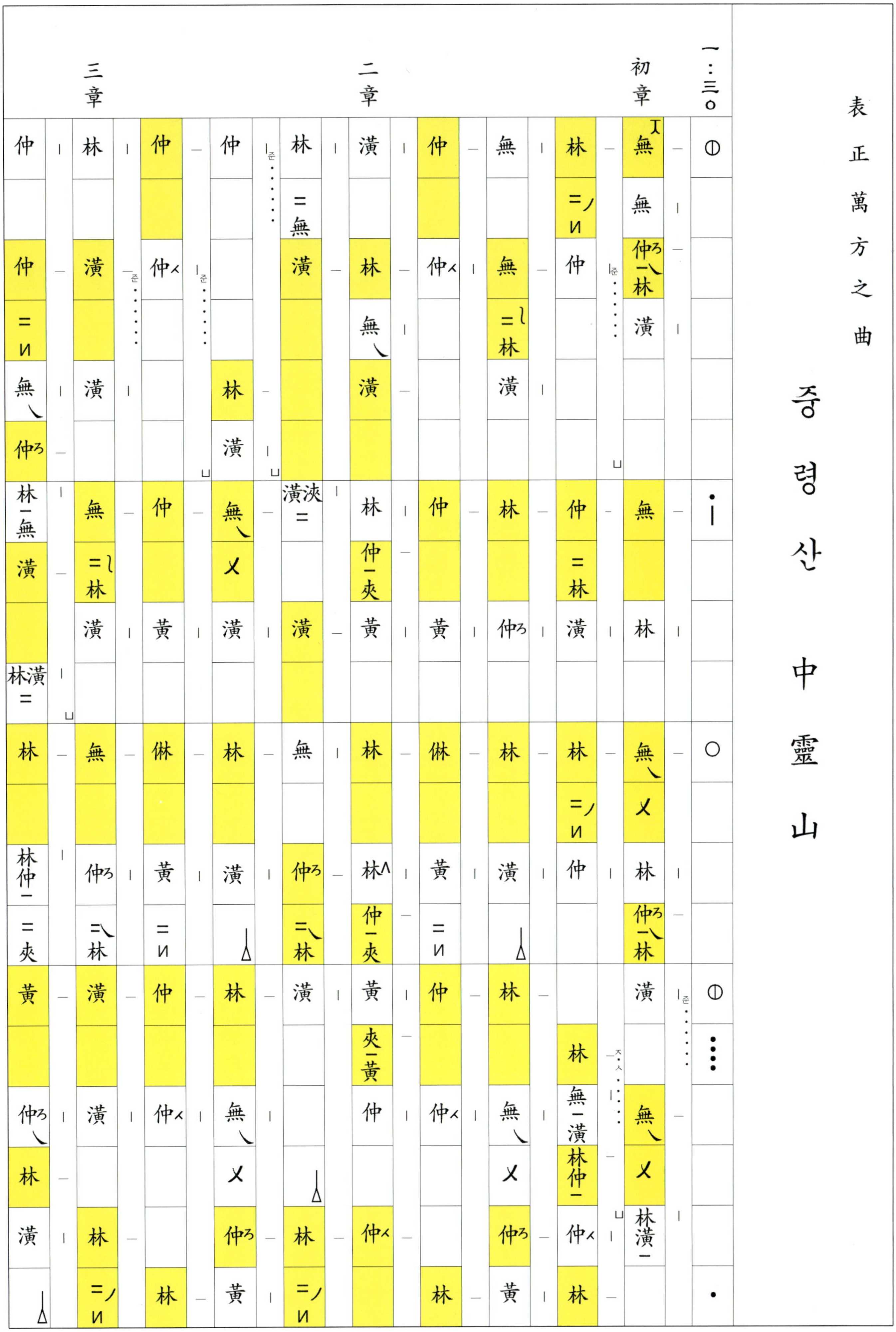

表正萬方之曲
가락덜이 加樂除只

장단(一∴四五) — 오른쪽 끝 칸, 위→아래: ⊕ / (빈칸) / ⊕ / ∷ / (빈칸) / ○ / (빈칸) / ·│ / (빈칸) / ·

아래 각 열(列)은 정간보 가락으로, 보는 방향은 오른쪽→왼쪽, 각 칸은 위→아래로 읽는다.

初章

1	無 · 二林 · 無丶 · 仲 · 二無 · 林 · 仲 · 黃 · 仲 · 仲ﾍ
2	林 · 潢 · 仲一林 · 潢 · △ · 林 · 二ﾉⅣ · 仲一夾 · 黃

二章

1	仲 · 仲ﾍ · 仲 · 仲ﾍ · 潢 · 無 · 二林
2	仲 · 二乚 · 夾黃二 · 林ﾉ · 仲 · 黃 · 夾一黃 · 仲 · 仲ﾍ
3	林 · 無丶 · 潢 · △ · 林 · 無 · 二仲ろ
4	林 · 二仲9 · 林 · 潢 · △ · 林 · 潢 · 無 · 二l林
5	仲 · 二乚 · 夾黃二 · 林ﾉ · 仲 · 黃 · 夾一黃 · 仲 · 仲ﾍ

三章

1	無 · 丶 · 林 · 潢 · △ · 林 · 無丶 · 二仲ろ
2	林 · 二仲9 · 林 · 潢 · △ · 林 · 二無 · 潢 · 無 · 二l林
3	仲 · 仲 · 林^ · 仲一夾 · 黃 · 黃ﾍ

정악

細靈山

表正萬方之曲

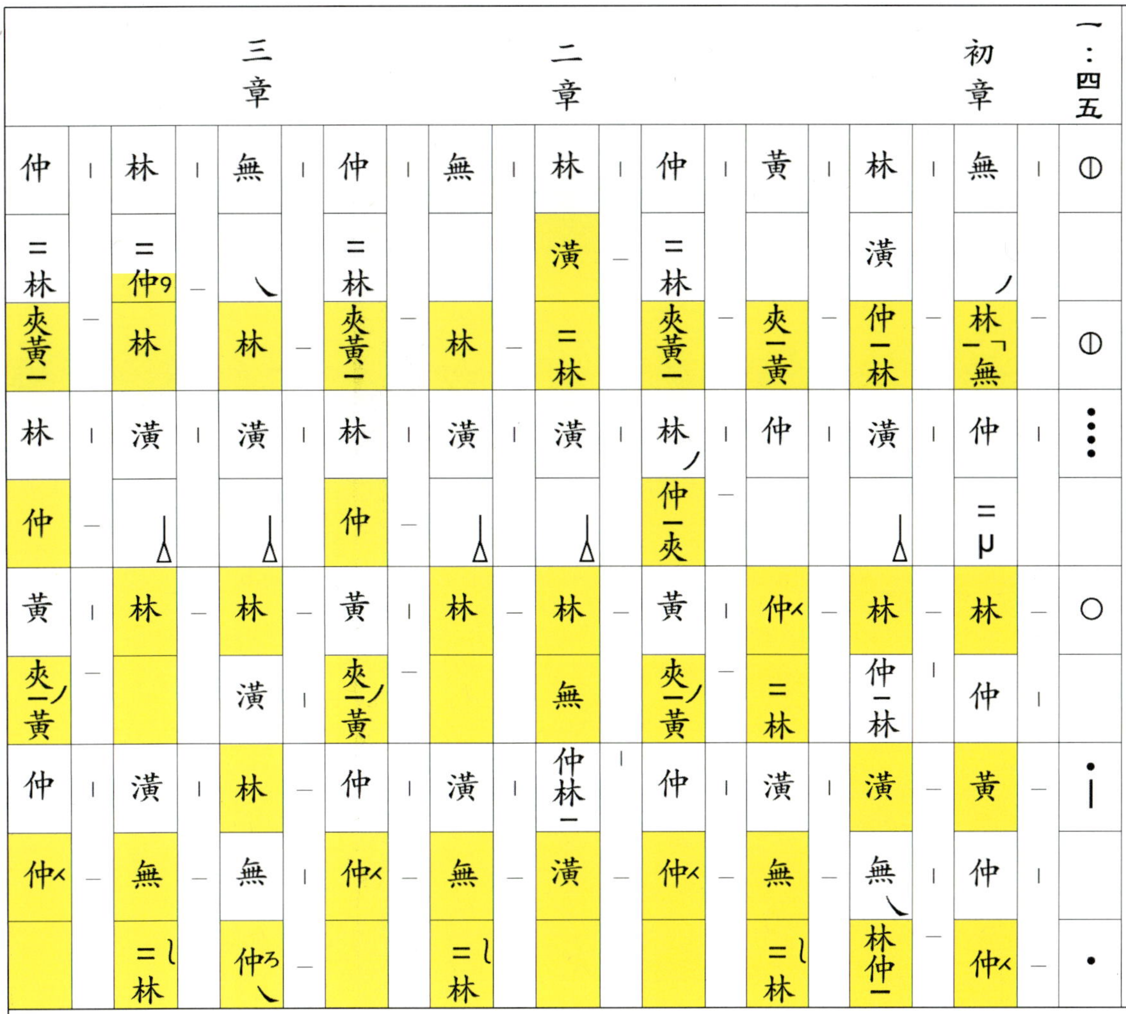

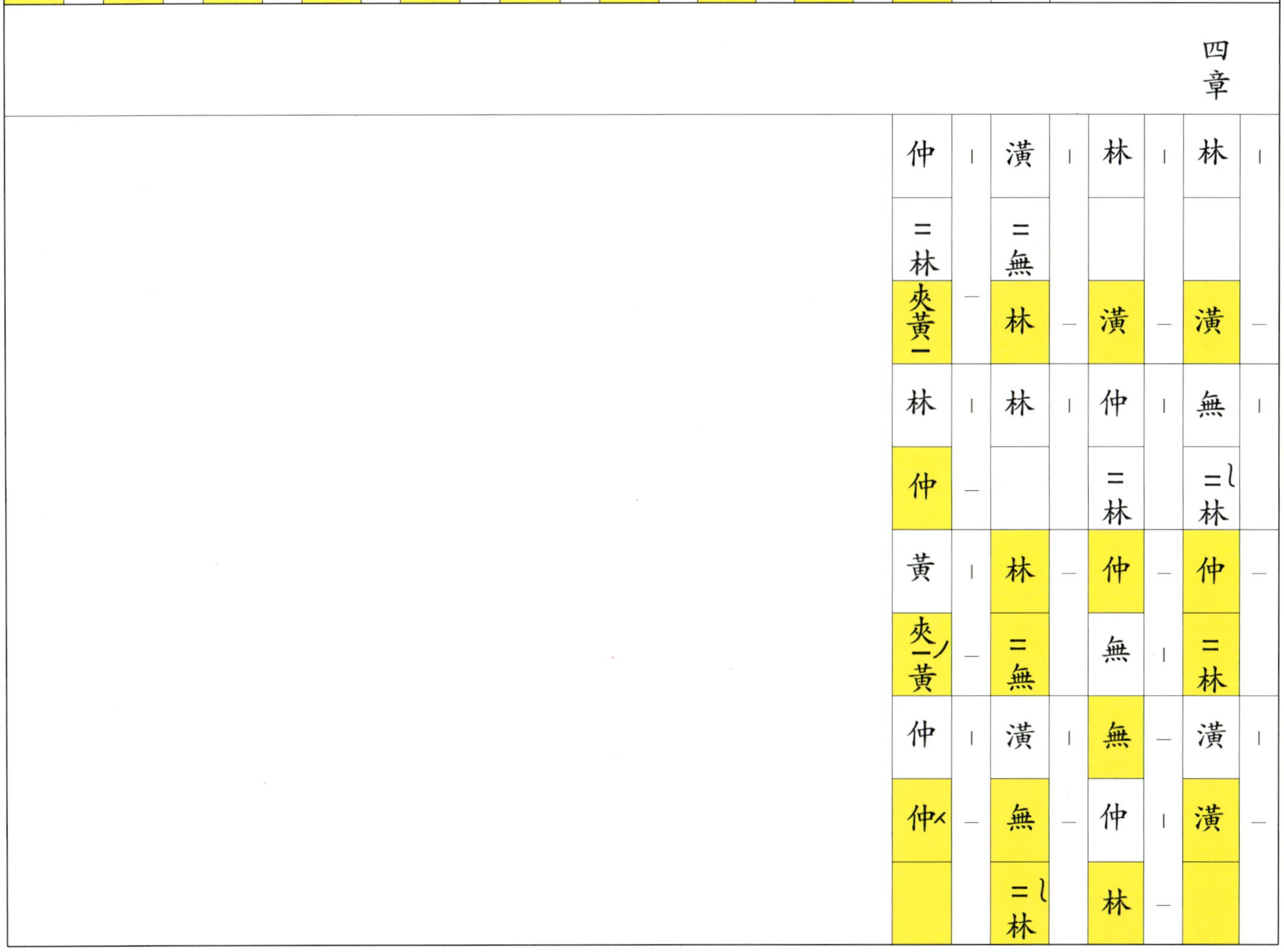

정 악

林	—
潢	ǀ
林	—
潢	

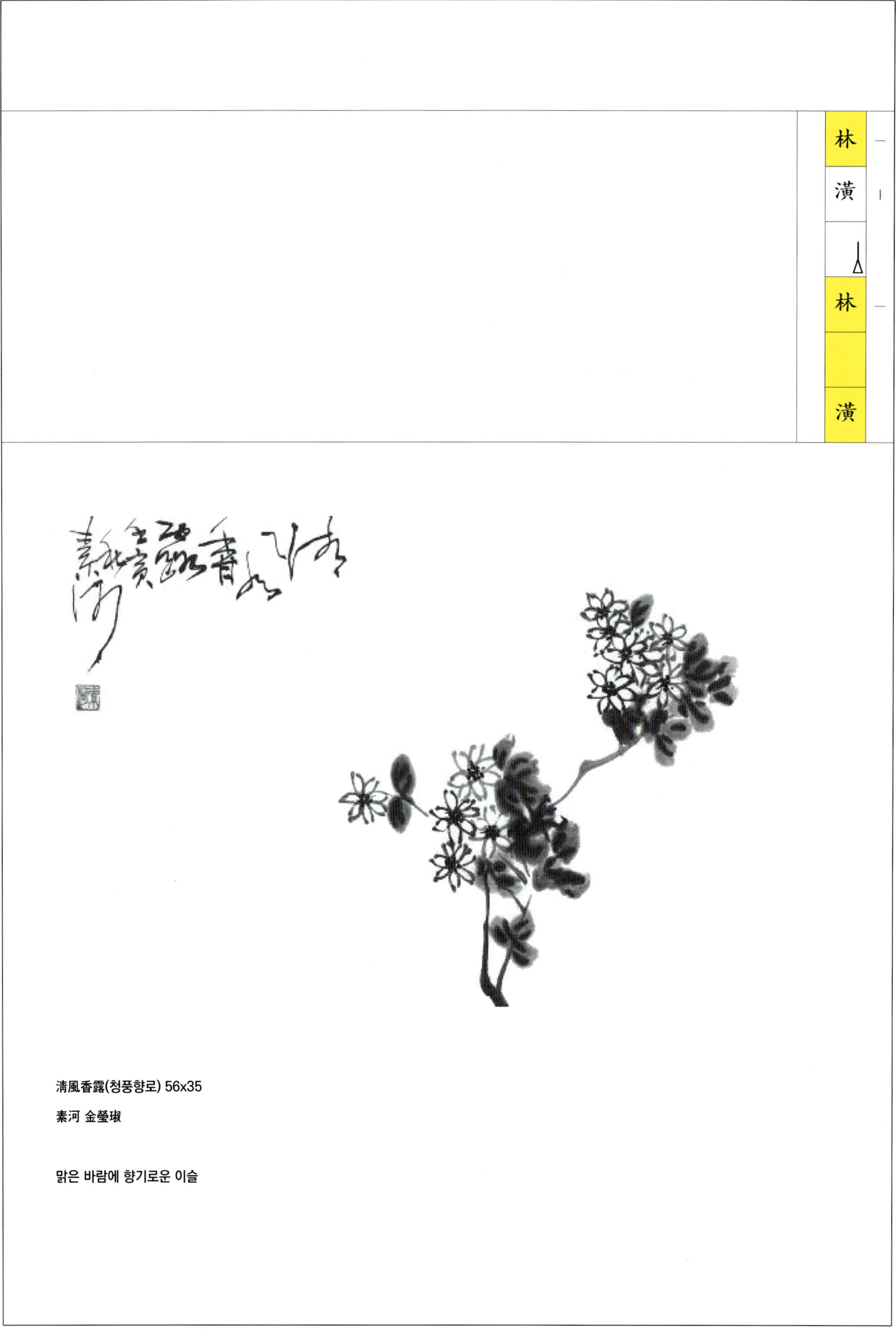

清風香露(청풍향로) 56x35

素河 金瑩琡

맑은 바람에 향기로운 이슬

表正萬方之曲

삼현도드리 三絃還入

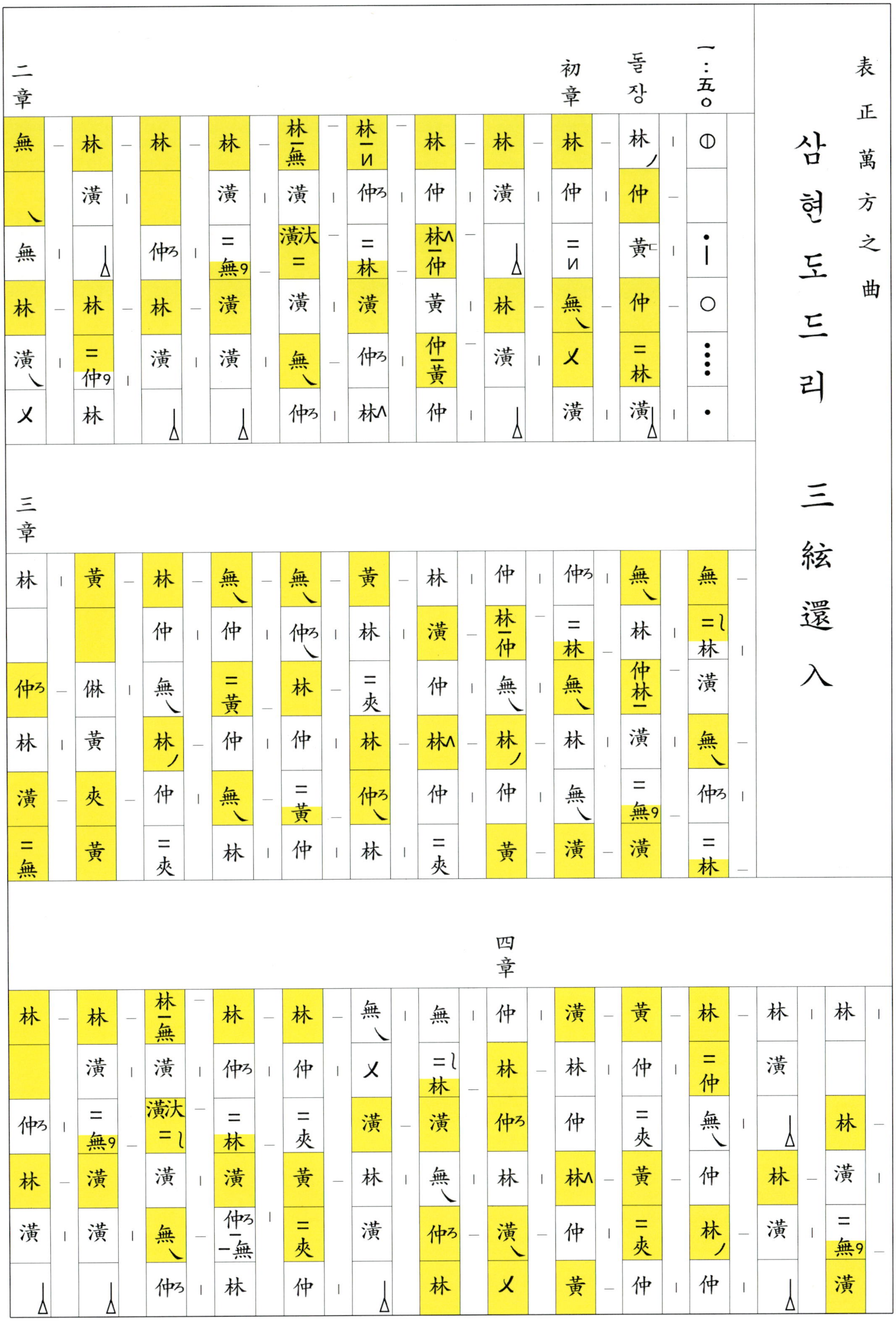

四章　　　　　　　　　三章

三章 (윗단, 오른쪽부터 왼쪽으로)

1	2	3	4	5	6
無	仲	林	仲	二黃	仲
無	仲	二黃	仲	無	林
無	仲	二黃	仲	無	林
林	仲	無	林	仲	二夾
黃		侟	黃	二夾	黃
林		仲ろ	林	黃	二無
林		林	潢	二無9	潢

四章 (윗단, 오른쪽부터 왼쪽으로)

1	2	3	4	5	6	7
林	潢	△	林	潢	△	
林	二仲	無㇏	仲	林ノ	仲	
黃	仲	二夾	黃	二夾	仲	
潢	林	仲	林∧	仲	黃	
仲	林	仲ろ	林	潢㇏	乂	
無	二林	潢	無	仲ろ	林	
無㇏	乂	潢	林	潢	△	

三章 (아랫단, 오른쪽부터 왼쪽으로)

1	2	3	4
林	仲	二夾	黃
林	仲ろ	二林	潢
林一無	潢	潢浹一	潢
林	潢	二無9	潢
潢	無㇏	仲ろ	林∧
△ (ㅈ·ㄴ)	仲ろ	林∧	仲

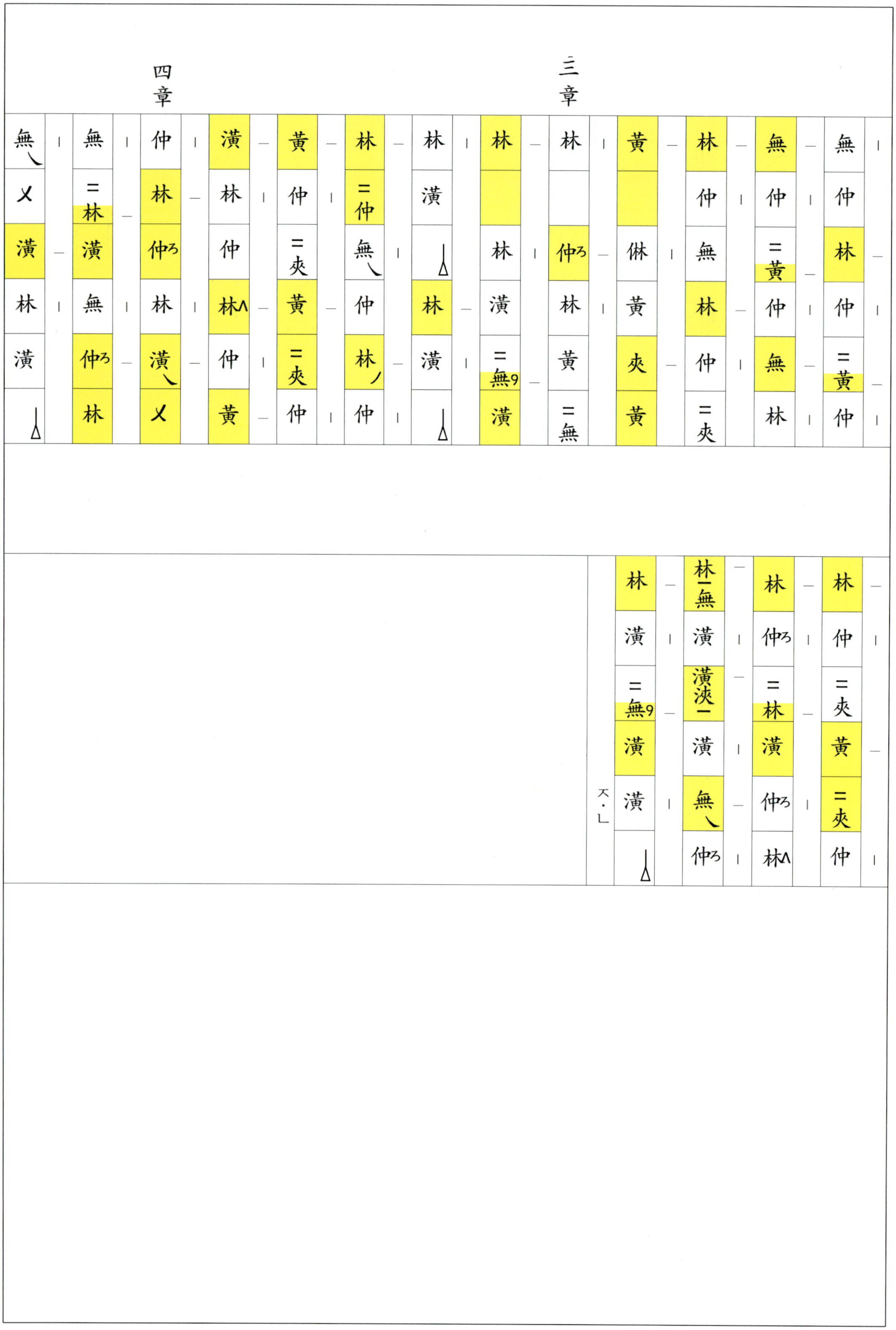

염불도드리

表正萬方之曲

念佛還入

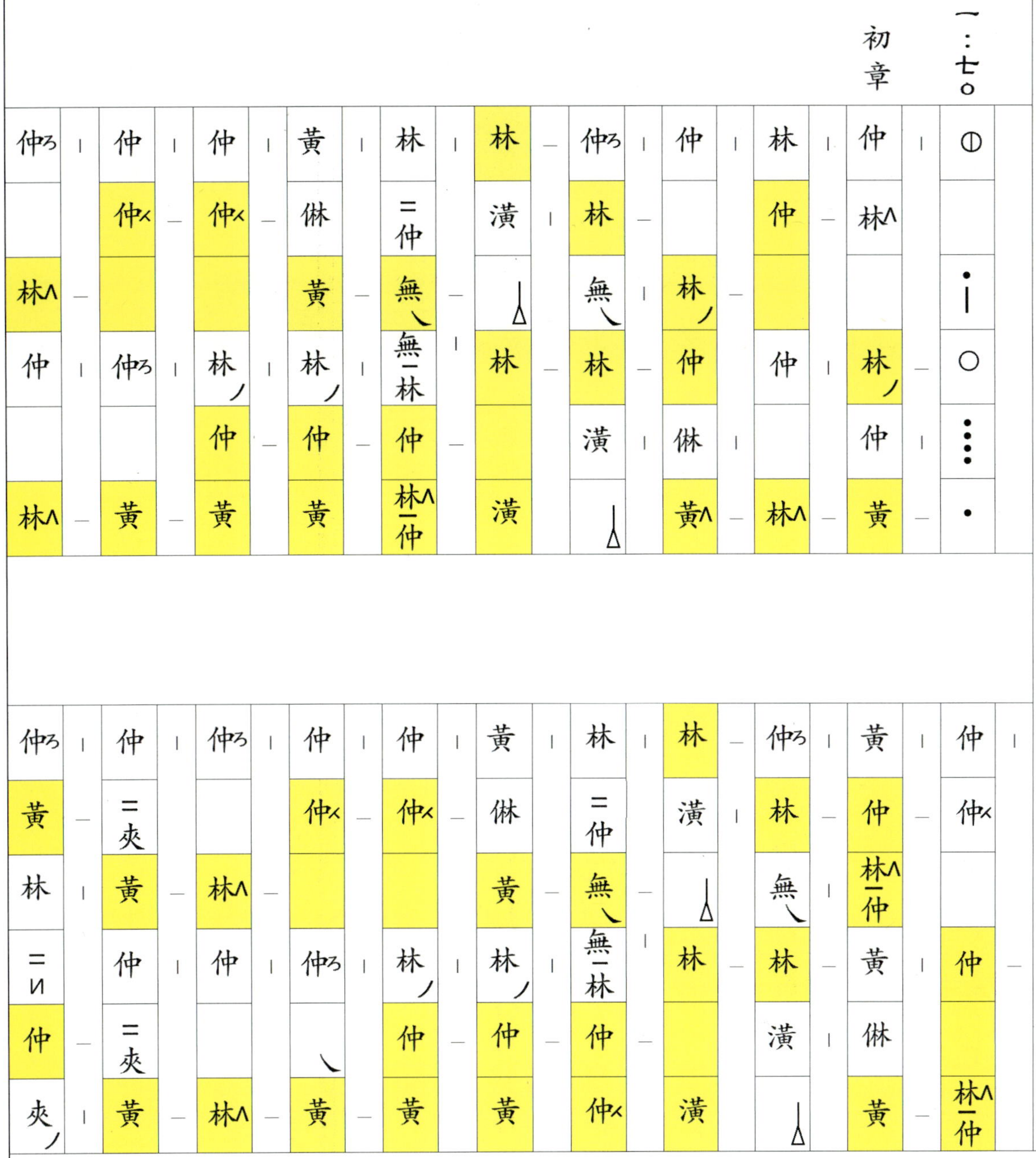

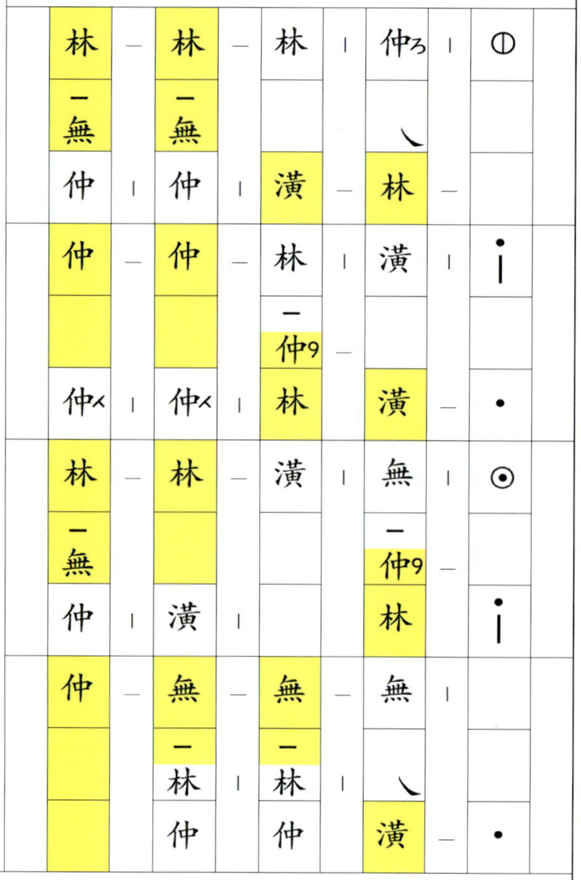
仲 林 潢 潢 無 仲 林 無 潢
林 潢 林 仲 林 潢 無 林 仲
林 無 仲 仲 仲 林 潢 無 林 仲
林 無 仲 仲 仲 林 無 仲 仲

表正萬方之曲

打令

정악

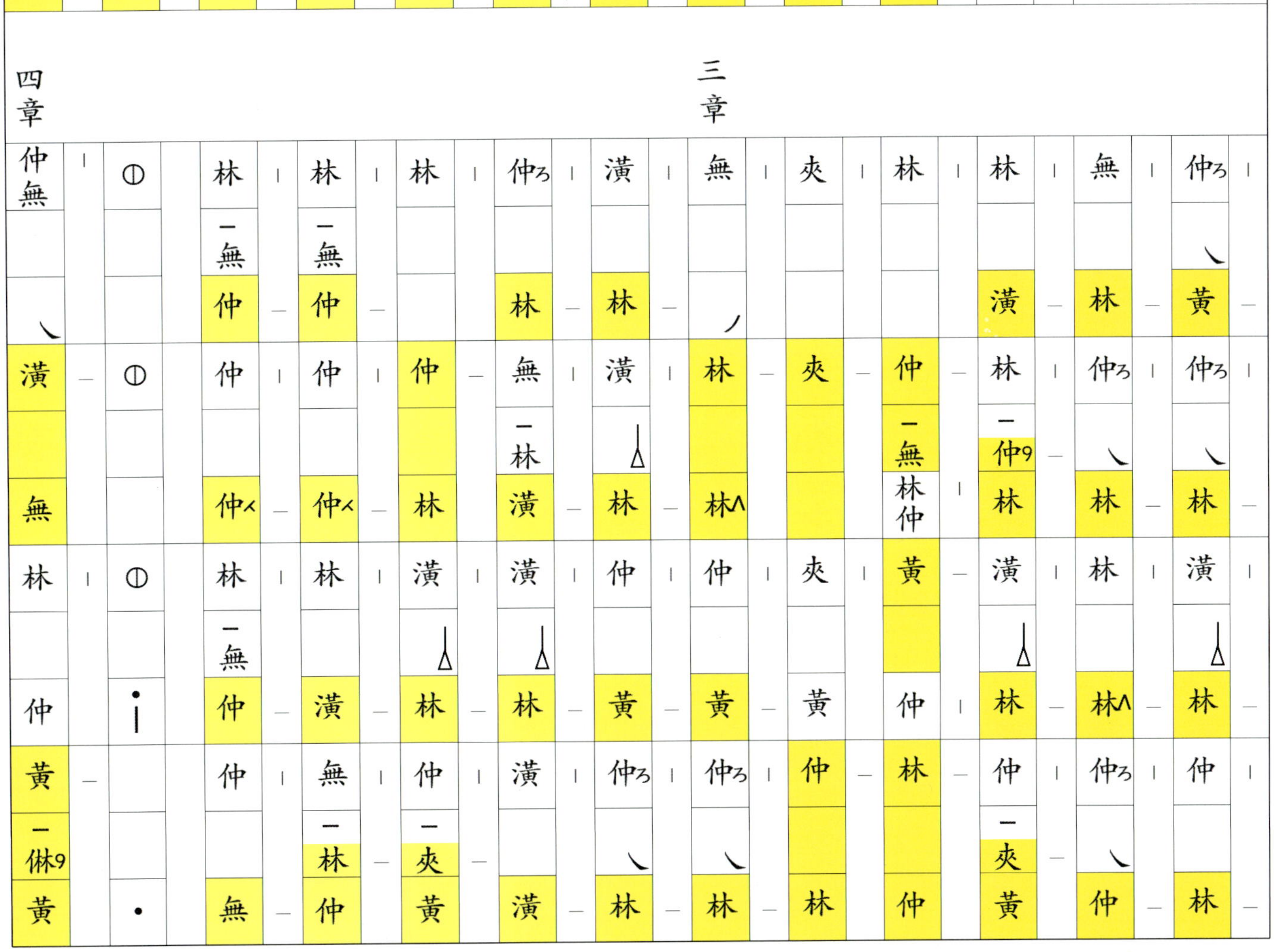

정악

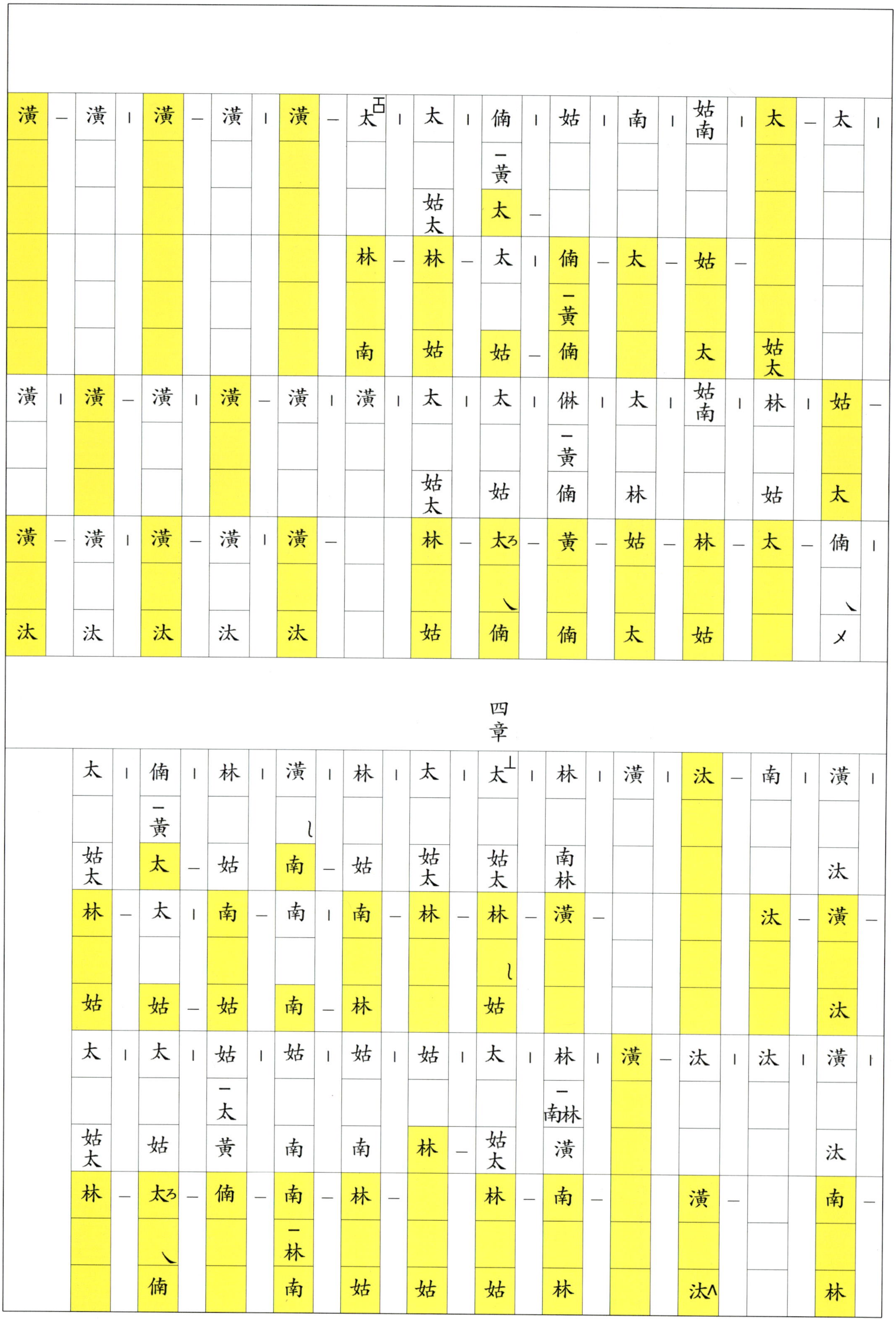

軍樂

表正萬方之曲

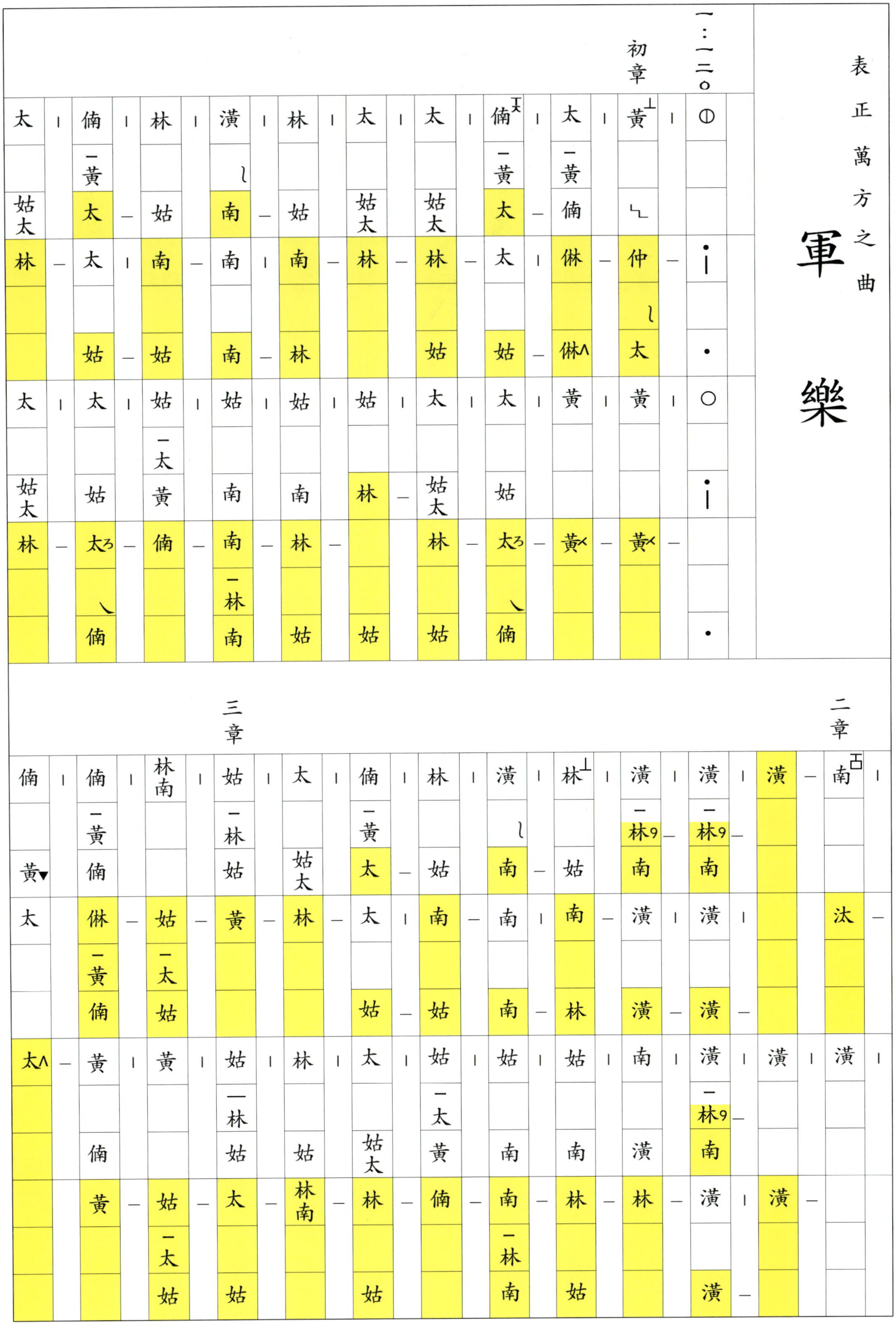

정악

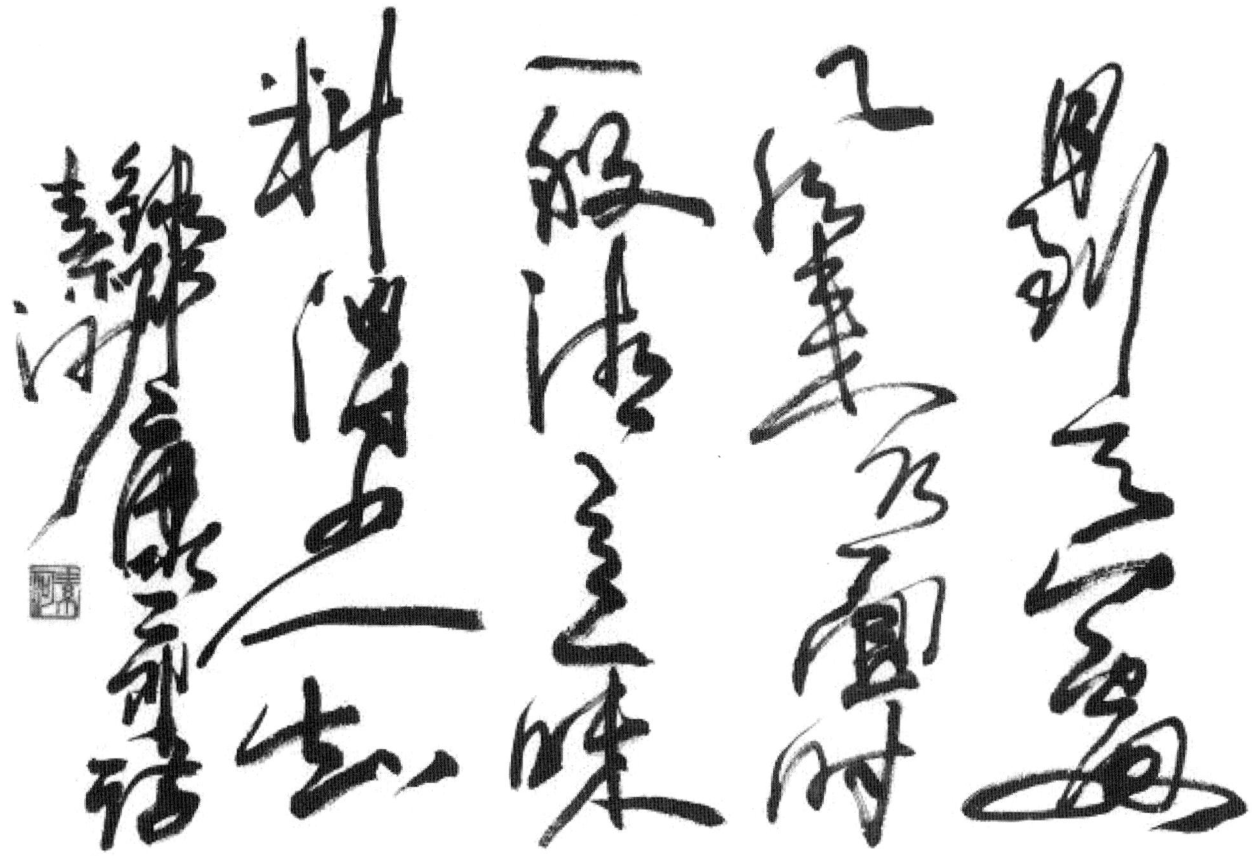

淸夜吟(청야음) 56x35

素河 金瑩琡

月到天心處(월도천심처)

風來水面時(풍래수면시)

一般淸意味(일반청의미)

料得少人知(요득소인지)

邵雍 邵康節

달은 하늘 가운데 있고

바람 불어서 수면 잔물결 인다.

이러한 상쾌한 興(흥)致(치)

세상에 아는 사람 적으리

응원의 글 ...

어쩌다 문득, 해금 소리가 마음에 들어오면
이를 배척하기 힘든 이들은
해금을 시작하게 된다.

무작정 해금을 사 들고 배우려 덤벼드는 이는 많지 않다.
탐색전의 시작이라 할까

가까운 문화센터나 평생교육원을 통해 해금을 접해 보고, 내가 할 수 있을지를 저울질하게 된다. 김대은 선생도 그렇게 나를 찾아왔었다. 하얀 피부에 전라도 사투리가 몸에 밴 김 선생의 모습이 지금도 잊혀지지 않는다. 연습용 해금에 송진을 바르고 활 끼우는 법을 가르쳐주었다. 다음은 해금의 음정을 조율하는 것이다. 요즈음은 핸드폰의 튜너 앱을 사용하거나, 집게형 조율기를 이용하여 조율하지만, 그때는 그런 것이 없었다. 내가 감을 이용해 유현과 중현을 조율해 주곤 했었다. 그리곤 정간보 악보 보는 법을 설명해 준다. 조복래 선생님의 '해금사랑'을 이용해 동요 몇 곡 가르쳐 주고, 따라 하는 분들에게 '수연장지곡'을 가르쳐 주었다. 잘 알지도 못하는 곡을 따라 하느라 고생깨나 했을 것이다. 그렇게 해금의 길고도 힘든 여정을 시작하게 된다.

복사된 정간보 악보를 들고 다니며 한가락, 한 장단, 익히고 또 익혔을 것이다. 성경에 나오는 '씨를 뿌리는 사람의 비유'를 들자면, 김 선생은 돌밭도 가시덤불도 아닌 옥토에 뿌려진 씨앗이었다고 할까. 30배 60배 100배의 결실을 맺었다. 나에게 정악에 대한 머리를 올린 후 많은 다른 선생님들을 거쳤겠지만, 꼭 잊지 않고 찾아주는 그에게 많은 신뢰와 사제간의 정을 느끼게 된다. '해금 가요 100선'에 이어 '율명으로 연주하는 민요악보'를 출판한 지 얼마 되지 않은 시기에 이번에 '정가 정악 해금보' 라는 정간보 악보 초안을 들고 찾아왔다. 제법 좋은 아이디어와 창의적인 생각으로 그간 정간보 형태의 책에서 느끼던 불편한 점들을 다소 해소한 듯싶다. 몇몇 잘못된 오탈자와 시김새를 수정해 주면서, 짧게나마 응원 글을 몇 자 적어 보았다. 김 선생의 거침없는 열정에 작은 보탬이 되었으면 하는 바람으로 사랑의 응원을 보낸다.

경남도 무형문화제12호 진주포구락무 전승교육사

안귀남

추천의 글

서양 문물이 물밀듯이 밀려 들어오고, 일 초를 수없이 쪼개어 살아가는 시대에 우리는 살고 있다. 하지만 빠름보다는 조금의 느긋함을 추구하고, 새로움보다는 옛것을 보존하고 계승하기로 선택한 이들에게 이 책을 추천한다. 우리의 문화가 한류의 바람을 타고 K팝이라는 이름으로 동남아를 비롯한 전 세계를 휩쓸고 있다. K팝이란 무엇인가. 한국의 대중가요를 부르는 또 다른 표현이지 않은가. 이 땅에 살았던 옛사람들도 그들만의 음악이 있었다. 그것은 중국의 것과는 전혀 달랐으며, 아주 독창적이고 우리만의 고유한 것이었다. 시조창과 가사, 가곡 그리고 정악은 시대를 지배하고 시절을 주도했던 이 땅에 선인들이 즐기던 그 시대의 대중가요였을 것이다. 이것은 민초들이 작곡하고 구전으로만 이루어진 민요나 판소리와는 많은 차이를 보인다.

비트가 빠른 템포의 음악들이 범람하는 요즈음 지루하고 느림의 미학을 노래하는 우리의 음악은 뒷전으로 밀리기 일 수이다. 우리 고유의 정가나 정악은 점점 쇠퇴해 가고 이러한 곡은 국악을 전공하는 사람들의 전유물처럼 되어, 대중들의 관심에서 멀어져 제자리를 찾기 어려운 실정이다. 이러한 일들은 날이 갈수록 더해가는 추세임으로 뜻있는 분들의 많은 관심과 노력이 절실히 요청된다고 본다. 음악을 하려면 이를 기록하고 정리하는 것이 무엇보다 선행되어야 한다. 특히나 악보의 정리나 새로운 해석은 전통의 것을 그대로 유지하고 계승 발전시키는 것에 못지않게 중요하게 느껴진다. 이번 '정가 정악 해금보'를 보면서 작게나마 새롭게 시도하는 김 선생에게 힘찬 박수를 보내고 싶다.

이번에 펴내는 '정가 정악 해금보'는 정가 부문에서 남창가곡 26곡과 여창가곡 15곡, 그리고 정악 부분에서는 풍류 음악의 백미라 할 수 있는 영산회상곡 전체와 도드리장단과 천년만세 등 일반인들에게 많이 알려지고 연주되어 오는 정악 곡의 거의 전부가 실렸다 해도 과언이 아니다. 해금을 공부하고 연주하는 많은 분께 도움 되는 유용한 필독서가 되기를 바라는 마음이다. 이 책은 단순히 해금을 연주하기 위한 악보만은 아니라는 생각이다. 가곡 창자의 입장에서도 가곡의 골격선율인 주선율을 타고 들어오는 해금의 연주 소리를 이해하고, 창자의 음정을 잘 유지하고 표현하는 데 크게 도움 되리라 생각된다. 또한 이 책에는 해금

율명과 악보에 가사를 병기하여 쉽게 연주할 수 있도록 하는 등 저자가 창의성을 최대한 발휘하여 편집함으로써 정가를 배우는 모든 이들에게 가르치고 배우는데 좋은 책으로 적극 추천하고 싶다.

정가 정악을 사랑하는 많은 분께 이번 김 선생의 '정가 정악 해금보'는 신선한 충격이며, 마치 사막의 오아시스를 만나는 기쁨으로 다가올 것이다. 해금 연주를 하는 분은 물론 가르치거나 배우는 사람 등 정가 정악을 사랑하는 많은 마니아들에게 이 책을 널리 권하고 싶다. 다른 악기에 비하여 선율의 아름다움이 특이한 해금의 좋은 멜로디를 통하여 소외되고 쇠퇴해 가는 우리 음악인 정가와 정악이 한 단계 발전되길 기대한다.

2024년 6월

경남시조명인회 회장 이병도

** 참고문헌 **

해금정악보 강사준 편저 은하출판사, 2014
정악해급보 강사준, 윤찬구 편저 은하출판사 1988
가곡보 김경배 편저 은하출판사 2010
가곡보 김경배 편저 은하출판사 2023

** 글 . 그림 **

소하(素河) 김영숙
동신대학교 상담심리학 대학원 석사
문인화
서울메트로전국미술대전 입선(2010)
광주시미술대전 입선 (32.33회) 특선(31.35회)
광주무등미술대전 입선(32.35.36.37회)

서예
전라남도미술대전(특선58회)
남도.서예 문인화대전(특선27회)
광주시미술대전 입선(53회)

** 저자 소개 **

산성(散聲) 김대은

밴드 '해금악보방' 리더
https://band.us/band/62415858#
유튜브 채널 유튜버로 활동중
https://www.youtube.com/@user-bm8qj9di2k
해금을 연주하기 위한 MIDI 악보 제작 및 보급

갤러리아백화점 진주점 문화센터 해금강사
진주교육대학교 평생교육원 해금강사
진주시 시우회 정회원
진주 국악협회 정회원

저 서
해금으로 일반가요 연주하기 (산성해금이론)
해금 가요100선 (산성해금악보) 2020.
율명으로 연주하는 민요악보 2023.
정가 정악 해금보 2024.

발행인 유은주

저 자 산성(散聲) 김대은 adidaska@hanmail.net

밴드채널 https://band.us/band/62415858#

유튜브채널 https://www.youtube.com/@user-bm8qj9di2k

기 획 김지우

발행일 2024년 8월 22일 (1판 1쇄)

발행처 도서출판 시김새 deepblue2581@hanmail.net

경상남도 진주시 진양호로 97번길 19-6

연락처 010-3198-2581

010-3399-2553

팩스 055) 852-7552

등 록 2020년 1월 22일 408-94-75536호

ISBN 979-11-969469-4-4 (03670)

정 가 30,000원

값 30000 원
03670
9 791196 946944
ISBN 979-11-969469-4-4

이 책은 진주문화관광재단 2024 문화예술지원사업에 지원을 받아 발간하였습니다.

단체 구입문의 010-3399-2553 산성김대은